KARL VATERS

KLEINE GEMEINDE – GROSSE WIRKUNG

Karl Vaters

KLEINE GEMEINDE

Raus aus der Wachstumsfalle

GROSSE WIRKUNG

Francke

Über den Autor:
Karl Vaters ist Pastor von Cornerstone Christian Fellowship in Fountain Valley, Kalifornien. Ihm liegen kleine Gemeinden und ihre Bedürfnisse am Herzen. Er engagiert sich dafür, ganz neu ihren Wert und ihren wichtigen Beitrag in den Blick zu nehmen. Er ist Autor, Redner und Gründer von NewSmallChurch.com. Karl und seine Frau Shelley haben drei Kinder.

Anmerkung zur Bibelübersetzung:
Alle Bibelzitate wurden, wenn nicht anderweitig gekennzeichnet, folgender Bibelausgabe entnommen: ELB (Elberfelder Bibel), HFA (Hoffnung für Alle), SLT (Schlachter 2000).

MIX
Papier aus verantwortungsvollen Quellen
FSC www.fsc.org
FSC® C014138

Bibliografische Information der Deutschen Nationalbibliothek
Die Deutsche Nationalbibliothek verzeichnet diese Publikation in der Deutschen Nationalbibliografie; detaillierte bibliografische Daten sind im Internet über http://dnb.dnb.de abrufbar.

ISBN 978-3-96362-266-3

This book was first published in the United States by Moody Publishers, 820 N. LaSalle Blvd., Chicago, IL 60610 with the title
Small Church Essentials,

35037 Marburg an der Lahn
Deutsch von Jokim Schnöbbe
Umschlagbilder: © iStockphoto.com / Rabilbani; bubaone
Umschlaggestaltung: Francke-Buch GmbH
Satz: Francke-Buchhandlung GmbH
Printed in Czech Republic

www.francke-buch.de

STIMMEN ZUM BUCH

Kleine Gemeinden erlangen selten den Respekt, den sie verdient haben, oder die Mittel, die sie brauchen. Karl Vaters steckt 30 Jahre effektiver Gemeindearbeit in diese praktische, gewinnende und informative Ermutigung und Herausforderung für Pastoren kleiner Gemeinden. Mir leuchtet ein, dass eine Gemeinde nicht groß sein muss, um Großes zu leisten. Aber viele Christen wissen nicht, wie eine kleine Gemeinde Großes leisten kann. Karl weiß es. Er behandelt alle Aspekte von Leitung, Gemeindearbeit und Seelsorge auf ansprechende und praktische Art.

Ed Stetzer
Billy Graham Distinguished Chair, Wheaton College

»*Kleine Gemeinde – Große Wirkung*« hat meine Erwartungen erfüllt. Das Buch ist reich an Einsichten, Ideen und Ermutigungen von jemandem, der die Dynamiken einer kleinen Gemeinde wirklich versteht. Ich gehe davon aus, dass dies ein weiteres sehr populäres Buch von Karl Vaters sein wird.

Dave Jacobs
Small Church Pastor, Inc.

Meine erste Unterhaltung mit Karl Vaters über das Potenzial kleiner Gemeinden hat mich umgehauen. Seitdem hat mich jeder Austausch mit ihm nicht nur herausgefordert, sondern mich inspiriert und mir geholfen, um die Ecke zu denken. Als Pastor und Berater finde ich allein schon das Kapitel über gastfreundliche Gemeinden und sein »B-schenkt«-Plan für eine freundlichere Gemeinde den Preis des Buches wert. Ich kann es allen Pastoren und Gemeindeleitern wärmstens empfehlen.

Greg Atkinson
Autor und Gründer der First Impressions Conference

Karl Vaters weiß, dass die Größe einer Gemeinde nicht unbedingt ein Hinweis auf ihre Gesundheit ist. Kleine Gemeinden können für Gottes Sache viel bewirken. In *»Kleine Gemeinde – Große Wirkung«* bietet Vaters Einsichten und Ideen für die Mehrheit von Pastoren – diejenigen nämlich, die Gemeinden mit weniger als 250 Gottesdienstbesuchern leiten.

Thom S. Rainer
Präses und Geschäftsführer, LifeWay Christian Resources

Karl Vaters ist eine Stimme an und für Pastoren kleiner Gemeinden. Mit Tiefblick und erstaunlicher Klarheit bestätigt Karl die Rolle von Pastoren kleiner Gemeinden nicht nur, sondern rüstet sie aus. Ein unbedingt lesenswertes Buch, ob Sie nun erst seit wenigen Monaten oder schon seit Jahren in der Gemeindeleitung sind.

Carl und Kalani Culley
Pastoren von Lacamas Creek Church, Gründer von Big Little Church Conference,Camas, US-Bundesstaat Washington

In der heutigen Welt, in der die Devise oft lautet: »Größer ist besser«, ist Karl Vaters' Betrachtungsweise kleiner Gemeinden erfrischend anders. Karl legt uns nahe, uns weniger auf die Größe und mehr auf die Qualität zu konzentrieren. *»Kleine Gemeinde – Große Wirkung«* ändert das Denken über kleine Gemeinden. Noch besser, es liefert bewährte Strategien, um gesunde kleine Gemeinden zu erzielen. Ich werde dieses Buch meinen Klienten und Pastoren von Gemeinden aller Größenordnungen empfehlen.

John Finkelde
Gründer von Grow a Healthy Church

Karl Vaters hat uns wieder einmal praktischen Rat und einzigartige Einsichten gegeben, die Gottes Reich fördern. Sein Buch ist ein Muss für alle, die im Rahmen einer kleinen Gemeinde ihren Dienst verrichten oder ihren Glauben ausleben.

Jim Powell
Hauptpastor der Richwoods Christian Church
sowie Gründer und Vorsitzender des 95Network

Karl Vaters liebt nicht nur kleine Gemeinden – er liebt *die* Gemeinde, und auf jeder Seite wird spürbar und greifbar, dass er sich Gottes Segen für sie wünscht. *»Kleine Gemeinde – Große Wirkung«* ist kein Buch, in dem man lange stöbern muss, bevor man etwas Brauchbares findet. Fast jede Seite enthält etwas, was man sofort anwenden kann. Als Pastor einer kleinen Gemeinde, der gerne andere Pastoren kleiner Gemeinden ermutigen und ausrüsten möchte, hat Karl ein Handbuch geschrieben, das ich allen Pastoren kleiner Gemeinden empfehlen kann, altgedienten genauso wie jungen Leitern, die gerade erst anfangen.

Chris Vitarelli
Pastor, Autor und Initiator der Small Church BIG Deal Conference

Sich mit diesem Buch hinzusetzen, ist so, als würde man sich mit einem alten Freund zusammensetzen, einem Freund, von dessen Existenz man vorher vielleicht gar nicht wusste, den man aber *unbedingt* braucht. Das liegt daran, dass Karl weiß, wovon er spricht, wenn es um die Leitung einer kleinen Gemeinde geht. Er hat es gelebt, geleugnet, erträumt, versucht, geschafft, versagt, es erneut versucht *und* über das alles geschrieben. Karl hat sich nach Kräften dafür eingesetzt, es nicht als Stigma zu sehen, Pastor einer kleinen Gemeinde zu sein. In dieser Welt gibt es nämlich eine ganze Menge von uns. Also, schnappen Sie sich eine Tasse Kaffee, ein Glas Saft oder Ihr Lieblingsgetränk und setzen Sie sich mit Karl hin, während er seine Erfahrungen mit uns teilt und uns alle ermutigt, unsere Aufgabe zu erfüllen und Gottes Reich zu bauen.

Scott und Deena Siddle
Pastoren einer kleinen Gemeinde,
LifeSpring Foursquare, Ridgecrest, Kalifornien

INHALT

EINLEITUNG

Dies ist ein Buch über kleine Gemeinden.

Für kleine Gemeinden.

Von jemandem, der seit über 30 Jahren Pastor kleiner Gemeinden ist.

Als ein solcher Pastor war ich lange der falschen Vorstellung erlegen, dass Wachstum vor allem in Zahlen gemessen wird und dass eine gesunde Gemeinde unweigerlich größer werden müsse.

In diesem Buch geht es nicht darum, wie Ihre kleine Gemeinde zu einer großen Gemeinde werden kann. Es geht auch nicht darum, dass kleine Gemeinden besser sind als große (denn das sind sie nicht). Und es geht definitiv nicht darum, sich mit etwas Unzulänglichem abzufinden. Vielmehr geht es darum, wie kleine Gemeinden große Wirkung entfalten können.

Wie können kleine Gemeinden große Wirkung entfalten?

Während meiner 30 Jahre als Pastor habe ich gelernt, dass das ohne die folgenden drei Voraussetzungen kaum möglich sein wird:

1. Sie müssen glauben, dass sie eine große Auswirkung haben können.
2. Sie müssen vor Augen haben, wie eine wirkungsstarke kleine Gemeinde aussieht.
3. Sie brauchen Mittel, die auf wirkungsstarke kleine Gemeinden zugeschnitten sind.

Gemeindeleiter zerbrechen sich oft den Kopf über das »Problem« kleiner Gemeinden und darüber, wie man sie in große Gemeinden verwandeln kann. Aber nur weil eine Gemeinde klein ist, heißt das noch lange nicht, dass sie auch defekt oder minderwertig ist.

Wenn ich Menschen begegne, die kleine Gemeinden als Problem betrachten, frage ich sie nach ihren Gründen. Für gewöhnlich erklären sie mir dann, welche »Mängel« kleine Gemeinden ihrer Ansicht nach aufweisen:

- Sie sind weltabgewandt.
- Sie fühlen sich von Veränderung bedroht.
- Sie sind von internen Streitigkeiten und Eifersüchteleien geprägt.
- Sie haben keine große Auswirkung auf ihre Kommunen.
- Sie werden schlecht verwaltet.
- Sie begnügen sich mit zu wenig.

Das ist keine Beschreibung einer kleinen Gemeinde. Das ist eine Beschreibung einer ungesunden Gemeinde. Es gibt zahlreiche gesunde kleine Gemeinden, auf die diese negativen Zuweisungen nicht zutreffen. Bei näherer Betrachtung sind die Probleme, die viele als Eigenschaft von kleinen Gemeinden ansehen, gar keine Frage der Größe, sondern der Gesundheit – und eine ungesunde Entwicklung kann sich in Gemeinden jeder Größenordnung ereignen.

Man stelle sich eine kleine Gemeinde vor, auf die ganz andere Charakteristika zutreffen:

- freundlich
- aufgeschlossen
- missionsorientiert
- innovativ
- großzügig
- anbetungsvoll

Eigentlich muss man sich so eine Gemeinde gar nicht vorstellen. Kleine Gemeinden dieser Art gibt es überall! Ich bin schon in vielen von ihnen gewesen und ich bin selbst Pastor von einer. Es mag zwar auch viele kleine Gemeinden geben, die noch nicht diese Merkmale aufweisen, aber sie können dahin kommen. Vielleicht gehört Ihre kleine Gemeinde dazu.

Neue Fragen stellen

Gemeindewachstum ist ein edles Ziel und ein Segen für die Gemeinde. Doch wer *alles* durch die Brille des Gemeindewachstums sieht, dem entgeht so einiges.

In fast 20 Jahren meiner Pastorentätigkeit nahm ich alles, was ich über Gemeindeleitung lernte, durch diese spezielle Brille wahr. Bücher und Konferenzen über Gemeindeleitung betonten durchweg Wachstumsprinzipien. Einige der Prinzipien funktionierten für mich und meine Gemeinde, aber die meisten nicht. So gut wie jeder, bei dem ich Hilfe suchte, sah durch dieselbe Brille und gab mir entsprechende Antworten. Als viele der Erfolg versprechenden Prinzipien immer wieder fehlschlugen, wuchs bei mir vor allem eines, nämlich der Frust – nicht über die Prinzipien, sondern über mich selbst.

Alle behaupteten doch, dass diese Prinzipien funktionierten. Nur bei mir offenbar nicht. Dann musste es ja an mir liegen, oder? Keine Frage, viele Mängel waren tatsächlich mir selbst zuzuschreiben, aber es musste noch einen anderen Grund geben.

Also begab ich mich auf die Suche nach Antworten und stellte unbequeme Fragen, die mir sogar etwas rebellisch vorkamen:

> »Kann es andere Ziele geben, nicht bloß das Ziel, größer zu werden?«
>
> »Können auch kleine Gemeinden dynamisch *und* gesund sein?«
>
> »Kann es sein, dass der Wachstumsdruck, der auf unseren Gemeinden lastet, gar nicht zu mehr Effektivität verhilft, sondern unsere Zeit, Energie und Mittel raubt? Könnten diese besser für andere Ideen verwendet werden, die uns tatsächlich helfen, *unserer Größe entsprechend* effektiver zu werden?«

Diese Fragen haben mir geholfen, eine neue Brille aufzusetzen, durch die ich ein anderes Bild von Gemeindeleitung gewonnen habe. Ich habe Prinzipien entdeckt, die ich nie gefunden hätte, ohne meinen Schwerpunkt von Gemeindewachstum weg zu verlagern. Wachstumsprinzipien sind nicht verkehrt; sie sind nur nicht alles.

Neue Brillengläser für eine neue Gemeinde

In diesem Buch möchte ich das, was ich gelernt habe, weitergeben. Es ist mein Versuch, einige der grundlegenden Prinzipien, die für kleine Gemeinden von Belang sind, herauszuarbeiten und uns eine andere Brille anzubieten. Durch diese neuen Brillengläser können wir die Gesundheit einer Gemeinde nicht als Mittel zum Wachstum sehen, sondern als Mittel zur Effektivität.

Die Gesundheit einer Gemeinde ist nicht Mittel zum Wachstum, sondern Mittel zur Effektivität.

Ja, kleine Gemeinden können effektiv sein, selbst wenn sie nicht größer werden (obwohl auch Größerwerden wunderbar ist). Ich stellte fest, dass kleine Gemeinden überraschend effektiv sein können, als ich mir diese neue Brille aufsetzte und die passenden Prinzipien für unsere Gemeinde entdeckte. Seitdem wir diese Prinzipien in die Praxis umgesetzt haben, durfte ich sie durch Blogeinträge und Konferenzen in den letzten Jahren an Hunderte – sogar Tausende – Leiter kleiner Gemeinden weitergeben.

Der Widerhall ist überwältigend. Natürlich hat sich nicht jede neue Idee umsetzen lassen, aber inzwischen haben sich diese Prinzipien für kleine Gemeinden als so allgemeingültig erwiesen, wie eine Methode nur sein kann. Also, setzen Sie sich die neue Brille auf. Zusammen wollen wir entdecken, wie wir unsere Rolle als Leiter und Hirten besser ausüben können, um Jesus in gesunden, dynamischen und effektiven kleinen Gemeinden die Ehre zu geben und ihn anzubeten.

Teil 1

Klein ≠ defekt

KAPITEL 1

OB SIE ES GLAUBEN ODER NICHT, SIE *WERDEN* EINE KLEINE GEMEINDE HABEN

Ich wünschte, jemand in meiner Ausbildungsstätte hätte mich auf drei Realitäten des Pastorenamts hingewiesen:

> Fakt Nr. 1: Die meisten Pastoren werden *nie* eine Gemeinde leiten, die 250 Mitglieder übersteigt.
>
> Fakt Nr. 2: So gut wie alle Pastorenanwärter werden zumindest phasenweise eine kleine Gemeinde haben.
>
> Fakt Nr. 3: Man kann eine kleine Gemeinde haben, ohne sich mit Unzulänglichem abfinden zu müssen.

Schauen Sie sich den Stundenplan vieler pastoraler Ausbildungsstätten an: Wie viele von ihnen erzählen ihren zukünftigen Pastoren von diesen Realitäten, geschweige denn, dass sie ihnen die nötigen Fertigkeiten zur Leitung einer kleinen Gemeinde beibringen? Einige? Eine? Keine?

Mir wurde nahegelegt, wie ich die 200er-Grenze überschreiten kann, aber mir wurde nie beigebracht, wie ich eine Gemeinde mit *weniger* als 200 Mitgliedern leiten soll. Mir wurde auch nie erzählt, dass ich wahrscheinlich den Großteil meiner Pastorenarbeit – wenn nicht sogar meine ganze – unterhalb dieser Grenze verbringen würde. Selbst heute noch wird vielen zukünftigen Gemeindeleitern beigebracht, wie sie die 200er-Grenze *durchbrechen*, aber nicht, wie sie auch gute Pastoren kleinerer Gemeinden sein können.

Fakt Nr. 1: Die meisten von uns werden nie Pastor einer großen Gemeinde sein.

Dem bekannten Gemeindeberater Carl F. George zufolge ist die typische Gemeinde in Nordamerika klein. »Die Hälfte der ungefähr 320.000 protestantischen Gemeinden auf dem Kontinent haben 80 Gottesdienstbesucher pro Woche.«[1] George fügt hinzu, dass eine Gemeinde mit 100 Gottesdienstbesuchern bereits größer ist als 60 Prozent vergleichbarer Gemeinden. Mit 140 ist sie größer als 75 Prozent und mit 200 größer als 85 Prozent.[2]

Warum bringen wir unseren zukünftigen Gemeindeleitern dann fast ausschließlich Fertigkeiten bei, die auf große Gemeinenden zugeschnitten sind, wo sich doch diese Fertigkeiten auf den Großteil ihrer Arbeit nicht anwenden lassen? Wir stülpen kleineren Gemeinden Prinzipien und Erwartungen über, die nur für den kleinen Prozentsatz an großen Gemeinden gelten. Und dann fragen wir uns, warum so viele Pastoren ausgebrannt und desillusioniert ihren Dienst aufgeben – und verwundete Gemeinden hinterlassen.

Fakt Nr. 2: So gut wie alle von uns werden zumindest phasenweise eine kleine Gemeinde haben.

George bemerkt auch, dass einer Befragung von zehn protestantischen Konfessionen zufolge 88 Prozent der Gemeinden eine wöchentliche Teilnehmerzahl von unter 200 Gottesdienstbesuchern haben und 95 Prozent eine wöchentliche Teilnehmerzahl von unter 350.[3] Angesichts dieser Statistiken stehen die Chancen gut, dass fast jeder Pastor zumindest phasenweise eine kleine Gemeinde leiten wird.

Als Pastorenanwärter mag man überzeugt sein, dass man die Ausnahme dieser Regel sein wird. Ich selbst war auch überzeugt davon. Doch selbst wenn man überzeugt ist, eine Gemeinde zu einer beeindruckenden Größe aufbauen zu können – so gut wie kein Anwärter wird gebeten, bei seiner ersten Pastorenstelle gleich eine große Gemeinde zu leiten. Vielleicht übernimmt man eine kleine Gemeinde, die dann nach und nach größer wird. Vielleicht gründet man auch selbst eine Gemeinde und erlebt ein eindrucksvolles Wachstum. Aber selbst in diesen Fällen gibt es die Realität: Bevor die Gemeinde groß wird, ist sie klein.

Viele von uns sind überzeugt, dass wir große Prediger und Leiter sind. Wir haben revolutionäre Ideen, von denen noch nie jemand gehört hat. Wir haben den Glauben, Berge zu versetzen.

Doch was, wenn ...?

Was, wenn Gott andere Pläne für unsere Gemeindearbeit hat als wir? Was, wenn er uns dazu beruft, einer kleinen Gemeinde zu dienen? Können wir selbst dann Gottes Willen akzeptieren? Und wenn eine lebenslange Arbeit in einer kleinen Gemeinde möglich – ja, sogar wahrscheinlich – ist, sollten wir uns dann nicht lieber darauf vorbereiten?

Fakt Nr. 3: Man kann eine kleine Gemeinde haben, ohne sich mit Unzulänglichem abfinden zu müssen.

Es ist keineswegs eine pessimistische Einstellung oder ein Glaubensmangel, wenn man anerkennt, wie weitverbreitet kleinere und kleine Gemeinden sind. Im Gegenteil. Wer ein Ja zu Gottes Berufung als Pastor einer kleinen Gemeinde findet und diese Berufung leidenschaftlich auslebt, der entdeckt, dass es ein großes Vorrecht ist. Man selbst wird gesegnet, man kann die Menschen segnen, denen man dient, und auch den Ort, an dem die Gemeinde angesiedelt ist.

Vielleicht gibt es so viele kleinere Gemeinden, weil sie Gottes Idee sind.

Das ist keine falsche Bescheidenheit. Man kommt nicht zu kurz. Und man findet sich auch nicht mit Unzulänglichem ab.

Uns müssen die vielen kleinen Gemeinden auf der Welt nicht peinlich sein. Möglicherweise gibt es so viele kleinere Gemeinden, weil sie Gottes Idee sind und nicht auf unser Versagen zurückgehen. Statt Pastoren kleiner Gemeinden ein schlechtes Gewissen einzureden, weil sie es nicht »geschafft« haben, sollten wir ihnen lieber helfen, ihre Sache gut zu machen und ihre Arbeit mit Leidenschaft anzugehen.

Es ist höchste Zeit, dass wir ein Ja zu der wunderbaren Arbeit finden, zu der Gott die meisten von uns berufen hat.

Warum über Zahlen sprechen?

Angesichts der Tatsache, dass dies ausdrücklich ein Buch über kleine Gemeinden ist, gibt es mehrere Fragen, die ich im Vorfeld klären möchte.

1. Was macht eine kleine Gemeinde aus?
2. Welche Basis benutze ich für meine statistische Analyse?
3. Warum verwende ich überhaupt den Begriff »kleine Gemeinden«? Ist das nicht herabwürdigend?
4. Bringt das nicht noch mehr Uneinigkeit innerhalb des Leibes Christi, wenn wir Gemeinden nach ihrer Größenordnung aufteilen?

Erstens, mit »klein« meine ich eine Gemeinde, die pro Woche durchschnittlich weniger als 250 Besucher in ihrem Hauptgottesdienst hat. Ich benutze durchschnittliche Teilnehmerzahlen statt offizielle Mitgliederzahlen, da die Mitgliederzahlen je nach Gemeindeorganisation stark variieren können, nicht zuletzt durch Gemeinden, die überhaupt keine offizielle Mitgliedschaft haben. Zudem ist die durchschnittliche Teilnehmerzahl ein besserer Maßstab für das Engagement der Gemeindezugehörigen und hat eine stärkere Auswirkung auf die Struktur der Gemeindearbeit, als es Karteileichen haben.

Zweitens, soweit nicht anders angegeben, basieren die genannten Statistiken auf protestantischen Gemeinden in den Vereinigten Staaten – nicht weil diese wichtiger wären als Gemeinden in anderen Teilen der Welt, sondern weil sie den meisten Studien unterworfen worden sind und deshalb die derzeit verlässlichsten Statistiken für die Öffentlichkeit liefern.

Zu meiner Hoffnung für die weltweite Gemeinde gehört, dass wir unser enges Blickfeld erweitern und mehr Gemeinden aller Größen, Konfessionen, Ethnizitäten und Länder in unseren Lehren, unseren

Ressourceneinsatz und unserer demografischen Analyse aufnehmen. Doch vorläufig müssen wir die Statistiken verwenden, die uns zur Verfügung stehen.

Drittens, ich benutze den Begriff »kleine Gemeinden«, weil er im Gegensatz zu anderen Bezeichnungen (z.B. »normal große« oder »familiäre« Gemeinden) simpel ist und fast keiner Erklärung bedarf. Davon abgesehen muss »klein« ja keine Beleidigung sein, also habe ich beschlossen, dem Wort eine positive Bedeutung zu geben. Man kann Menschen nur schwer davon überzeugen, dass kleine Gemeinden eine große Auswirkung haben können, wenn man die Bezeichnung ganz vermeidet.

Zu guter Letzt: Ich möchte keinen Keil zwischen »große« und »kleine« Gemeinden treiben, wohl aber ihre Unterschiede anerkennen. Die Größe einer Gemeinde ist ein wichtiger Faktor, der mitentscheidet, wie sie agiert, wie sie Menschen dient, was für Menschen sie wahrscheinlich erreicht, wie sie Probleme unter Gemeindemitgliedern bewältigt und welche pastoralen Gaben und Fertigkeiten zu ihrer Leitung erforderlich sind.

KAPITEL 2

EIN JA ZU KLEINEN GEMEINDEN, OHNE SICH MIT UNZUREICHENDEM ABZUFINDEN

Vor mehreren Jahren, bei der Jahreskonferenz aller zu unserer Konfession gehörenden Gemeinden, lauschte ich der Rede unseres Präses zur Lage in unserer Kirche. Als Teil seiner Beurteilung führte er Statistiken auf, die ich schon viele Male zuvor gehört hatte. Ich habe entdeckt, dass sie auch über konfessionelle und geografische Grenzen hinaus überraschend universell sind.

»Mehr als 90 Prozent unserer Gemeinden haben weniger als 200 Gottesdienstbesucher pro Woche«, sagte er uns ernst, »und 80 Prozent haben weniger als 100.«

Er fuhr fort, aber meine Gedanken schweiften ab, als in mir Fragen an die Oberfläche traten: Und wenn das nun gar nicht so schlimm wäre? Als Jesus sagte: »Ich will meine Gemeinde bauen«, hatte er da etwa Gemeindeleiter im Sinn, die verzweifelt die Hände ringen, weil die eigene Gemeinde nicht so groß ist wie die eines anderen? Könnte es sein, dass Jesus sich Gemeinden ganz verschiedener Größenordnungen vorgestellt hat, die alle zusammenarbeiten? Können Megakirchen, große und kleine Gemeinden sowie Hausgemeinden alle jeweils etwas Besonderes zum Bau des Reiches Gottes beitragen?

Könnte es sein, dass wir, indem wir ein Problem zu lösen versuchen, das eigentlich gar kein Problem ist, sogar gegen Gottes Strategie arbeiten? Eine Strategie, bei der kleine Gemeinden lebenswichtige Werkzeuge sind, die es geschickt zu gebrauchen gilt, und kein Problem, das zu lösen ist?

Stattdessen haben wir in den letzten ein, zwei Generationen die großen Gemeinden zum Maßstab erhoben, einen Maßstab, den die meisten Gemeinden nie erreichen werden und – davon bin ich überzeugt – auch gar nicht erreichen *sollen*, weil wir zum Kleinsein berufen sind.

An großen Gemeinden ist an sich nichts auszusetzen, ja, ich bin dankbar, dass es sie gibt. Es ist doch Grund zum Feiern, wenn 2.000 bis 20.000 Menschen sich in einer Gemeinde versammeln, um Jesus anzubeten. Das finde ich fantastisch! Doch genauso ist es ein Grund zur Freude, wenn viele unterschiedliche Gemeinden in Gruppen von 500, 200 oder 10 Menschen Gottesdienst feiern! Jesus baut nun schon seit zweitausend Jahren seine Gemeinde und benutzt dabei alle möglichen Menschen, alle möglichen Methoden, alle Gemeindestile und -größen. Gemeinden, die Großes bewirken, entstehen nicht durch Zufall, ganz gleich, welche Größe sie haben. Sie entstehen durch Gebet, Planung, harte Arbeit, Zusammenwirken und den Ruf Gottes. Aber keine Gemeinde kann Großes bewirken, solange sie nicht *weiß*, dass sie Großes bewirken kann. Zu viele kleine Gemeinden und ihre Pastoren unterliegen der falschen Vorstellung und glauben der Lüge, dass ihre Gemeinde nichts Großes erreichen kann, bis sie nicht tatsächlich größer wird. Doch wir müssen diese Lüge entkräften, sowohl im Herzen als auch im Dienst eines jeden Pastors einer kleinen Gemeinde.

Viele Gemeinden sind klein – na und?

Da zu dem Zeitpunkt, als ich die Rede unseres Präses hörte, meine Gemeinde weit unter 250 Besuchern lag, wusste ich, welche Reaktion von mir auf die genannten Statistiken erwartet wurde: »Unsere Gemeinde ist auch klein. Oh nein!« Doch an dem Tag regte sich etwas in mir.

Ich dachte: »Na und?!« Ist es denn schlimm, dass unsere Gemeinde klein ist? Ist es denn schlimm, dass wir Teil der 90 Prozent unserer Konfession sind? Ist es denn schlimm, dass die Hälfte der Menschen in unserer Kirche zu kleinen Gemeinden gehört statt zu großen? Solange diese Gemeinden Gutes tun, anderen Menschen eine helfende Hand reichen, sich für die Sache von Jesus einsetzen und ihm Ehre machen, *ist es doch egal, ob sie klein sind.*

Wie ich seitdem gelernt habe, sagt das prozentuale Verhältnis von kleinen zu großen Gemeinden überhaupt nichts über den inneren bzw. geistlichen Zustand der Gemeinden einer Konfession oder Region aus. Nimmt ein Gemeindeverband zahlenmäßig zu und hat wachsenden Einfluss, gründet er neue Gemeinden, die fast alle klein sind. Das heißt, mit zunehmender geistlicher Gesundheit einer Region oder Konfession schießen auch mehr kleine Gemeinden aus dem Boden, wodurch der Prozentsatz kleiner Gemeinden hoch bleibt.

Bei einem ungesunden Gemeindeverband schrumpfen die existierenden Gemeinden, wodurch die Zahl kleiner Gemeinden ebenfalls zunimmt. In beiden Fällen gibt es also viele kleine Gemeinden. Wir brauchen neue Betrachtungsweisen von Gemeindegesundheit und -wachstum. Betrachtungsweisen, die das Wachstum des Gottesdienstbesuchs zwar mit einschließen, sich aber nicht darauf beschränken. Betrachtungsweisen, die Gesundheit, Vitalität, Nächstenliebe und mehr in den Blick nehmen.

Noch Monate nach unserer Konferenz nagte diese Frage an mir: »Unsere Gemeinde ist klein, na und?« Ich wusste, dass meine innere Verlagerung von »Oh nein!« hin zu »Na und?« bloß der erste Schritt zu einem vielleicht lebens- und dienstverändernden Ziel war. »Na und?« ist keine Antwort. Für sich genommen ist es bloß eine trotzige Reaktion aus den hinteren Reihen. Sofern es nicht zu etwas Konstruktivem führt, ist es bestenfalls eine Störung, schlimmstenfalls Zynismus.

Eines Tages kam es bei mir dann zu einer inneren Veränderung. Wir steckten gerade in den Vorbereitungen für eine anstehende Gemeindeveranstaltung und hatten mit Problemen zu tun, die unweigerlich auftreten, wenn einem nur wenige Mittel zur Verfügung stehen. Es traf mich plötzlich wie ein Schlag. Statt zu fragen: »Unsere Gemeinde ist klein, *na und?*«, sollten wir lieber fragen: »Unsere Gemeinde ist klein, *und jetzt?*«

Wir sind keine große Gemeinde. Deswegen stehen uns weniger Mittel zur Verfügung. Doch was können wir *jetzt* mit den Mitteln tun, die wir *im Augenblick* haben? Bestehen da überhaupt Möglichkeiten? Ja! Es gibt vieles, was kleine Gemeinden auf die Beine stellen können. Einiges können sie sogar besser als größere Gemeinden.

Diese mentalen, emotionalen und geistlichen Sprünge von »Oh

nein!« zu »Na und?« und schließlich zu »Und jetzt?« waren die ersten Schritte auf einem der schwierigsten, aber wichtigsten Wege meines Lebens. Das können sie auch für Sie sein.

Es gibt vieles, was kleine Gemeinden auf die Beine stellen können. Einiges können sie sogar besser als größere Gemeinden.

Vielleicht stellen Sie sich einmal bewusst dieselbe Frage: »Unsere Gemeinde ist klein, *und jetzt?*« Wie kann sich Ihr Dienst, Ihre Gemeinde, Ihr *Leben* verändern, wenn Sie von »Oh nein!« zu »Und jetzt?« wechseln?

Gehen wir diesen Richtungswechsel einmal gemeinsam an und fragen uns, wie kleine, gesunde Gemeinden aussehen können.

Verschiedene Arten kleiner Gemeinden und warum sie klein bleiben

Gemeindewachstumsbefürworter sagen gerne: »Wir müssen unsere Sendekapazität erhöhen, nicht bloß unsere Sitzplatzkapazität.« Das ist eine großartige Idee! Gehen wir noch einen Schritt weiter. Nehmen wir diese Ermahnung so ernst, dass wir unsere Sitzplatzkapazität *zugunsten* unserer Sendekapazität opfern. Ja, manchmal müssen wir das eine dem anderen vorziehen.

Es gibt tatsächlich eine Reihe von Gemeinden, die gesund sind und klein bleiben, entweder mit Absicht oder durch die Art von Arbeit, zu der sie berufen sind. Hier sind ein paar Beispiele:

Missionarische Gemeinden bzw. »Pflanzgemeinden«
In der amerikanischen Folklore ist John Chapman bzw. Johnny Appleseed (in Deutschland besser bekannt als Hans oder Hänschen Apfelkern) zu einer berühmten Persönlichkeit geworden, weil er im 19. Jahrhundert im gesamten Mittleren Westen der USA umherzog und Apfelbäume pflanzte. Das war seine Leidenschaft. In ähnlicher Weise haben manche christliche Gemeinden ihre Leidenschaft und Mission entdeckt, lieber viele kleine Gemeinden zu pflanzen, statt zu einer einzigen großen Gemeinde zu werden.

Ausbildungsgemeinden

Kleine Gemeinden sind besonders gut für praktische Ausbildungen geeignet. Dazu gehört auch die Gemeinde, in der ich als Pastor diene. Zu manchen Zeiten besteht bis zu ein Drittel der Gottesdienstbesucher aus Studenten. Wir bieten Praktika an, bei denen Studenten aus aller Welt jeden Aspekt des Gemeindelebens ganz individuell kennenlernen können.

Hausgemeinden

Hausgemeinden sind ein legitimer, aber häufig übersehener Ausdruck des Leibes Christi. In den kommenden Jahrzehnten werden sie wahrscheinlich zunehmen, wenn Menschen von den »Unternehmensmethoden« ihrer Gemeinden zunehmend enttäuscht werden, keine großen Gebäudehypotheken abzahlen oder für Gehälter von Gemeindemitarbeitern aufkommen möchten.

Seniorengemeinden

Ich habe einen Freund, der seit mehr als 25 Jahren Pastor einer wunderbaren, gesunden Gemeinde in einer Ruhestands-Siedlung bzw. Seniorenresidenz ist. Jedes Jahr führt er Beerdigungen für 20 Prozent seiner Gemeindemitglieder durch, also braucht er eine 20-prozentige Wachstumsrate, nur um die Teilnehmerzahl aufrechtzuerhalten. In allen anderen Fällen würde eine Gemeinde, die eine jährliche Wachstumsrate von 20 Prozent vorzuweisen hat, viel Anerkennung ernten. In seinem Fall muss er ungerechtfertigte Versagensgefühle überwinden.

Nischengemeinden

Ich bin überzeugt, dass Nischengemeinden, genau wie Hausgemeinden, in den kommenden Jahrzehnten ein wachsendes Segment darstellen werden, besonders in dicht bevölkerten Gebieten. Manchmal hat die Nische eine ethnische oder sprachliche Basis. Manchmal ist die Nische eine Gruppe, die sich vom Hauptgesellschaftsstrom entfremdet fühlt. Häufig sind diese Nischen so klein, dass es nie genug Gottesdienstbesucher gibt, um eine große Gemeinde aufzubauen. Aber auch diese Menschen müssen von Jesus hören, und zwar auf eine Weise, die ihre einzigartigen Empfindungen und Bedürfnisse berücksichtigt.

Gegenkulturelle Gemeinden

Dies mag sich mit Nischengemeinden überschneiden, jedoch nicht immer. Große Gemeinden wachsen oft deshalb so rasant, weil sie die Werte und Gewohnheiten der umliegenden Kultur berücksichtigen und ihre Methoden entsprechend ausrichten. Das ist ein wichtiger Aspekt, um das Evangelium zu kontextualisieren und die Kommunikationsmethoden an die Kultur anzupassen, während der Kern der Botschaft der Kultur häufig weiterhin entgegengesetzt bleibt. Doch einige Gemeinden sind in eine kulturelle Umgebung hineingepflanzt, deren Boden hart und steinig ist. Oder sie sind dazu berufen, auch in ihren Methoden gegenkulturell zu sein, nicht nur in ihrer Botschaft. Ich denke daran, wie meine Frau und ich vor einigen Jahren eine Gemeinde in Bukarest in Rumänien besuchten. In dieser postkommunistischen, hyperkapitalistischen Kultur stiegen die Gemeindemitglieder sogar in die Abwasserkanäle, um den Straßenkindern zu helfen, die in den Jahren nach dem Sturz des Kommunismus von der Gesellschaft an den Rand gedrängt worden waren. Gemeinden, die in einem solchen Umfeld angesiedelt sind, leben im Kontrast zur Umgebungskultur und bleiben gerade deshalb für gewöhnlich relativ klein.

Arme Gemeinden

Die treuen, gebetsreichen, arbeitssamen und liebevollen Menschen, die von Gott dazu berufen sind, in verarmten Kommunen zu leben und zu dienen – gewöhnlich leben sie dabei selbst unterhalb der Armutsgrenze –, sollten nicht unter unzumutbare Erwartungen eines unwahrscheinlichen zahlenmäßigen Wachstums gestellt werden.

Verfolgte Gemeinden

Die oft gesendete Botschaft, dass Gemeinden unbedingt wachsen müssten, wird natürlich auch von Gemeindeleitern empfangen, die in Ländern leben, in denen Christen massiv unterdrückt und verfolgt werden. Sie wünschen sich Hilfe, aber eine solche Botschaft erleichtert ihre Last nicht, sondern erschwert sie noch. Ich habe mit Pastoren verfolgter Gemeinden zusammengesessen, die mir herzzerreißende Geschichten erzählt haben. Privilegierte Gemeindeleiter aus wohlhabenden Ländern haben ihnen gesagt, dass ihre Gemeinden größer wären, wenn sie mehr Glauben hätten oder bestimmte Gemeindewachstumsmethoden implementieren würden. Dabei verrät schon ein flüchtiger Blick auf ihr Umfeld, dass solche Methoden dort nicht funktionieren. Und was den angeblichen Glaubensmangel betrifft, da konnte ich, als ich in ihren winzigen Häusern und Gemeinden saß, nur denken: »Hätte ich bloß die Hälfte eures Glaubens, wäre ich ein geistlicher Riese.«

Übergangsgemeinden

Diese Gemeinden existieren in Kommunen, die enorme demografische Veränderungen durchmachen. In solchen Gegenden wechselt jedes Jahr ein Großteil der Bevölkerung den Standort und wird von einer neuen Gruppe Menschen ersetzt, die höchstwahrscheinlich auch nicht länger als drei bis fünf Jahre bleibt. Sicher, ein Zustrom neuer Menschen bietet Chancen für eine Gemeinde, aber bei so einem hohen jährlichen Verlust der bisherigen Einwohner erfordert es einen enormen Arbeitsaufwand, um die gegenwärtige Gemeindegröße aufrechtzuerhalten, geschweige denn zahlenmäßig zu steigern.

Strategisch kleine Gemeinden

Einige Gemeinden sind absichtlich klein und spielen eine unerlässliche Rolle bei der Erfüllung des Missionsauftrages Jesu (was das bedeuten kann, untersuche ich in dem Kapitel »Hängt Ihre Gemeinde fest oder handelt sie strategisch?«). Ein Missionar, der nach Japan ausgesandt wurde, erzählte mir von einer großen Kampagne eines anderen, gut meinenden amerikanischen Missionars, der ein großes Gemeindegebäude am Rand einer japanischen Stadt baute. Das Gebäude steht seitdem leer, weil es nicht der japanischen Kultur entspricht. Wenn sich ein Japaner zum christlichen Glauben bekehrt, kann das als Beschämung seiner Familie und

Kultur aufgenommen werden. Ein Gottesdienstbesuch in einem protzigen Gemeindegebäude verschlimmert diese Beschämung der Familie nur noch.

Zusätzlich zu den verschiedenen Arten von Gemeinden, die klein bleiben, gibt es wichtige Gründe, warum eine kleine Größe für viele Gemeinden gut passt.

Ein Pastor ist ein Hirte

Wir alle haben unterschiedliche Gaben. Nicht alle Pastoren haben die erforderliche Mischung administrativer Gaben, um eine 400- oder 4.000-köpfige Gemeinde zu leiten. Genauer gesagt haben nur wenige diese Begabung. Ich z. B. weiß, dass ich sie nicht habe. Wenn ich jede Woche mehr als ein paar Stunden auf finanzielle und administrative Entscheidungen verwenden muss, trocknet mein Geist mit der Zeit langsam aus.

Sind Sie ein Hirte? Dann seien Sie ein guter Hirte, der seine kleine Gemeinde dahin führt, Großes zu erreichen. Bitte denken Sie daran, dass der Hirtendienst nicht bedeutet, dass Sie die ganze Arbeit eigenhändig erledigen, sonst sind Sie bald ein ausgebrannter Pastor und eine ungesunde Gemeinde wäre vorprogrammiert. Pastoren, die gute Hirten sind, sollten ihre Gemeindeglieder für den Dienst ausrüsten und freisetzen. Je kleiner die Gemeinde ist, desto persönlicher und interaktiver kann diese Ausrüstung geschehen.

Die Welt braucht mehr gesunde kleine Gemeinden

Hätten wir keine gesunden kleinen Gemeinden, was wäre dann die Alternative? Natürlich sagt niemand, dass wir Gemeinden schließen sollen, wenn sie nicht bestimmte Wachstumsraten erreichen. Kleine Gemeinden existieren, weil kleine Gemeinden gebraucht werden.

Gemeinden möchten, dass der Pastor tatsächlich eine pastorale Funktion ausübt

Die meisten gesunden großen Gemeinden arbeiten fleißig daran, gleichzeitig größer und »kleiner« zu werden, und zwar durch Kleingruppen. Pastoren großer Gemeinden müssen ein Großteil der pastoralen Arbeit – oder sogar die gesamte – an »Unterhirten« delegieren, und das ist unter den Umständen auch angebracht. Doch einige Menschen gedeihen besser in ihrem geistlichen Leben, wenn sie nicht von einem Kleingruppenleiter, sondern tatsächlich von ihrem Pastor seelsorgerlich begleitet werden, und das ist ein berechtigtes Bedürfnis.

Viele Menschen wollen nicht in eine große Gemeinde gehen

Einige Menschen bevorzugen ein überschaubares Gemeindeleben. Vom Firmenchef, der es am Wochenende mal etwas ruhiger und familiärer haben will, bis hin zu Eltern, die ihre Kinder in der Gemeinde lieber in einem generationsübergreifenden Umfeld aufwachsen sehen wollen als in einem weiteren altersspezifischen »Klassenzimmer« – *klein* funktioniert einfach besser für diese Menschen.

Das gilt für langjährige Kirchgänger genauso wie für kirchenferne Menschen. Die Vorstellung, dass sich jeder zu einem größeren Versammlungsraum, zu mehr Menschen und zu einer »High-End-Gottesdienstproduktion« hingezogen fühlt, hat noch nie der Realität entsprochen. Genauso wie es Menschen gibt, die ein kleines individuelles Restaurant einer großen Restaurantkette vorziehen, gibt es Menschen, die sich ein kleineres Umfeld wünschen, um den christlichen Glauben zu entdecken und auszuleben.

Ich weiß – indem ich sage, dass nicht jeder eine große Gemeinde vorzieht –, dass ich Gefahr laufe, wie der Baseballspieler Yogi Berra zu klingen, der bekanntermaßen über ein populäres Restaurant gesagt hat: »Da geht niemand mehr hin. Es ist zu voll.«[4] Ich will nicht behaupten, dass große Gemeinden aussterben oder keine Bedürfnisse mehr erfüllen. Offensichtlich gedeihen sie und tun vielen Menschen gut. Das ist einer der Gründe, warum die meisten großen Gemeinden groß geworden sind. Aber sie sind nicht für jeden geeignet. Wir sollten dafür sorgen, dass es auch für Menschen, die sich ein kleineres Umfeld für ihr Glaubensleben wünschen, gute Optionen gibt.

Vielleicht gehören kleine Gemeinden zu Gottes Plan

Jeder, der einen christlichen Dienst ausübt, sollte dem zustimmen können, dass »Gottes Wege höher sind als unsere Wege und seine Gedanken als unsere Gedanken« (nach Jesaja 55,8) und dass Gott uns zur Gemeinschaft mit anderen Christen berufen hat. Wir sollten uns zwar bemühen, seinen Willen auch bis in die Einzelheiten hinein zu ergründen und umzusetzen, gleichzeitig aber auch demütig bleiben, was die Entwicklung von ausgefeilten Strategien betrifft. Denn vielleicht hat Gott ja einen Plan für unsere Gemeinde, der nur erfüllt werden kann, indem sie klein und gesund ist.

Vielleicht hat Gott ja einen Plan für unsere Gemeinde, der nur erfüllt werden kann, indem sie klein und gesund ist.

»Größer werden oder ganz dichtmachen« sind nicht die einzigen Optionen

Viele gesunde Gemeinden bleiben klein und brauchen einfach Ermutigung und Ressourcen. Leider haben viele Pastoren kleiner Gemeinden das Gefühl, dass ihnen ein Ultimatum gesetzt wird: »Größer werden oder ganz dichtmachen.«

Zuweilen scheint dieser Druck aus allen Richtungen zu kommen: von unseren Gemeinden, unseren Konfessionen oder Gemeindeverbänden und, vielleicht von dem schärfsten Kritiker von allen, von uns selbst. Es heißt, dass »gesunde Dinge wachsen«, und das stimmt ja auch. Aber aufgrund der weitverbreiteten Fehlwahrnehmung, dass das mit zahlenmäßigem Wachstum gleichzusetzen sei, glauben viele Pastoren nicht, dass eine gesunde Gemeinde klein bleiben kann. So eine Gemeinde wird doch zwangsläufig größer, oder nicht? Wenn dem so ist, dann kann eine Gemeinde, die klein bleibt, unmöglich gesund sein. Wer so etwas glaubt, entwickelt keine Lösungsansätze und Mittel mehr, um kleinen Gemeinden mit Problemen zu helfen, gesunde kleine Gemeinden zu werden. Denn er hält es ja nicht einmal für möglich, dass es gesunde kleine Gemeinden geben könnte.

Leider leben wir in einer Kultur, die derart von dem Motto *»bigger is better«* – größer ist besser – besessen ist, dass sich diese Devise auch in unsere Gemeinden eingeschlichen hat. Diese Grundmentalität hat viele Pastoren davon abgehalten, eine andere Option zu sehen, nämlich, dass kleine Gemeinden mit Problemen zu gesunden kleinen Gemeinden werden können. Ich meine damit nicht, dass die Genesung einer kleinen Gemeinde ein Sprungbrett für Wachstum ist. Das ist zwar nicht verkehrt, aber mir geht es hier um die Gesundheit einer Gemeinde als Endzweck.

Viele Gemeinden auf der Welt sind klein. Vielleicht haben wir kein Größenproblem, sondern eher ein Gesundheitsproblem. Stellen Sie sich vor, jede kleine Gemeinde wäre gesund, stark und dynamisch (wie es viele bereits sind): Würde eine kleine Größe dann noch als Problem angesehen werden?

KAPITEL 3

KLEINE GEMEINDEN SIND KEIN PROBLEM, KEINE TUGEND UND KEINE AUSREDE

Ich liebe kleine Gemeinden, aber ich will sie absolut nicht idealisieren. Ich schaue nicht mit nostalgischer Wehmut auf die guten alten Zeiten, in denen jeder in die kleine Dorfkirche ging und in denen mit der Welt noch alles in Ordnung war. Falls Sie Pastor einer solchen Kirche sind, nehmen Sie bitte keinen Anstoß. Viele wunderbare Gemeinden versammeln sich in traditionellen Kirchengebäuden. Aber alte Dorfkirchen sind oft zum Sinnbild einer idyllischen, ruhigen und risikoscheuen Gemeinde geworden. Doch das Evangelium von Jesus ist ganz und gar nicht idyllisch, ruhig oder risikoscheu.

Ich will kleinen Gemeinden absolut nicht die Schuld dafür geben, was mit dem heutigen Christentum nicht stimmt. Ich will nicht tatenlos danebenstehen, während mit ernster Stimme Statistiken über kleine Gemeinden aufgeführt werden, als seien sie ein Beweis für den bedauernswerten Zustand des Christentums. Genauso wenig aber will ich kleine Gemeinden aus der Verantwortung nehmen. Unsere kleine Größe ist keine Ausrede, unserer Arbeit nicht mit einer Leidenschaft nachzugehen, die Jesus ehrt, Menschen dient und die Welt verändert. Kurzum, kleine Gemeinden sind weder ein Problem, das zu lösen, noch eine Tugend, die zu loben ist, und keinesfalls sind sie eine Ausrede für mangelnde Leidenschaft. Wir sind einfach normal, und das Normale bedarf keiner Lösung.

Doch da sich diese Fehlwahrnehmungen bezüglich kleiner Gemeinden hartnäckig halten, wollen wir sie einmal eine nach der anderen durchgehen.

Kleine Gemeinden sind nicht das Problem

Nur weil eine Gemeinde klein ist, heißt es nicht, dass sie faul, visionslos, zu sehr nach innen gekehrt oder schlecht geleitet ist oder theologisch mangelhaft arbeitet. Gibt es solche kleinen Gemeinden? Natürlich. Genauso wie einige große Gemeinden. Aber im Gegensatz zu dem, was Sie vielleicht gehört oder geglaubt haben, *bevorzugen* viele Christen eine kleine Gemeinde. Sie gehen gerne hin und engagieren sich dort fröhlich, und zwar zu Recht.

Leider ist das selten die Botschaft, die wir zu hören bekommen. Stattdessen werden wir mit gewissen Listen überschwemmt. Sie wissen schon, welche ich meine: die »10 Gründe, warum Ihre Gemeinde nicht wächst«-Listen. Früher habe ich diese Listen auf der Suche nach Hilfe verschlungen. Ich liebe meine Gemeinde ja und will, dass sie stark und gesund ist. Ich will schon, dass sie wächst. Ich bin immer auf der Suche nach Hilfsmitteln, durch die meine Gemeinde verbessert werden kann, aber ich erwarte keine Hilfe mehr von solchen Listen.

Warum? Schauen wir uns im Folgenden mal einige der angeblichen Ursachen an, die diese Listen für mangelndes Gemeindewachstum aufführen:

- selbstzentrierte Einstellungen
- Ungehorsam gegenüber der Bibel
- Fehlen von solider Bibelauslegung
- sich nur um die eigenen »Schäfchen« kümmern und nicht um die Menschen, die Jesus noch nicht kennen
- aus Bequemlichkeit die Mission vernachlässigen
- Menschen nicht in Jüngerschaft bzw. in der Nachfolge Jesu ermutigen
- mehr auf das Gebäude geben als auf Menschen
- es allen recht machen wollen
- eine dynamische Atmosphäre künstlich herbeiführen wollen
- mangelndes Gebet
- kurzlebigen Trends folgen statt Gott

Die Wahrheit ist, Gemeinden mit solchen Merkmalen sollten nicht wachsen, weil sie nicht gesund sind, Punkt. Warum suche ich bei solchen Listen also keine Hilfe mehr? Weil sie auf einer falschen Grundannahme basieren. Sie gehen davon aus, dass Gemeinden, die zahlenmäßig nicht wachsen, von eigennützigen, kleinlichen Einstellungen beherrscht sein müssen.

Falls Sie selbst solche Listen zusammenstellen oder im Internet verbreiten, möchte ich mich als ein Amtskollege und Zugehöriger Ihrer Zielgruppe einmal kurz direkt an Sie wenden. Solche Listen verursachen mehr Schaden bei guten Pastoren und Gemeinden, als sie schlechten Gemeinden helfen. Ich bin Pastor einer guten Gemeinde, die nie das zahlenmäßige Wachstum erlebt hat, von dem mir immer gesagt wurde, es stelle sich zwangsläufig ein, wenn ich nur die vorgeschriebenen Richtlinien befolge. Zudem tausche ich mich mit vielen Pastoren aus, die ebenfalls zu dieser Zielgruppe gehören. So wie ich wünschen auch sie sich Gemeindewachstum und suchen nach Hilfe.

Doch wenn ein Pastor, der sich sowieso schon entmutigt fühlt, auch noch eine Liste liest, die ihm weismacht, dass seine Gemeinde nicht wächst, weil sie visionslos, eigennützig und treulos sei, macht ihm das keinen Mut, sondern es macht ihn fertig. Schuldgefühle motivieren nicht; sie entmutigen. Davon abgesehen treffen diese Einstellungen auf solche Leser nicht zu. Pastoren, die sich nicht kümmern, lesen auch keine Listen oder Artikel über Gemeindeleitung. Wissen Sie, wer sie liest? Gute Pastoren, fleißige Pastoren, fürsorgliche Pastoren, entmutigte Pastoren.

Fairerweise muss gesagt werden, dass nicht jede »Warum Ihre Gemeinden nicht wächst«-Liste auf irrigen Annahmen basiert. Viele beinhalten strategische Fragen, Trainingsideen und Teamwork-Prinzipien, die wir möglicherweise übersehen haben und die wir kennen sollten. Aber wenn gute Ideen in einem negativen Rahmen präsentiert werden, wenden viele Pastoren kleiner Gemeinden den Blick ab. Besser wäre es deshalb, dieselben hilfreichen Ideen auf positivere Weise darzustellen.

Jahrelang las ich Hilfe suchend solche Listen und dachte dabei: »Keines dieser Probleme scheint meine Gemeinde zu beschreiben, aber mindestens einen dieser Fehler müssen wir ja machen. Wäre sie gesund, würde sie doch wachsen.«

Ich machte mich verrückt und war nahe dran, meine Pastorenarbeit ganz aufzugeben – und das alles, weil ich nicht erreichte, was andere mir als zwangsläufiges Ziel vor Augen hielten. Doch dann gewann ich durch die Hilfe von guten Beratern eine neue Ausrichtung. Ich zerbrach mir nicht mehr den Kopf über die Zahlen. Und wissen Sie, was ich entdeckte? Eine wunderbare, gesunde, dynamische, liebevolle, missionsorientierte, hilfsbereite Gemeinde! Mein wachsender Frust hatte daran gelegen, dass ich eine Gemeinde in Ordnung bringen wollte, die bereits in Ordnung war. Sie musste nur ermutigt, ausgerüstet und von der Leine gelassen werden.

Viele Pastoren erleben diesen Frust. Sie hören den unerbittlichen Trommelschlag, der ihnen einpaukt, dass sie angeblich etwas falsch machen. Das entmutigt sie so sehr, dass jedes Jahr Tausende von ihnen die Pastorenarbeit verfrüht aufgeben.

Wir alle machen Fehler, das wissen wir. Aber eine selbstsüchtige oder gleichgültige Einstellung gehört bei den wenigsten Pastoren dazu. Was wir brauchen, sind positive, weise und erbauliche Gedankenanstöße. Davon kann es nie genug geben.

Kleine Gemeinden sind keine besondere Tugend

Große Gemeinden sind nicht besser als kleine Gemeinden, aber kleine Gemeinden sind auch nicht besser als große Gemeinden. Wenn Menschen hören, dass ich ein Befürworter gesunder kleiner Gemeinden bin, rufen manche aus: »Genau, Karl! Zeig's diesen großen Typen!«, »Ich kann große Gemeinden auch nicht ausstehen!« oder: »Megakirchen sind doch bloß Egotrips ihrer Pastoren«. Das ist nicht hilfreich und auch nicht konstruktiv. Deshalb möchte ich klarstellen: Eine Gemeinde sollte nicht anhand der Zahl ihrer Besucher beurteilt werden, sei sie klein oder groß. Wie anfangs erwähnt, geht es mir nicht darum, dass Gemeinden unbedingt klein sind, sondern dass kleine Gemeinden eine große Auswirkung haben.

Sich kleine Gemeinden zu wünschen, ist so, als würde man sich wünschen, dass Hawaii sonnig oder Gemüse gesund ist; das ist ihr Normalzustand. Auch entsprechen kleine Gemeinden nicht besser dem neutestamentlichen Ideal als große Gemeinden. Wir sind nicht das Überbleibsel treu gebliebener Christen. Eine Gemeinde ist nie deshalb klein, weil »wir die Einzigen sind, die der Bibel treu bleiben«. Und eine Gemeinde ist nicht dadurch besonders »heilig«, dass sie klein bleibt. Dieses Vergleichen und die Abgrenzung zwischen großen und kleinen Gemeinden muss aufhören. Es ist möglich, kleine Gemeinden zu lieben, ohne große Gemeinden schlechtzumachen. Mehr noch, das wird dem Leib Christi – und Ihrem eigenen Dienst – guttun.

Um Ihnen eine Vorstellung davon zu geben, wie unlogisch die Argumente gegen große Gemeinden werden können, lesen Sie noch einmal die Liste der Gründe, warum kleine Gemeinden angeblich nicht wachsen. Ich habe schon jeden dieser Gründe als Beleidigung gegen große Gemeinden gerichtet gehört: »Große Gemeinden erreichen nicht die Glaubensfernen, sie stehlen nur Christen von kleineren Gemeinden«, »Große Gemeinden sind selbstzentriert«, »Große Gemeinden schaffen künstlich eine dynamische Atmosphäre und folgen kurzlebigen Trends statt Gott«. Wie unfair und falsch!

»Ihr seid ungesund, weil ihr klein seid!«

»Ach ja? Ihr seid oberflächlich, weil ihr groß seid!«

Geben wir doch lieber zu, dass sich die ganzen Streitereien über Gemeindegrößen um nichts weiter drehen als persönliche Vorlieben. Dem einen gefällt die Bandbreite an Möglichkeiten, die technische Leistung und die Stimmung einer großen Menschenmenge, die in großen Gemeinden zu finden sind. Einem anderen gefällt die Vertrautheit, die Beziehungen und der Zugang zum Pastor, die eine kleine Gemeinde zu bieten hat.

Ich habe schon theologische Rechtfertigungsversuche gehört, die belegen sollten, warum kleine Gemeinden ein Versagen oder große Gemeinden unbiblisch seien. Doch gewöhnlich war es bloß eine andere Version von »Ich mag sie nicht, also sollten andere sie auch nicht mögen«. Wie Pastor Timothy Keller schrieb: »Die meisten Menschen haben eine Vorliebe für eine bestimmte Größe von Gemeinde, weil jede Größenordnung eine andere Kultur schafft. Leider heben viele Menschen ihre persönliche Vorliebe auf eine Art moralisches Podest und tun andere Gemeindegrößen als geistlich oder moralisch minderwertig ab.«[5]

Sicher, es gibt schlechte Gründe, eine große Gemeinde vorzuziehen, beispielsweise, wenn Mitglieder sich in der Menge verstecken wollen oder wenn ein Pastor sich durch die große Anzahl von Gottesdienstbesuchern eine Bestätigung erhofft. Aber es gibt auch schlechte Gründe, eine kleine Gemeinde vorzuziehen, beispielweise, weil man kontrollsüchtig ist oder sich in einem kleinen Kreis verkriechen will.

Solange die Vorlieben von positiven Möglichkeiten statt von negativen Ausreden angetrieben werden, spielt es keine Rolle, in welcher Gemeindegröße man arbeitet oder Mitglied ist. Andere Menschen kann man in eine Gemeinde jeder Größenordnung einladen. Wer effektiver in einer bestimmten Größenordnung anbetet, lernt und dient, der darf gerne in eine entsprechend große Gemeinde gehen. Kann jemand anders diese Dinge besser in einer Gemeinde einer anderen Größenordnung ausleben, sollte man ihm nicht weismachen, das sei falsch.

Rüsten Sie Ihre Gemeindeglieder aus, erreichen Sie die Menschen, die dem Glauben noch fernstehen, und versuchen Sie, Gott in allem die Ehre zu geben. Solange Sie und Ihre Gemeinde das tun, kommt es nicht auf die Größe an. Es geht nicht um groß *oder* klein, sondern um groß *und* klein. Ich glaube zwar, dass kleine Gemeinden eine sichtbarere Rolle im zukünftigen Gemeindewachstum spielen werden, ich glaube aber nicht, dass wir große Gemeinden ersetzen werden – oder sollten.

Der Leib Christi ist besser dran, wenn wir alle zusammenarbeiten und nicht miteinander konkurrieren.

Kleine Gemeinden sind keine Ausrede

Die meisten Pastoren kleiner Gemeinden gehören zu den klügsten, glaubensvollsten, leidenschaftlichsten und fleißigsten Menschen, die ich kenne. Aber wir alle haben auch schon einige kennengelernt, die nicht ganz so vorbildlich sind, oder?

Gewöhnlich waren sie anfangs mit ganzem Herzen bei der Sache, aber im Laufe der Zeit ist ihnen etwas verloren gegangen. Die Unerbittlichkeit des Pastorenamts hat sie zermürbt. Als jemand, der aufgrund von Burn-out und verlorener Leidenschaft beinahe sein Pastorenamt niedergelegt hätte, kenne ich das selbst nur zu gut. Wenn wir im Dienst bleiben, dann aber bitte mit jeder Faser unseres Seins, auch wenn diese Fasern gelegentlich neu vernäht werden müssen.

Pastoren können eine Menge Ausreden auftischen, warum sie nicht ihr Bestes geben.

- »Wir würden ja gerne helfen, aber uns fehlt das Geld.«
- »Hätten wir nur gute Musiker wie eine größere Gemeinde, würden wir auch mehr Menschen anziehen.«
- »Ich werde schnell ungeduldig, deshalb ist es leichter, es selbst zu erledigen, statt ein Team von Leuten aufzubauen, die dafür sowieso nichts übrighaben.«
- »Menschen wollen nicht mehr zu Gemeinden wie der unsrigen kommen.«
- »Diese Generation ist so unzuverlässig.«
- »Was Hänschen nicht gelernt hat, lernt Hans nimmermehr.«

Mir ist völlig bewusst, dass kleinere Gemeinden beschränktere Mittel haben und wir deshalb nicht alles verwirklichen können, was wir gerne hätten. Doch ganz gleich, wie groß eine Gemeinde wird, keine Gemeinde hat unbeschränkte Mittel. Innovative Gemeinden tischen keine Ausreden auf, sondern finden Alternativen unabhängig von der Größe.

Als Pastor, Leiter und missionsorientierter Christ gibt es für mich auf jeden Mangel nur *eine* angemessene Reaktion, nämlich, sich zu verbessern. Und wenn wir nicht wissen, wie, dann sollten wir es herausfinden. Hören wir mit den Ausreden auf und eignen uns lieber neue Werkzeuge und Fertigkeiten an. Pastor einer kleinen Gemeinde zu sein, ist keine Ausrede für einen mangelhaften Dienst.

Jede Gemeinde und jeder Pastor hat Dienstmöglichkeiten, nur nehmen wir sie nicht immer wahr, wenn sie nicht unseren Erwartungen entsprechen.

Wir sind von Gedanken geprägt wie: »Diese Gemeinde ist nicht groß genug«, »Dieser Dienst passt nicht zu meiner Vorstellung von

Größe« oder: »Während meiner theologischen Ausbildung wurde mir aber etwas ganz anderes vermittelt«. Manchmal stelle ich mir vor, dass wir einmal Gott fragen werden, warum unsere Gemeinde oder unsere Reichweite nicht größer gewesen ist, und dass er dann erwidert: »Ich habe dir eine Gemeinde anvertraut, die Heilung und Ermutigung brauchte; Nachbarn, die sich in einer Lebenskrise befanden, und eine Familie, die deine Liebe brauchte. Warum war dieser Dienst denn nicht groß genug für dich?«

Es stimmt zwar, dass kleine Gemeinden sich nicht unbedingt die neueste Technik, ein eigenes Gemeindegebäude oder auch nur ein Gehalt für den Pastor leisten können, doch wir dürfen uns davon nicht aufhalten lassen, dem Ruf von Jesus zu folgen und unser von Gott geschenktes Potenzial auszuschöpfen.

Mit den folgenden hoffnungs- und glaubensvollen Aussagen können wir unsere Ausreden ersetzen:

- »Nur weil wir kein ausgefeiltes Lobpreis-Team haben, müssen wir uns noch lange nicht mit leidenschaftslosem Lobpreis zufriedengeben.«
- »Mangelnde Vorbereitungszeit für die Predigt aufgrund einer anderen Berufstätigkeit muss nicht zu schlechter Theologie oder einer trockenen Predigt führen.«
- »Minimale Finanzen halten uns nicht davon ab, Großzügigkeit zu praktizieren.«
- »Das Fehlen professionell gestalteter Grafiken, Flyer und Banner hält uns nicht davon ab, Freunde und Bekannte in die Gemeinde einzuladen.«

In den folgenden Kapiteln werden Sie viele Ideen, Unterschiede zwischen großen und kleinen Gemeinden, Ermutigungen und Herausforderungen finden. Aber Sie werden keine Ausreden finden, denn im Neuen Testament gibt es keinen einzigen Befehl an die Gemeinde, der nicht durch zwei oder drei Menschen, die Jesus lieben, erfüllt werden kann. Ihre Gemeinde muss nicht groß sein, um den Auftrag von Jesus bestens erfüllen zu können … und der Auftrag von Jesus ist alles, worauf es ankommt.

Teil 2

Die Mentalität einer kleinen Gemeinde, die Großes bewirkt

KAPITEL 4

KLEINE GEMEINDEN SIND ANDERS (UND DAS IST GUT SO)

Wenn es bei den Unterschieden zwischen kleinen und großen Gemeinden nicht um die Frage geht, welche besser ist, worum geht es dann? Kurz gesagt, Menschen verhalten sich in großen Gruppen anders als in kleinen. Und je mehr sich die Gruppen zahlenmäßig voneinander unterscheiden, desto markanter sind diese Unterschiede. Nichts weist jedoch darauf hin, dass sich die Theologie aufgrund der Gemeindegröße ändert. Die Unterschiede liegen vielmehr in den Methoden, mit deren Hilfe die Mission erfüllt wird, die Gott uns allen gegeben hat. In seiner Abhandlung zum Thema »Leiterschaft und Dynamik der Gemeindegröße: Wie Strategien sich mit dem Wachstum verändern« schreibt Timothy Keller, dass jede Gemeinde stark von ihrer »Größenkultur« beeinflusst wird: »Der Unterschied in der Funktionsweise einer hundert- und einer tausendköpfigen Gemeinde ist möglicherweise viel größer als der Unterschied einer presbyterianischen Kirchengemeinde und einer Baptistengemeinde gleicher Größenordnung.«[6] Der bekannte Autor und Gemeindeberater Lyle Schaller geht in *Activating the Passive Church* (»Die passive Gemeinde aktivieren«) noch weiter: »Gemeinden haben mehr gemeinsam durch ihre Größenordnung als durch ihre Konfession, Tradition, Lage, Alter oder durch irgendeinen anderen Faktor.«[7]

In dem folgenden Diagramm sehen Sie, dass es Grundlagen für große Gemeinden und Grundlagen für kleine Gemeinden gibt. In der Mitte, wo sich die beiden Kreise überschneiden, befinden sich die Grundlagen, die für beide Gruppen gelten, unabhängig von der Größe.

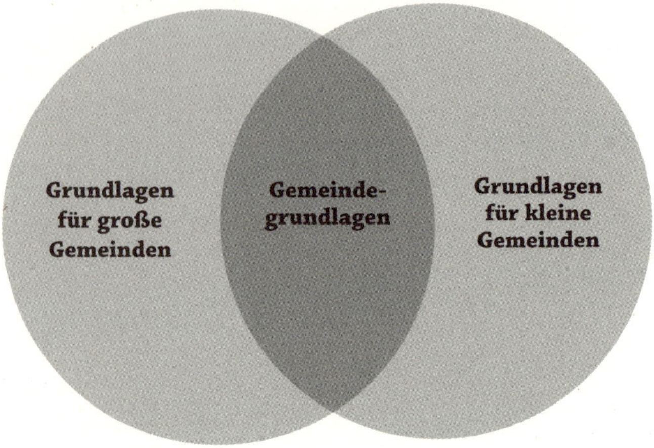

Wie gesagt, der Fokus dieses Buches liegt auf den Prinzipien, die ausschließlich für kleine Gemeinden von Belang sind. Obwohl sie auf viele Gemeinden in der Welt anwendbar sind, mögen einige dieser Prinzipien neu für Sie sein. Bis vor Kurzem waren sie auch für mich neu, und ich bin nun schon seit mehr als drei Jahrzehnten Pastor einer kleinen Gemeinde und habe mich immer wieder mit Gemeindeleitung befasst. Doch in all den Jahren wurde mir nie erklärt, inwieweit kleine Gemeinden anders funktionieren als große. Das entdeckte ich erst durch meine eigene unermüdliche Suche, die vor einem Jahrzehnt begann. Ich fand diese Prinzipien durch praktisches Ausprobieren in meiner eigenen kleinen Gemeinde und erkannte daraufhin Ähnlichkeiten bei anderen kleinen Gemeinden. Ich nahm sie bewusst wahr und fing an, meine Entdeckungen, meine Frustrationen und meine Erfahrungen aufzuschreiben.

Kontrast ohne Kritik

Die Unterschiede zwischen großen und kleinen Gemeinden sollten nie im Sinne einer Wettbewerbsmentalität gewertet werden. Wir können und müssen auf einen Kontrast hinweisen, ohne dadurch Kritik zu üben. Christliche Leiter sollten verschiedene »Zutaten«, Werkzeuge und Methoden vergleichen und gegenüberstellen dürfen, um dadurch Verbesserungen zu erzielen.

Als junger Pastor erwartete ich, dass alles, was ich in Büchern und Konferenzen zum Thema Gemeindeleitung lernte, auf meine eigenen Rahmenbedingungen anzuwenden war. Nach einer jener Konferenzen kehrte ich zu meiner Gemeinde zurück, übersprudelnd vor Begeisterung über das Gelernte. Ich war mit einem Plan bewaffnet. Ich wollte die neuesten, besten Ideen, die woanders so gut funktioniert hatten, auch in meiner Gemeinde umsetzen, musste dann aber feststellen, dass die meisten bei uns nicht funktionierten.

Es gab so viele Fehlschläge, dass meine Gemeinde und mein Leitungsteam sich zu fürchten begannen, wenn ich wieder ein neues Buch las oder zu einer weiteren Konferenz ging. Aber sie wollten die Gemeinde ebenfalls nach vorne bringen, also waren sie bereit, meiner Richtungsweisung zu folgen. Leider wurde das immer schwieriger, da sich die Kosten an Zeit, Energie und Geld doch beträchtlich summierten.

Nach einigen wenigen Erfolgen und vielen Misserfolgen ging mir schließlich auf, dass das Problem weder an uns noch an den Büchern und Konferenzen lag. Das Problem war, dass wir Ideen umsetzen wollten, die für ganz andere Rahmenbedingungen als unsere erdacht, getestet und erfolgreich umgesetzt worden waren. Die Unterschiede zwischen der 20.000-köpfigen Gemeinde, die der Konferenzredner leitete, und der 100-köpfigen Gemeinde, die ich leitete, waren größer, als ich mir vorgestellt hatte. Die Pastoren großer Gemeinden redeten aus ihrem eigenen Erfahrungshorizont heraus, was ja auch gut und richtig ist. Aber ihre Rahmenbedingungen unterschieden sich nun einmal erheblich vom Rahmen einer kleinen Gemeinde.

Im Durchschnitt lassen sich ungefähr ein Drittel der Prinzipien einer großen Gemeinde auf eine 200-köpfige Gemeinde anwenden und ein Viertel auf eine Gemeinde mit 100 oder weniger Gottesdienstbesuchern. Um zu wissen, welche der Prinzipien ich beibehalten konnte, muss ich erst einmal verstehen, in welcher Hinsicht genau sich große und kleine Gemeinden voneinander unterscheiden.

Das Gesetz der großen Zahlen

Bevor wir uns genauer mit dem »Was« dieser Unterschiede beschäftigen, müssen wir erst das »Warum« klären. Die Unterschiede zwischen den Herangehensweisen kleiner und großer Gemeinden laufen auf das Gesetz der großen Zahlen hinaus, das man so definieren kann:

DAS GESETZ DER GROSSEN ZAHLEN
Je größer eine Gruppe, desto vorhersagbarer ist ihr Verhalten.
Je kleiner eine Gruppe, desto unvorhersagbarer ist ihr Verhalten.

Dem Gesetz der großen Zahlen zufolge gibt es eine bestimmte Größenschwelle. Hat man sie einmal übertreten, gibt es kaum noch Unterschiede im grundsätzlichen Verhalten und in der Interaktion von Menschen.[8] Deshalb kann ein Pastor einer 2.000-köpfigen Gemeinde zu einer Konferenz gehen und fast alle Leitungsprinzipien eines Pastors einer 20.000-köpfigen Gemeinde übernehmen. Er muss nur eine Null streichen (nun gut ... das ist eine grobe Vereinfachung).

Aus dem gleichen Grund müssen Meinungsforscher nicht jeden einzelnen Bürger nach seiner Meinung fragen, bevor sie uns – mit einem kleinen Fehlerspielraum – sagen können, wie sich ein ganzes Land wahrscheinlich verhalten wird. Mit den richtigen Fragen und einer angemessenen demografischen Repräsentation lassen sich die Verhaltensweisen, Glaubensüberzeugungen und Wünsche eines Teils der Bevölkerung auf die Gesamtbevölkerung hochrechnen. Wichtig ist dabei jedoch, dass der Probenumfang groß sein muss, damit die gesammelten Daten auch wirklich repräsentativ sind. Das heißt, obwohl ein Pastor einer 2.000-köpfigen Gemeinde (ein ausreichend großer Probenumfang) die meisten Prinzipien anwenden kann, die in einer 20.000-köpfigen Gemeinde funktioniert haben, gilt das Gleiche nicht für eine 200-köpfige Gemeinde (ein zu kleiner Probenumfang). Der Pastor einer solchen Gemeinde kann nicht einfach zwei Nullen weglassen und ansonsten die gleichen Ideen verwenden.

Wenn wir zu kleineren Zahlen kommen, ist es nicht mehr bloß eine Rechenfrage. Je kleiner die Gruppe, desto mehr spielen die Eigenheiten individueller Menschen und ihrer Beziehungen eine Rolle.

Bei einer Gemeindegröße von 100 werden diese Eigenheiten noch ausgeprägter, bei 50 noch mehr, und bei einer Gemeinde mit 25 oder weniger Menschen ist die Überschneidung von großen und kleinen Gemeinden im Mengendiagramm extrem gering.

Diese Eigenheiten gibt es bei größeren Gemeinden nicht. Es gibt zwar gewisse lehrmäßige und stilistische Unterschiede zwischen Megakirchen, aber was ihre Verfahrensweise betrifft, herrschen zwischen ihnen stärkere Gemeinsamkeiten als zwischen kleinen Gemeinden. Das wiederum liegt an dem Gesetz der großen Zahlen. Wenn 2.000 oder mehr Menschen zu den Wochenendgottesdiensten kommen, müssen starke Systeme vorhanden sein, um mit so einer großen Gruppe umgehen zu können. Diese Systeme unterscheiden sich nicht sonderlich von Ort zu Ort, besonders wenn die Gemeinden in ähnlichen Umfeldern und Kulturen agieren, wie etwa in einem großen Ballungsgebiet.

Ich war schon in vielen Megakirchen und habe diesen Erfahrungen viel abgewonnen. Doch trotz einiger Unterschiede haben sie alle viel gemeinsam, von der Parkplatzbeschilderung bis zu den freundlichen Ordnern, von der altersgerechten Kinderbetreuung bis zu dem technischen Können des Lobpreis-Teams. Und das ist ja auch gut so. Wenn jemand eine bessere Methode entdeckt, eine Lobpreis-Erfahrung für eine große Versammlung zu schaffen, ist es angebracht, dass diese Ideen weitergegeben und in anderen Gemeinden aufgegriffen werden.

In einer kleinen Gemeinde läuft das allerdings anders. Das liegt nicht daran, dass sie und ihre Leiter ihren Dienst nicht leidenschaftlich genug ausüben, sondern dass kleinere Gruppen weniger vorhersagbar sind. Wenn ich in den Gottesdienst einer großen Gemeinde komme, weiß ich, was von mir erwartet wird: Ich gehöre zum Publikum. Abgesehen vom Mitsingen (wenn ich die Lieder kenne) bin ich Zuschauer und Zuhörer, kein aktiver Teilnehmer, es sei denn, ich trete auch einer Kleingruppe bei.

Komme ich hingegen in eine kleine Gemeinde – besonders eine mit 50 oder weniger Teilnehmern –, kann ich mir nicht unbedingt sicher sein, was von mir erwartet wird. Wenn Menschen vor dem Gottesdienstbeginn beieinanderstehen und sich unterhalten, soll ich aufs Geratewohl auf jemanden zugehen und mich vorstellen? Soll ich mich ganz allein in den leeren Gottesdienstraum setzen? Wenn Kaffee serviert wird, kann ich ihn mit in den Gottesdienstraum nehmen? Und wenn ich Kinder dabeihabe, bleiben sie bei mir oder gibt es einen Kinderraum für sie? Und wo ist der Kinderraum?

In großen Gemeinden werden solche Fragen ganz leicht durch Ausschilderung, gut trainierte Ordner und das Selbstverständnis des Besucherverhaltens geklärt. In kleinen Gemeinden gibt es viele ungeschriebene Regeln und man kann von diesen Regeln nicht auf die Regeln in einer anderen kleinen Gemeinde schließen.

Warum die Teilnehmerzahl in kleinen Gemeinden nicht so wichtig ist

Buch über genaue Teilnehmerzahlen zu führen, ist in großen Gemeinden wichtiger als in kleinen, und zwar aus folgendem Grund:

In einer großen Gemeinde kann selbst eine jährliche Änderung in der Besucherzahl von 10 bis 15 Prozent eine Auswirkung auf die Erfordernisse des Budgets, der Mitarbeiter und der Räumlichkeiten haben. In einer 2.000-köpfigen Gemeinde laufen 10 bis 15 Prozent ja immerhin auf 200 bis 300 Menschen hinaus! Entsprechend muss man die Teilnehmerzahlentwicklung aufmerksam beobachten.

In einer kleinen Gemeinde sind die prozentualen Schwankungen größer, haben aber eine viel geringere Auswirkung auf das Funktionieren der Gemeinde. Hier ist ein mögliches Szenario, das sich jeden Monat in kleinen Gemeinden abspielt.

1. Woche: 50 Gottesdienstbesucher. Ein normaler Sonntag.
2. Woche: 25 Gottesdienstbesucher. Die Grippesaison. Oder Ferienzeit. Oder das erste schöne Wetter im Jahr.
3. Woche: 75 Gottesdienstbesucher. Es ist ein Segnungs- oder Taufgottesdienst, also hat sich auch der erweiterte Familienkreis eingefunden.
4. Woche: 50 Gottesdienstbesucher. Wieder ein normaler Sonntag.

So etwas passiert in einer großen Gemeinde nicht. Würde eine Megakirche von einem Sonntag zum nächsten von 5.000 auf 2.500 sinken, dann plötzlich auf 7.500 springen und am vierten Sonntag wieder auf 5.000 zurückgehen, wäre das ein Zeichen schwerwiegender Probleme!

In kleinen Gemeinden kommen kurzfristige Prozentschwankungen dieser Größenordnung ständig vor. Sie sollten zwar nicht ignoriert werden, besonders wenn sich ein Muster abzeichnet, aber kleine Gemeinden können ihre Existenz nicht von ihnen abhängig machen, sonst treibt es einen als Pastor in den Wahnsinn.

»Aber meine Konfession fordert Gottesdienstbesucherzahlen ...«

Die Gemeinde, der ich als Pastor diene, gehört zu einem Gemeindeverband bzw. zu einer bestimmten Konfession. Jedes Jahr müssen alle zugehörigen Gemeinden ein langes, kompliziertes Formular ausfüllen, das nach allen erdenklichen Zahlen fragt: Teilnehmerzahlen am Sonntag, in der Wochenmitte, bei der Jugend- oder Kinderarbeit, Anzahl der Kleingruppen und ihrer Mitglieder, Zahl der Bekehrungen, Taufen und mehr. Ganz zu schweigen von der Höhe der Kollekten und der Spenden für die Missionsarbeit und für wohltätige Zwecke.

Ich bin kein Zahlenfan, also habe ich mich noch nie darauf gefreut, diese Formulare auszufüllen. In schwierigen Zeiten habe ich sie sogar mit beinahe apokalyptischem Grauen erwartet. Es gab viele Jahre, da wünschte ich, es gäbe ein Kästchen mit der Option: »Momentan ist alles mies, lassen Sie mich bitte in Ruhe!«

Doch das Gesetz der großen Zahlen hat mich gelehrt, warum es für meine Konfession wichtig ist, Zahlen von allen Gemeinden zu sammeln, unabhängig von ihrer Größe. Konfessionen befassen sich mit riesigen Menschenzahlen – teilweise Hunderttausende –, da können Veränderungen von 5 oder 10 Prozent eine Auswirkung auf die Programmleitung, Mitarbeiteranstellung sowie Projekt- und Missionsplanung haben.

Also, liebe Pastoren kleiner Gemeinden, liefern Sie weiter diese Zahlen, wenn sie von Ihnen erfragt werden. Auf der konfessionellen

Ebene spielen sie eine Rolle. Aber beschäftigen Sie sich mit ihnen nicht zwanghaft auf einer wöchentlichen Basis. Sie dürfen Ihre Stimmung, Ihre Arbeitsmoral oder Ihr Selbstwertgefühl im Reich Gottes nicht von den schwankenden Zahlen abhängig machen.

Gott ist nicht von Teilnehmerzahlen abhängig

Jesus ist heute Morgen nicht deprimiert wegen der Größe Ihrer Gemeinde aufgewacht. Sie möglicherweise ja; ich manchmal auch noch. Aber Jesus ist ganz und gar nicht besorgt.

Vielleicht war der letzte Sonntag ein schwerer Tag … mal wieder.

Sie haben sich die ganze Woche darauf vorbereitet und gebetet. Ein paar Tage vor dem Gottesdienst haben Sie die ehrenamtlichen Mitarbeiter kontaktiert, um sie daran zu erinnern, dass sie an diesem Sonntag mit einem der Dienste wie Begrüßung, Singen, Kindergottesdienst oder Ordnerdienst dran sind. Sie sind schon früh gekommen, haben die Türen aufgeschlossen und sich vergewissert, dass alles sauber ist. Sie haben die Heizung, das Licht und die Tonanlage angeschaltet. Doch einer der Mitarbeiter ließ sich nicht blicken und Sie haben sich vergeblich bemüht, noch schnell einen Ersatz zu finden. Der Gottesdienst begann mit einer peinlich kleinen Teilnehmerzahl. *Bestimmt kommen gleich noch mehr,* haben Sie sich eingeredet, aber als Sie zum Predigen aufstanden, gab es immer noch mehr leere als besetzte Sitzplätze. Trotzdem haben Sie sich die Seele aus dem Leib gepredigt.

Nach dem Gottesdienst haben Sie für die Nöte von Gemeindemitgliedern gebetet und ein Mitglied willkommen geheißen, das krankheitsbedingt länger nicht da gewesen war. Sie haben sich geduldig dieselben Beschwerden über … (füllen Sie die Lücke aus) angehört, die Sie schon vorige Woche gehört hatten, und haben versprochen, der Sache nachzugehen. Und das haben Sie ehrlich gemeint. Sie haben von ihren Gemeindegliedern Lob, Lächeln und herzliche Umarmungen erhalten. Viele sind mit gut gefülltem »geistlichen Tank« nach Hause gefahren, ohne sich bei Ihnen dafür zu bedanken. Sie haben an diesem Sonntag einfach wieder Ihr Pastorenamt in einer kleinen Gemeinde ausgeübt.

Dann kam der Montag, und der Montag war schwer.

Sie sind nicht allein. Jesus weiß, was in Ihrer Gemeinde letzte Woche geschehen und nicht geschehen ist. Er weiß, wer gekommen und wer nicht gekommen ist. Doch im Gegensatz zum durchschnittlichen Pastor einer kleinen Gemeinde kann Jesus gut mit Ihrer Gemeindegröße leben, denn es ist seine Gemeinde, nicht Ihre, nicht meine.

Jesus kann gut mit Ihrer Gemeindegröße leben, denn es ist seine Gemeinde, nicht Ihre.

Er ist heute Morgen auch nicht aufgewacht und hat die Engel abgeklatscht, weil die Gemeinde um die Ecke gestern ihre Teilnehmerrekordzahl gebrochen hat. Gott sind Teilnehmerzahlen als solche nicht wichtig. Vielmehr feiert er zusammen mit den Engeln jeden Einzelnen, der gerettet wird, ob nun in Ihrer Gemeinde oder einer anderen. Er freut sich über Ihre Treue, genauso wie er Ihnen bei Ihren Kämpfen mitfühlend zur Seite steht. Er bleibt an Ihrer Seite, während Sie sich diese Woche einmal mehr vorbereiten – glaubensvoll, gebetsvoll, vielleicht auch tränenvoll.

Jesus ist im Bilde. Er ist in Ihnen und in Ihrer Gemeinde am Werk. Ganz gleich, wie Ihnen zumute ist oder was die Zahlen sagen, er belohnt Treue.

KAPITEL 5

WARUM IST MEINE GEMEINDE SO SONDERBAR?

Pastoren kleiner Gemeinden sind oft überzeugt davon, dass ihre Gemeinde nicht nur anders ist, sondern richtiggehend sonderbar. Sie erkennen zwar, dass sie ein paar Dinge mit großen Gemeinden gemeinsam haben und noch einiges mehr mit anderen kleinen Gemeinden, aber häufig erzählen sie mir von Situationen, mit denen sie gerade zu tun haben, und ich denke: »Ja, das ist mir auch noch nie untergekommen.«

Wie geht man also in seiner Gemeinde mit einer Situation um, die noch nie jemand zu bewältigen hatte – zumindest nicht, soweit man weiß? Selbstverständlich kann Ihnen und Ihrer Gemeinde niemand sagen, wie Sie mit scheinbar noch nie da gewesenen Problemen umgehen sollen. Aber es gibt Richtlinien, die Ihnen helfen können, solchen Situationen auf den Grund zu gehen und nicht nur Einsicht zu gewinnen, sondern auch eine Wertschätzung der Einzigartigkeit Ihrer Gemeinde.

Wo das Sonderbare herkommt

Bis jetzt haben wir gesehen, dass ein Pastor einer kleinen Gemeinde zwei Prinzipien gegeneinander abwägen muss:

1. die Gemeindeprinzipien, die wir in den theologischen Ausbildungsstätten und in den meisten Büchern und Blogs gelernt haben: die Überschneidung in dem Mengendiagramm
2. die Prinzipien, die alle kleinen Gemeinden gemeinsam haben:

der Teil des rechten Kreises, der sich nicht mit dem linken Kreis überschneidet

Es gibt jedoch noch eine dritte Reihe von Prinzipien bzw. Grundlagen, die uns helfen, den einzigartigen (teilweise sonderbar wirkenden) Charakter unserer Gemeinde zu verstehen und entsprechend zu bewältigen. Diese dritte Reihe von Prinzipien wird in dem folgenden Diagramm durch die kleinen Kreise dargestellt. Sie alle haben verschiedene Größen und sind unterschiedlich gestaltet, sind aber alle in dem rechten Kreis enthalten, weil alle Grundlagen für kleine Gemeinden auch für jede von ihnen gelten.

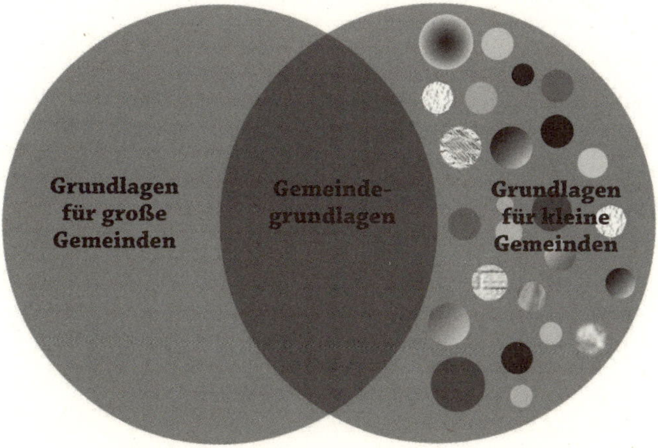

Im Gegensatz zu den beiden größeren Kreisen überschneidet sich keiner der kleineren Kreise, weil sie die einzigartigen Merkmale jeder Gemeinde darstellen. Sie vermitteln drei wichtige Aspekte über die Gemeinden, die sie versinnbildlichen:

Erstens: Je kleiner die Gemeinde, desto größer ist ihre Einzigartigkeit.

Wie wir beim Gesetz der großen Zahlen gesehen haben, können Pastoren großer Gemeinden viel voneinander lernen, weil sie so viel gemeinsam haben. Diese Gemeinsamkeiten schwinden immer mehr, je kleiner eine Gemeinde wird, während sich die Einzigartigkeit erhöht.

Nicht nur gibt es größere Unterschiede zwischen einer 200- und einer 50-köpfigen Gemeinde als zwischen einer 20.000- und einer 2.000-köpfigen, sondern wenn man zwei 50-köpfige Gemeinden besucht, fallen einem wahrscheinlich mehr Unterschiede als Gemeinsamkeiten auf – selbst wenn sie derselben Konfession oder demselben Gemeindeverband angehören, sich in derselben Stadt und sogar in derselben Straße befinden! Denn jede 50-köpfige Gemeinde hat 50 *unterschiedliche* Menschen.

In der einen 50-köpfigen Gemeinde löst sich der gesamte Kinderdienst auf, wenn eine einzige Familie weggeht. In der anderen 50-köpfigen Gemeinde atmen alle befreit auf, wenn eine gewisse Person nicht da ist, weil man nun nicht befürchten muss, dass sie wieder etwas Unpassendes vor einem neuen Gast sagt (ja, so eine Person ist in Gemeinden keine Seltenheit).

In größeren Gemeinden haben individuelle Menschen und ihre Persönlichkeiten eine kleinere Auswirkung aufs Ganze. Die Herausforderungen drehen sich eher um die Dynamik der Menge als um die Marotten Einzelner. Das unverblümte, manchmal peinliche Gemeindemitglied, das in einer kleinen Gemeinde die gesamte Stimmung im Raum verschieben kann, verursacht in einer großen Gemeinde keine größere Sorge als die Frage, wie die unangenehme E-Mail beantwortet werden soll, die der Pastor jede Woche von dieser Person erhält. Die Auswirkung ist viel kleiner.

Deshalb können zwischen großen Gemeinden leicht Leitungsprinzipien ausgetauscht werden. Sie haben mit ähnlichen Herausforderungen zu tun, zum Beispiel, wie man die Parkplatzsituation am besten regelt. Bei kleinen Gemeinden gibt es hingegen von Gemeinde zu Gemeinde ganz unterschiedliche Herausforderungen. Der Persönlichkeitskonflikt, der einer Gemeinde zu schaffen macht, ist eine ganz andere Herausforderung als der Ressourcenmangel der Gemeinde zwei Straßen weiter. Je kleiner die Gemeinde, desto mehr muss man sich bemühen, ihren individuellen Charakter zu verstehen und mit ihm umgehen lernen.

Zweitens: Wer die Gemeinsamkeiten zwischen Gemeinden kennt, kann auch besser verstehen, worin sich die eigene Gemeinde von anderen unterscheidet.

Ich arbeite liebend gern mit kleinen Gemeinden und ihren Leitern zusammen. Frustrierend ist jedoch, wie schnell einige Pastoren die Leitungsprinzipien abtun, die für alle Gemeinden gelten (die Überschneidung beim Mengendiagramm).

»Unsere Gemeinde ist anders« sollte keine Ausrede sein, das zu übersehen, was wir mit anderen gemeinsam haben. Wir können eine Gemeinde nicht gut leiten, wenn wir gleich zu den einzigartigen Aspekten unserer Gemeindeleitung springen, ohne uns um ein grundlegendes Verständnis allgemeiner Gemeindeleitungsaspekte zu bemühen. Wie soll man verstehen, worin sich die eigene Gemeinde von anderen unterscheidet, wenn man nicht weiß, wo die Gemeinsamkeiten liegen?

Drittens: Man kann vom einzigartigen Charakter einer Gemeinde lernen und sie nutzen.

Es ist gut, dass Ihre kleine Gemeinde einige Dinge mit allen Gemeinden gemeinsam hat und sogar noch mehr mit anderen kleinen Gemeinden. Aber was sollen Sie mit dem beträchtlichen dritten Anteil machen, dem nämlich, der Ihre Gemeinde aufgrund ihrer Geschichte, Gemeindekultur und ihres einzigartigen Charakters von allen anderen unterscheidet?

Fangen wir erst einmal damit an, inwieweit sich die Leitungsprioritäten von Gemeinde zu Gemeinde je nach Größenordnung ändern.

Unterschiedliche Größen, unterschiedliche Prioritäten

Durch meine Erfahrungen, Nachforschungen und Gespräche habe ich entdeckt, worin der größte Unterschied zwischen großen und kleinen Gemeinden besteht:

- Große Gemeinden müssen Visionen, Prozessen und Programmen eine hohe Priorität einräumen.
- Kleine Gemeinden müssen Beziehungen, Kultur und Geschichte eine hohe Priorität einräumen.

Schauen wir uns diese Unterschiede einmal genauer an ...

Große Gemeinden müssen Visionen, Prozessen und Programmen eine hohe Priorität einräumen.

Je größer die Gemeinde, desto mehr kann die Geschäftigkeit die Vision verdrängen und desto häufiger muss die Vision/Mission neu kommuniziert werden, sonst driftet die Gemeinde von der eigentlichen Mission ab. Des Weiteren muss die Vision umgesetzt werden, wofür gute Prozesse und Methoden notwendig sind. Denn je größer die Gemeinde, desto wichtiger sind etablierte Prozesse. Bei den Gemeindemitgliedern muss zudem Begeisterung für diese Abläufe geweckt werden. So stellt man sicher, dass sie befolgt werden.

Das ist einer der Gründe, warum Gemeindeleiter in den letzten Jahren zunehmend über Methoden, Systeme und Prozesse sprechen. Aus der Perspektive einer kleinen Gemeinde kann es den Anschein haben, als würden unsere Glaubensgeschwister in den großen Gemeinden das Verfahren über die Mission stellen, doch ich habe festgestellt, dass dem nicht so ist. In großen Gemeinden muss man eben mehr über Prozesse und Methoden sprechen als in kleinen. Das ist notwendig, damit eine große Menschenmenge gut funktioniert. Umso besser, wenn ein Leiter daran Freude hat.

Nachdem die Vision und die Prozesse etabliert worden sind, müssen die richtigen Programme an den Start gebracht werden. Gruppen werden geplant, Apps werden eingerichtet, Werbematerialien werden gestaltet, Lehrmaterialien werden geschaffen, gekauft und genutzt. Und – Sie habe es erraten – je größer die Gemeinde, desto ausschlaggebender ist das alles. Ein Pastor, der nicht gleichzeitig bei Dutzenden Seminaren, Kleingruppen und Dienstgruppentreffen seiner Gemeinde anwesend sein kann, muss sich auf gut geschriebene Programme, solide Lehrpläne und inhaltliche Richtlinien verlassen, um sicherzugehen, dass eine gute Theologie vermittelt wird.

Denken Sie nicht, dass in einer großen Gemeinde Visionen, Prozesse und Programme gegenüber der Anbetung Gottes und dem Dienst an Menschen Vorrang haben. Die letzteren beiden sollten im Mittelpunkt einer jeden gesunden Gemeinde stehen, egal welcher Größe. Aber in einer großen Gemeinde erreicht man beides besser, indem man eine starke Vision vermittelt, Prozesse in Gang setzt und Programme etabliert und durchführt.

Kleine Gemeinden müssen Beziehungen, Kultur und Geschichte eine hohe Priorität einräumen.

Visionen, Prozesse und Programme spielen auch in kleinen Gemeinden eine Rolle, aber dennoch ist die Art und Weise, wie wir sie etablieren und durchführen, ganz anders.

Wenn eine kleine Gemeinde zu stark von Prozessen und Programmen angetrieben wird, wirkt sie zu kontrollierend und unpersönlich. Und wenn wir in einer kleineren Gemeinde ständig die Vision neu kommunizieren, kann das herablassend und manipulativ wirken. Gerade die Systeme, die einer großen Gemeinde Stabilität bringen, können eine kleine Gemeinde zu kalt und geschäftlich erscheinen lassen, was den Hauptgrund zunichtemacht, warum die meisten Menschen überhaupt zu einer kleinen Gemeinde gehen – nämlich die persönliche Note.

Deshalb gilt: Je kleiner die Gemeinde, desto wichtiger ist es, dass sie Beziehungen, Kultur und Geschichte eine hohe Priorität einräumt.

Beziehungen

Kleine Gemeinden leben und sterben aufgrund ihrer Beziehungen. Selbst die besten Visionen, Prozesse und Programme auf der Welt gelingen oder versagen basierend auf den zwischenmenschlichen Beziehungen in der Gemeinde.

Beziehungen sind auch das Rückgrat des zahlenmäßigen Wachstums einer kleinen Gemeinde. Wenn jemand sich entscheidet, zum ersten Mal zum Gottesdienst einer kleinen Gemeinde zu gehen, dann nicht deshalb, weil ihn das Gebäude oder das Grafikdesign der Werbung für die neueste Predigtreihe angesprochen hat. Sie kommen entweder, weil sie neu am Ort sind, weil jemand sie eingeladen hat oder beides. Umgekehrt, wenn jemand eine kleine Gemeinde verlässt, mag das zwar auch an mangelnden Programmen liegen oder andere systemische Gründe haben, aber wahrscheinlicher ist, dass sich die erhofften zwischenmenschlichen Verbindungen nicht erfüllt haben. Freundlichkeit ist in jeder Gemeinde wichtig, aber in einer kleinen Gemeinde ist sie ganz besonders wichtig (wir wollen später noch der Frage nachgehen, wie man den »Freundlichkeitsfaktor« erhöht).

Einfach gesagt, es gibt keinen anderen einzelnen Faktor, der für die Gesundheit und Kraft einer kleinen Gemeinde wichtiger ist, als gesunde Beziehungen – zu Jesus, untereinander und zu den Menschen, die man erreichen will.

Kultur

Eine der Hauptaufgaben eines Leiters – besonders eines Pastors einer kleinen Gemeinde – besteht darin, die Kultur der Gemeinde zu entdecken, zu benennen und zu nutzen. Das erfordert, etwas tiefer zu schürfen, und möglicherweise muss man die Gemeinde auch zu einer besseren, gesünderen Kultur hinführen

Mit »Kultur« meine ich nicht die Kleider, die wir tragen, die Lieder, die wir singen, oder die Liturgie, die wir verwenden. Kultur in diesem Zusammenhang bezieht sich auf die zugrunde liegenden Annahmen und Realitäten, die einer Gemeinde ein Identitätsbewusstsein verleihen und die Entscheidungen lenken (oder die dazu beitragen, sich über sie hinwegzusetzen), häufig unterschwellig.

Kultur in diesem Sinne beschrieb Jesus in seinem Gleichnis von dem Bauern, dessen Samen auf vier unterschiedliche Arten von Böden fiel. In seinem Buch *Dirt Matters* schreit Pastor und Autor Jim Powell dazu: »Obwohl wir dieses Gleichnis meist auf das Individuum beziehen, wird sowohl in Markus als auch in Lukas der Plural verwendet, wenn es um den Zusammenhang zwischen dem Boden und dem Menschenherzen geht. Mit anderen Worten, das Gleichnis bezieht sich nicht nur auf Individuen, sondern auch auf Menschengruppen. Deshalb, wenn die Analogie des Bodens die Empfänglichkeit – und letzten Endes auch die Produktivität – des Herzens und Lebens gegenüber dem Wort Gottes darstellt, dann kann man es auch auf eine ganze Glaubensgemeinschaft beziehen.«[9]

In diesem Gleichnis ist der »Same« (die Botschaft, Mission oder Vision) gut, kann aber nur auf einer Art von Boden (der Kultur) wachsen und gesund bleiben.

Jesus beschreibt in dem Gleichnis vier verschiedene Böden, die auch als vier verschiedene Arten von Gemeinden gesehen werden können. Einige Gemeinden haben eine Kultur, die so verhärtet ist, dass neue Ideen nicht eindringen und Wurzeln schlagen können.

Andere Gemeinden haben eine Kultur, die schnell und leicht neue Ideen aufnimmt, die jedoch nicht genug Reife oder Tiefe besitzt, um auf lange Sicht die Zeit, das Geld, das Gebet oder die Leidenschaft dafür aufzubringen. Ideen werden begeistert aufgenommen, alle spenden Beifall, aber langfristig werden sie nicht ins Gemeindeleben integriert.

Ein weiterer Gemeindetyp nimmt neue Ideen ebenfalls schnell auf, hat aber so viele konkurrierende und widersprüchliche Programme und Events, dass alles Neue vom »Unkraut« endloser Besprechungen erstickt wird.

Schließlich gibt es noch Gemeinden, deren Kultur von Hoffnung, Aufnahmebereitschaft, Gebet und Geduld geprägt ist. Sie geben neuen Ideen die Chance, Wurzeln zu schlagen, zu wachsen und Frucht zu bringen.

Wie ausschlaggebend ist Kultur? Ein wohlbekannter Grundsatz

aus der Geschäftswelt besagt: »Die Kultur verspeist die Strategie zum Frühstück.« Anders gesagt: Die Grundannahmen (Kultur) einer Gemeinde bestimmen ganz stark mit, ob eine Mission, Vision oder Strategie Erfolg hat.

In großen oder neuen Gemeinden wird die Kultur überwiegend vom Leitungsteam geschaffen und die Gemeindemitglieder sind eher bereit, sich nach diesem Leitbild zu richten. In kleineren und älteren Gemeinden hängt die Kultur weniger vom Pastor ab, sondern ist eng mit den Gemeindemitgliedern und der Gemeindegeschichte verwoben. Je kleiner oder älter eine Gemeinde ist, umso größer ist auch der Einfluss der Kultur auf neue Ideen, Projekte oder Veränderungen, die der Pastor einführen möchte, besonders wenn die Gemeinde einen häufigen Pastorenwechsel erlebt hat.

Die Kultur steckt tief im »Boden«, was bedeutet, dass sie selten an der Oberfläche zu sehen ist. Mehr noch, sie mag noch nicht einmal für die Menschen offensichtlich sein, die ihr Geltung verschaffen. Wie viele Pastoren haben beispielsweise ihre Gemeinde und die Leiter sagen hören: »Wir wollen mehr junge Familien«, »Wir wollen neue Menschen erreichen« oder »Wir wollen die Gemeinde wieder auf Spur bringen«, nur um dann bei der Umsetzung auf Widerstand zu stoßen! Was geht da vor?

Das ist die unsichtbare, aber unbestreitbare Macht von Gemeindekultur. Oberflächlich gesehen möchten die Gemeindemitglieder in den Auftrag von Jesus investieren und ihren Ort und die Welt für ihn erreichen. Doch unter der Oberfläche lagern Stoffe, die den Boden vergiften: verborgene Sünde, Starrsinn, Gesetzlichkeit, zu viele Kompromisse. Diese vergiftete Kultur ist teilweise die Folge jahrelanger oder sogar jahrzehntelanger Erfahrungen mit gebrochenen Versprechungen von Pastoren, mit Vertrauensverlust, ungelösten Konflikten und mehr.

Ein weiser Pastor tut, was immer nötig ist, um den Boden umzupflügen und die Kultur offenzulegen, den Segen genauso wie den Fluch, die Freuden genauso wie die Verletzungen. Ohne diese Offenlegung bleibt das Negative weiter unter der Oberfläche und behindert alles, was man erreichen will. Und noch wichtiger: alles, was Gott durch die Gemeinde erreichen will. Doch genauso wichtig ist es, die positiven

Aspekte einer Gemeindekultur an die Oberfläche zu bringen, sonst bleiben ihre Schätze unentdeckt und ungenutzt.

Wenn Sie in Ihrer Gemeinde das Gefühl haben, gegen eine unsichtbare, schädliche Kultur anzukämpfen, ist es unumgänglich, sie offenzulegen, zu bewerten und wo nötig zu verändern. Ohne die richtige Kultur kann Ihre Mission keine Wurzeln schlagen.

Geschichte

Wer eine Gemeinde gründet, etabliert auch ihre Geschichte. Wer hingegen eine bereits existierende Gemeinde übernimmt, darf die Dynamiken der Gemeindegeschichte nicht außer Acht lassen. Das gilt besonders für kleinere Orte, die tendenziell ein langes Gedächtnis haben, aber es gilt auch für kleine Gemeinden in großen Städten, denn kleine Gemeinden haben ebenfalls ein langes Gedächtnis.

Diese Erinnerungen können ein Segen oder ein Fluch sein; das findet man erst heraus, nachdem man sie offengelegt hat. Ich habe viele Geschichten von Pastoren gehört, denen bei den Bemühungen um die Entwicklung ihrer Gemeinde die Geschichte im Weg stand. Doch die Geschichte einer Gemeinde kann auch ein gutes Fundament bilden, auf dem man aufbauen kann.

Vor mehreren Jahren feierte unsere Gemeinde ihr 50. Jubiläum. Als ich zu dem Anlass einige der Gründungsdokumente der Gemeinde durchging, stieß ich auf einen Zeitungsartikel, der kurz nach der Gemeindegründung erschienen war. Er trug den Titel: »Kirche für jugendliche Straftäter« (falls Sie nach 1980 geboren wurden, sprechen Sie wahrscheinlich nicht mehr von jugendlichen Straftätern, sondern von »Risikojugendlichen«).

Bei dieser Schlagzeile musste ich breit grinsen. Hier hatte ich schwarz auf weiß einen Beweis, dass die Arbeit mit unserer Skateboard-Anlage, der Kita und anderen Jugendprogrammen genau zu den Gründungszielen passte. Unsere Gemeinde wollte immer schon junge Menschen erreichen, besonders Risikokinder und -jugendliche.

Falls Sie eine neue, visionäre Arbeit in einer eher unflexiblen, rückwärtsgewandten Gemeinde beginnen wollen, liegt die Lösung nicht darin, die Gemeinde auf Biegen und Brechen in die Zukunft zu schleppen. Untergraben Sie das Fundament nicht. Untersuchen Sie das Fundament lieber einmal auf tieferer Ebene. Entdecken Sie den ursprünglichen, Lebens spendenden, Glaubens stärkenden Herzschlag der mutigen Gemeindegründer, die sich trauten, auf das Neue zu hören, das Gott zu ihrer Zeit tat.

Gemeinden werden nicht von Menschen gegründet, die Visionen abtöten oder sich mit dem Status quo begnügen. Sie werden von Visionären, Pionieren und Revolutionären gegründet, von Menschen, die den Status quo hinter sich gelassen haben, um eine neue Arbeit ins Leben zu rufen, durch die neue Menschen erreicht werden. Wenn Sie tief genug schauen, werden Sie Aussagen von den Gründern Ihrer Gemeinde finden, die einen Einblick in ihre Herzen und Leidenschaften gewähren. Von »Kirche für jugendliche Straftäter« bis hin zu »Wir wollen unseren Ort und die Welt für Jesus gewinnen« – das Archiv Ihrer Gemeinde kann sich als Schatztruhe entpuppen, die ihre Vergangenheit ehrt und ihr gleichzeitig neuen Schwung nach vorne gibt.

Wenn Ihre Gemeinde einer Konfession oder einem Gemeindeverbund angehört, können Sie dieselbe Inspiration bei den Konfessionsgründern finden. Greifen Sie auf sie zurück, um Ihre Gemeinde an die revolutionären Gedanken eines Martin Luther zu erinnern oder eines Johann Gerhard Oncken, John Wesley, Williams Booth oder wer auch immer zur Gründung der Bewegung beigetragen hat.

Bleiben Sie der Vision dieser Gründer treu nicht durch einfaches Nachahmen, sondern indem Sie ihre Denkweise verinnerlichen und mutig ausleben. Wenden Sie die ewigen Wahrheiten des Evangeliums auf eine neue Zeit und vielleicht eine neue Reformation an.

Manchmal braucht es die »falschen« Menschen, um die Welt zu verändern

In dem Film *Apollo 13* gibt es eine aussagekräftige Szene, wo die Ingenieure daran herumrätseln, wie sie das beschädigte Raumschiff und seine drei Astronauten wieder sicher auf die Erde zurückbekommen. Sie haben gerade entdeckt, dass das Luftfilterungssystem überlastet ist und der Kohlendioxidspiegel dadurch gefährlich steigt. Wenn es nicht schnellstens in Ordnung gebracht wird, werden die Astronauten durch ihren eigenen Atem vergiftet. Aber weil ein Teil des Raumschiffs so schwer beschädigt ist, dass die Crew in einen anderen Teil des Raumschiffes ausweichen muss, sind die noch übrig gebliebenen Filter quadratisch, während die Löcher rund sind.

Die Ingenieure leeren Kartons mit den Materialien, die den Astronauten im Raumfahrzeug zur Verfügung stehen, auf einem Tisch aus und einer sagt: »Wir müssen eine Möglichkeit finden, *das* hier [er hält einen quadratischen Filter hoch] in das Loch einzupassen, das *hierfür* designt wurde [er hält einen runden Filter hoch], und zwar mit nichts als *diesem hier* [er zeigt auf die Materialien auf dem Tisch].«[10] Es bringt nichts, sich Materialien herbeizuwünschen, die sie nicht haben. Planen, Anstrengung, Glaube – nichts davon kann jetzt etwas auf die Apollo 13 befördern, was sich nicht bereits dort befindet. Sie müssen das benutzen, was bereits im Raumschiff ist – und auf dem Tisch vor ihnen –, um das Problem zu lösen.

Einen quadratischen Gegenstand in ein rundes Loch einpassen zu wollen nur mit dem, was man auf dem Tisch hat, und dann noch, während Menschenleben auf dem Spiel stehen – das ist möglicherweise die perfekte Analogie für die Leitung einer kleinen Gemeinde.

In den letzten Jahren gab es eine andere Analogie, die in Leitungskreisen sehr beliebt war, sowohl unter Gemeinde- als auch Geschäftsleitern, und zwar von einem Bus. Die Analogie stammt von Jim Collins und seinem ungeheuer einflussreichen Buch *Good to Great* (*Der Weg zu den Besten*).[11] Ein Unternehmen sei wie ein Bus, bei dem es vor allem darauf ankomme, die richtigen Personen mitzunehmen. Wenn man eine Dienstleistung oder ein Produkt anbieten will, müsse man mit der richtigen Mischung von Know-how, emotionaler Balance, Sozialkompetenzen und so weiter beginnen. Sonst verbringe man die ganze Zeit mit internen Machtkämpfen, statt Produkte oder Dienstleistungen zu erzeugen und Geld einzubringen.

Das klingt vernünftig, und in bestimmten Situationen einer großen Gemeinde mag das funktionieren, wenn man auch Personen von außen anheuern kann, damit man kein quadratisches Objekt in ein rundes Loch einpassen muss. Aber was ist, wenn einem – wie bei der

Apollo 13 – nur quadratische Objekte und runde Löcher zur Verfügung stehen?

Der Ratschlag, die »richtigen Personen« in den »Bus« zu holen, funktioniert in einer kleinen Gemeinde nicht so gut. Da wir niemanden von außen anheuern können, müssen wir einen Weg finden, das Liebesgebot und den Missionsbefehl von Jesus mit den Materialien zu bewerkstelligen, die bereits auf dem Tisch liegen – beziehungsweise mit den Personen, die bereits im Bus sitzen.

In einer kleinen Gemeinde gibt es keine »richtigen« oder »falschen« Leute im Bus, sondern einfach *unsere* Leute. Sie bilden unsere Ressourcen, unsere Optionen. Aber das ist auch völlig in Ordnung; wir befinden uns dabei in guter Gesellschaft. Denken wir beispielsweise mal an die zwölf Jünger von Jesus. Obwohl Jesus diese engen Mitarbeiter auswählte, war das nicht gerade eine einleuchtende Wahl. Das ähnelt stark den Rahmenbedingungen einer kleinen Gemeinde.

In der Geschäftswelt sind die Menschen in dem Bus die »Humanressourcen«, mit denen die Führungskräfte ihre Arbeitsziele erreichen möchten. Doch wenn wir dieses Prinzip der »richtigen Personen« auf das Gemeindeleben anwenden, wird es problematisch. In der Gemeinde sind die Menschen kein Mittel zum Zweck; sie sind keine Werkzeuge, die wir benutzen, um ein Produkt oder eine Dienstleistung zu erschaffen. In der Gemeinde sind Menschen keine Ressourcen, sondern das Resultat. Sie sitzen nicht im Bus, um uns zu unserem Ziel zu verhelfen; sie *sind* das Ziel. Menschen, die gemeinsam Jesus anbeten und seine Liebe an andere weitergeben – das ist der Zweck der Gemeinde. Ein anderes Ziel gibt es nicht.

KAPITEL 6

VERSCHWIEGENE GEHEIMNISSE ÜBER GEMEINDEGESUNDHEIT UND -WACHSTUM

Niemand will dir etwas verheimlichen.

Es gab eine lange Phase in meiner Gemeindearbeit, in der ich mir das immer wieder sagen musste. Ich hatte beinahe einen Nervenzusammenbruch erlitten, nachdem ich mich vergeblich bemüht hatte, die Art von Wachstum in unserer Gemeinde zu erzielen, die sich – wie mir versichert wurde – zwangsläufig einstellen würde, wenn ich nur die richtigen Dinge täte.

Jahrzehntelang bemühte ich mich, durch Arbeit, Gebet und Weiterbildung zu einem besseren Pastor zu werden. Ich lernte und wendete jede Gemeindewachstumsmethode an, die ich finden konnte. Innerhalb einer drei- bis vierjährigen Spanne wuchs unsere Gemeinde dann auch tatsächlich stark. Innerhalb von ungefähr eineinhalb Jahren sprangen wir von knapp 200 auf fast 400. Dann jedoch, noch rasanter als das Wachstum, stürzten wir ab. Es dauerte nicht einmal ein Jahr, da hatten wir erheblich weniger Gottesdienstbesucher als vor dem explosiven Wachstum. Es gab keinen erkennbaren Grund dafür. Ich weiß nicht genau, wie klein wir wurden. Jedenfalls brauchte ich keine Anwesenheitsliste, um zu sehen, dass ich am Sonntag weniger als 100 Menschen vor mir hatte.

In dieser Phase hätte auch ich beinahe die Gemeinde verlassen und meine Pastorenarbeit ganz aufgegeben. Stattdessen fand ich Gesundheit und Heilung – mit der Hilfe Gottes und durch meine Familie, einem wunderbaren Seelsorger sowie außergewöhnlich liebevollen und vergebungsbereiten Gemeindeleitern und -mitgliedern. Erst Jahre später kam ich dahinter, wie es zu dem Absturz gekommen war.

Zum Teil lag es an strategischen Fehlern, die jedem Gemeindewachstumsexperten aufgefallen wären. Die Hauptursache war jedoch etwas anderes, etwas, was nur ich hätte sehen können, aber völlig übersehen hatte.

Während der kurzen rasanten Wachstumsphase ging es mir geistlich und seelisch nicht gut. Ich war, ohne mir dessen richtig bewusst zu sein, ungesund und unglücklich.

Um die Gemeinde über die 200er-Grenze zu bringen, tat ich, was getan werden musste. Ich legte meinen Mantel des Hirten/Pastors ab und zog den Anzug eines Koordinatoren/Managers an. Wie sich herausstellte, bin ich dafür jedoch nicht gebaut. Ich bin dazu berufen, Menschen seelsorgerisch zu begleiten, nicht dazu, Systeme zu managen. Obwohl ich den notwendigen Wachstumswechsel bereitwillig – sogar erfolgreich – unternahm, verbrachte ich nun fast meine ganze Dienstzeit mit Aufgaben, die ich eigentlich nicht mochte, zu denen ich nicht berufen war und die mich seelisch auslaugten. Schließlich spürten die Gemeindemitglieder, dass etwas nicht stimmte, auch wenn sie es nicht genau ausmachen konnten, also wechselten sie zu anderen Gemeinden und unsere Zahlen sanken.

Die Realität ist, dass man keine gesunde Gemeinde unter der Leitung eines seelisch ungesunden Pastors bauen kann. Während der Wachstumsphase, in der wir von 200 auf 400 sprangen, war ich unglücklich, ohne mir dessen richtig bewusst zu sein, weil der zahlenmäßige Erfolg der Gemeinde mein eigenes Unglück übertünschte. Wie kann ein Pastor, der einen derartigen Wachstumsschwung erlebt, denn bitte schön unglücklich sein?

Ich danke Gott jeden Tag, dass er eingegriffen hat und unsere Gemeinde nicht immer größer werden ließ, sonst hätte ich meinen zunehmend toxischen seelischen und geistlichen Zustand wohl erst nach einem Burn-out oder etwas Schlimmerem bemerkt. Ich hätte als einer jener Pastoren enden können, die negative Schlagzeilen machen, weil sie ihr Leben, ihre Familie und ihre Gemeindearbeit durch moralisches Versagen sabotieren. Bei solchen Schlagzeilen schütteln Menschen den Kopf und fragen sich: »Warum?«

Wenn ich heute davon höre, dass ein eigentlich begabter und aufrichtiger Pastor gescheitert ist, empfinde ich vor allem Mitgefühl. Hätte sich meine Gemeinde weiter nach meinen Wachstumsvorstellungen entwickelt, wäre ich jetzt vielleicht in einer ähnlichen Lage. Stattdessen hat Gott – aus Gründen, die ich nie verstehen, aber für die ich immer dankbar sein werde – mich, meine Gemeinde und meine Familie vor dieser Tragödie bewahrt. Durch den Einsturz der Gottesdienstbesucherzahlen stoppte er meine geistliche und seelische Abwärtsspirale. Es war ein Weckruf, der mich dazu zwang, einen anderen Weg für meine Pastorenarbeit zu finden.

In dieser Heilungsphase versuchte ich innerlich aufzuarbeiten, was schiefgegangen war. Just in dieser Zeit fand ich mich in der bereits beschriebenen Konferenz aller Gemeinden unserer Konfession wieder, die für mich der Auslöser war, von »Oh nein!« zu »Und jetzt?« überzugehen. Danach begann ich, dem fremden, ja, fast exotischen Gedanken nachzugehen, dass es vielleicht – ganz vielleicht – einen Weg für eine Gemeinde gibt, gleichzeitig gesund *und* klein zu sein. Aber ich musste nach dieser Wahrheit eigenständig graben.

Zunächst war meine Suche nach einem anderen Modell für Gemeindegesundheit belebend. Ich entdeckte viele Möglichkeiten, wie kleine Gemeinden stark, missionsorientiert und dynamisch sein können. Doch mit der Zeit kam auch Frust auf, denn meine Suche nach unterstützenden Fakten gestaltete sich äußerst mühsam. Und ich begann, mich zu fragen: Wenn so viele Gemeinden auf der ganzen Welt sogar noch kleiner waren als meine Gemeinde, warum waren hilfreiche Informationen dann so schwer zu finden? Warum wurden diese Prinzipien nicht in den theologischen Ausbildungsstätten, bei den Gemeindeleitungskonferenzen und in jedem Buch zu dem Thema öffentlich gemacht und gelehrt?

Dann wurde ich wütend. Nachdem ich das, was ich über das Gesetz der großen Zahlen wusste, mit dem kombinierte, was ich über Gemeindegrößendynamik lernte, schrie ich in den leeren Raum hinein: »Warum hat mir das niemand gesagt?!«

Ich musste mir dann erst einmal bewusst machen, dass niemand die Grundlagen einer kleinen Gemeinde absichtlich vor anderen verheimlicht. Diese kostbaren Einsichten sind nur etwas schwerer zu finden.

Nachdem ich schließlich einige dieser Grundlagen entdeckt hatte, stieß ich auf ein weiteres Hindernis: Wie konnte ich diese Information an andere Pastoren, die sie genauso nötig hatten wie ich, weitergeben? Nachdem ich es vielfach meiner Frau Shelley gegenüber erwähnt hatte (okay, ich habe bei ihr darüber gejammert), schlug sie vor: »Schreib doch darüber.« Meine Reaktion war: »Wer hört denn schon auf mich? Ich bin doch bloß ein kleiner Pastor, von dem noch nie jemand gehört hat.«

Sie erwiderte: »Wer ist denn qualifizierter, über dieses Thema zu schreiben, als ein Pastor einer kleinen Gemeinde? Und wie viele berühmte Pastoren kleiner Gemeinden gibt es überhaupt?«

Also schrieb ich ein Buch mit dem Titel *The Grasshopper Myth* (»Der Grashüpfer-Mythos«) und startete einen Blog sowie eine Facebook-Seite. Schon bald entdeckte ich, dass bereits Gespräche über dieses Thema in Gang waren, und nun war ich endlich mit von der Partie. Durch das Internet fanden Pastoren kleiner Gemeinden zueinander. Sie tauschten Ideen aus, sprachen über ihre Sorgen, ihren Frust und teilten Ressourcen miteinander. Mithilfe der neuen Technik und der dadurch ermöglichten Kommunikation nahmen diese Prinzipien langsam Gestalt an.

Ich entdeckte drei wichtige Grundlagen für kleine Gemeinden, die ich »verschwiegene Geheimnisse« nenne, nicht weil irgendjemand sie absichtlich verheimlicht hat, und auch nicht, weil ich etwas entdeckt habe, was niemand anderes weiß (das habe ich nicht), sondern weil ich erst mühsam nach ihnen suchen musste.

Geheimnis Nr. 1
Größer ist nicht die Lösung

Eine kleine Gemeinde ist nicht unbedingt defekt. Wenn in einer Gemeinde tatsächlich etwas defekt ist, liegt die Lösung nicht darin, sie zu vergrößern. Diese Einsicht wurde mir durch eine überraschende Quelle vor Augen geführt.

Während meiner am Burn-out grenzenden Phase schaute ich mir viel zu häufig Reality-TV an, besonders Renovierungssendungen, wo ein Restaurant- oder Hotelexperte einem am Hungertuch nagenden

Unternehmen wieder zum Erfolg verhilft. Reality-TV ist natürlich ganz und gar nicht real, aber als geistlich und seelisch zermürbter Pastor einer um ihre Existenz kämpfenden Gemeinde schaute ich mir eine Episode nach der anderen an in der Hoffnung, es würde mir ein klein wenig helfen (nein, darauf bin ich nicht stolz, und ich kann es nicht empfehlen).

Schließlich fiel mir etwas auf. Sobald diese sogenannten Experten zu den erfolglosen Unternehmen kamen, bemerkten sie oft, wie schwer das Gebäude zu finden war, wie unzureichend es gereinigt oder wie schlecht die Ausbildung der Angestellten war. Doch sie erklärten einem erfolglosen Unternehmen nie: »Ich sehe, was Ihr Problem ist. Ihr Unternehmen ist nicht groß genug!«

Kein einziges Mal. Genauer gesagt rieten sie häufig sogar, das Unternehmen erst einmal zu verkleinern. Einem mitgenommenen Hotelier, der versuchte, zu viele Zimmer sowie ein Restaurant und eine Wellness-Einrichtung aufrechtzuerhalten, rieten sie, zwei seiner Geschäftszweige zu schließen, um sich auf seine Stärken konzentrieren zu können. Die Experten zerrissen die 20-seitige Speisekarte eines erfolglosen Restaurants, das 120 verschiedene Auswahlmöglichkeiten im Angebot hatte, und ersetzten sie mit einer einzigen Seite mit fünf Auswahlmöglichkeiten einer Essensrichtung, die in der Gegend niemand anders anbot. Sie wandten eine Reihe von Prinzipien an, um erfolglose kleine Restaurants, Hotels oder Geschäfte in erfolgreiche kleine Restaurants, Hotels oder Geschäfte zu verwandeln. Diese Reality-TV-Experten verstanden etwas, was Gemeindeleiter oft übersehen: Größer ist nicht die Lösung.

Wächst eine gesunde kleine Gemeinde, wird sie zu einer gesunden großen Gemeinde. Wächst eine *ungesunde* kleine Gemeinde, wird sie zu einer *ungesunden* großen Gemeinde. Statt Gemeinden, die gerade ihre liebe Not haben, auch noch zu sagen, dass sie größer werden müssen, sollten wir ihnen lieber zur Gesundheit verhelfen. Wenn diese Gemeinden dann aufgrund ihrer Gesundheit wachsen, ist das super! Und wenn nicht? Das ändert nichts daran, dass sie gesund sind. Wir sind so besessen von *Größe*, dass wir uns eingeredet haben, zahlenmäßiges Wachstum sei die Lösung unserer Probleme:

- Wirtschaftsprobleme? Statt die zugrunde liegenden Fehler zu berichtigen, pumpen wir lieber mehr Geld hinein.
- Erziehungsprobleme? Statt die Kinder zu korrigieren, statten wir sie lieber mit noch mehr Kram aus.
- Gemeindeprobleme? Statt die Gemeindearbeit anders anzugehen, wollen wir lieber noch mehr Gemeindemitglieder haben.

Ein tragisches Beispiel des Schadens, der durch solch eine fehlerhafte Logik verursacht werden kann, erfuhr ich aus den Erzählungen eines Freundes. Er war Mitglied einer sehr großen, guten Gemeinde. Vor einigen Jahren geriet die Gemeinde dann in ernsthafte Probleme, nicht verschuldet durch die Gemeindeleitung, sondern aufgrund einiger Entscheidungen innerhalb des größeren Gemeindeverbandes bzw. der Konfession, über die sie keine Kontrolle hatte. Dieser Kampf kostete sie viele Mitglieder und viel Geld. Dann verlor die Gemeinde auch noch das Gemeindegebäude, in dem sie sich schon seit Generationen versammelt hatte.

Mehrere Jahre kam sie in Gebäuden anderer Gemeinden unter, die freundlicherweise ihre Räumlichkeiten zur Verfügung stellten, aber diese Gebäude befanden sich meilenweit vom Wohnort der meisten Gemeindemitglieder entfernt und standen nur zu Zeiten geringerer Auslastung zur Verfügung. Bei einer Gemeindeneugründung ist so etwas üblich, aber diese Gemeinde war ja nicht neu. Im Gegenteil, sie gehörte zu den ältesten Gemeinden in der Gegend.

Nach einigen Monaten erkundigte ich mich bei meinem Freund, welchen Plan der Pastor für die nächste Phase des Gemeindelebens im Sinn hatte.

»Die Tausend zu erreichen.«

»Was?« erwiderte ich.

»Der Plan unseres Pastors ist es, wieder tausend Mitglieder zu bekommen, denn dann ist unsere Spendenbasis groß genug, um uns ein neues Gemeindegebäude leisten zu können. Dann haben wir auch wieder genügend Dienstzweige, um auf unseren eigenen Füßen stehen zu können.«

Ich wartete darauf, dass bei meinem Freund ein Lächeln aufblitzen und er »Kleiner Scherz am Rande« sagen würde, doch vergeblich.

»Aber das ist doch kein Plan«, sagte ich.

»Ich weiß«, pflichtete er bei. »Das habe ich meinem Pastor auch versucht zu sagen, aber er wollte nichts dergleichen hören.«

»Ich denke, wenn er dabei bleibt, wird es das Ende eurer Gemeinde bedeuten«, sagte ich meinem Freund mit aufrichtiger Trauer. »Sie kann genauso gut jetzt schon dichtmachen. Größer zu werden, das ist kein Plan. Das ist kein Ziel und das ist definitiv nicht die Lösung eurer Probleme.«

Die meisten Befürworter von Gemeindewachstum stimmen darin überein, dass Größerwerden kein Plan und keine Lösung ist, und doch sehen viele von ihnen es immer noch als ein Ziel. Aufgrund dieser Mentalität kommen zu viele Pastoren von Wachstumskonferenzen nach Hause und meinen, Größerwerden sei sowohl der Plan als auch die Lösung. Verständlicherweise. Sie haben ja mehrere Tage in den eindrucksvollen Räumlichkeiten einer florierenden Gemeinde verbracht. Die Räumlichkeiten an sich sind schon Beweis genug, dass Wachstum funktioniert, und sie wünschen sich einen ähnlichen Erfolg für ihre eigene Gemeinde.

Das Problem ist allerdings, dass wir uns von der kleinen Handvoll extremer Erfolgsgeschichten so beeindrucken lassen, dass wir die Augen vor den Zehntausenden Gemeinden verschließen, die die gleichen Methoden ausprobieren, ohne die versprochenen Resultate zu erzielen. Und die dabei häufig sogar noch viel Geld, Zeit, Energie und Beziehungskapital verschwenden.

Einmal, in einem inzwischen berüchtigten Moment bei einer Gemeindeleitungskonferenz, zog der Gemeindeforscher Ed Stetzer die Aufmerksamkeit der versammelten Pastoren auf die außergewöhnlich eindrucksvollen Räumlichkeiten der Megakirche, in der sie saßen. »Für Sie ist das hier wie eine Art Pornografiedarstellung des christlichen Dienstes, den Sie aufzubauen hoffen«, sagte er ihnen. »Es ist eine unrealistische Darstellung einer Erfahrung, die Sie nie machen werden und die Sie von dem Realen und Herrlichen ablenkt, das Sie haben könnten.« Er mahnte zur Vorsicht: »Dieser unrealistische Traum kann Sie daran hindern, die Menschen zu lieben, die gerade in Ihrer Gemeinde sind. Stattdessen sehen Sie sie als ein Sprungbrett zu etwas Größerem.«[12]

Wie sähe mein Plan aus, wäre ich der Pastor der Not leidenden Gemeinde meines Freundes? Ich weiß es nicht. Aber ich weiß, dass ich beflissen nach einem Plan suchen würde und dass dieser Plan nicht darin bestehen würde, größer zu werden.

Statt auf zahlenmäßiges Wachstum zu drängen, würde ich lieber Fragen wie diese stellen: »Was für eine Arbeit können wir mit unserer augenblicklichen Größe leisten?«, »Was, wenn wir nie unser Traum-Gemeindegebäude bekommen oder überhaupt irgendein Gebäude?«, »Was können wir von anderen Gemeinden lernen, die kein Gebäude haben?« und: »Was, wenn wir diese Veränderung nicht als Problem sehen, sondern als Gelegenheit, das Gemeindeleben auf eine ganz neue Weise zu praktizieren?«.

Geheimnis Nr. 2
Zahlenmäßiges Gemeindewachstum geschieht nicht zwangsläufig

Gott sei Dank sind die Listen, die einem weismachen wollen, was man alles verkehrt macht, wenn die Gemeinde nicht wächst, nicht die einzigen Listen. Gelegentlich stoße ich auf eine positive Liste wie »Die 7 Eigenschaften, die alle wachsenden Gemeinden gemeinsam haben«. Eine Liste beinhaltete auch Prinzipien für die Gesundheit der Gemeinde, nicht nur für das zahlenmäßige Wachstum. Als ich die Liste las, kam sie mir irgendwie bekannt vor, und dann ging mir auf: »Hey, das beschreibt ja unsere Gemeinde! Wir tun all diese Dinge, und das schon seit Jahren. Cool!«

Ja, das Bild, das der Verfasser von einer gesunden, wachsenden Gemeinde malte, passte in jeder Hinsicht auf unsere Gemeinde, nur in einer Hinsicht nicht. Obwohl wir alle gesunden Schritte auf der Gemeindewachstumsliste befolgten, hat unsere Gemeinde nicht die 200er-Grenze durchbrochen. Wie kann das sein? Wer die Schritte befolgt, muss doch auch die Resultate erzielen, oder nicht? Sind wir perfekt? Ganz und gar nicht. Habe ich Fehler gemacht, die mögliche Wachstumschancen behindert haben? Zweifellos. Mein Punkt ist nicht, dass zahlenmäßiges Wachstum nicht möglich ist – es ist nur nicht *zwangsläufig*.

Sicher, das Wachstum der Gemeinde als Ganzes (die weltweite Gemeinschaft der Christen) ist vorbestimmt. Jesus sagte, dass er seine Gemeinde bauen würde, und das hat er auch getan – zielgerichtet und manchmal uns zum Trotz. Seit mehr als zweitausend Jahren ist die christliche Gemeinde der am stetigsten wachsende Organismus in der Geschichte, und das Wachstum ist noch nicht vorbei. Doch das Wachstum des Leibes Christi als Ganzes ist nicht notwendigerweise auf das zahlenmäßige Wachstum einzelner Gemeinden zu übertragen, selbst dann nicht, wenn sie gesund sind.

Das Wachstum des Leibes Christi als Ganzes ist nicht notwendigerweise auf das zahlenmäßige Wachstum einzelner Gemeinden zu übertragen.

Offensichtlich trägt noch etwas anderes zum Gemeindewachstum bei als bloß die grundlegenden Elemente einer gesunden Gemeinde – mehreres sogar, wie wir noch unter *Geheimnis Nr. 3* sehen werden. Zunächst einmal wollen wir uns einige der Gründe anschauen, warum Gemeindewachstum nicht zwangsläufig stattfindet.

»Ihr werdet nicht lange klein bleiben!« Oder doch?

In den letzten gut zwei Jahrzehnten meiner Pastorenarbeit habe ich immer wieder von Besuchern (besonders von Gastpredigern, die mich noch nicht als den »Kleine-Gemeinden-Typ« kannten) gehört, unsere Gemeinde stünde unmittelbar vor einem explosiven Wachstum. Kürzlich beschrieb ein solcher Besucher unsere Gemeinde als »aktiven Bienenstock, der erstaunliche Dienste leistet«.

Jahrelang glaubte ich diesen Prognosen, waren sie doch eine starke Ermutigung. Natürlich will ich, dass unsere Gemeinde wächst, aber mit den Jahren wuchs vor allem die Last der unerfüllten Erwartungen. Diese Last wurde so schwer, dass sie meiner Pastorenarbeit und meiner sonst äußerst gesunden Gemeinde beinahe den Garaus gemacht hätte.

Überraschenderweise gibt es in der Bibel keinen Hinweis darauf, dass einzelne Gemeinden größer werden müssen. Und dabei hielten sich die Verfasser des Neuen Testaments nicht etwa zurück, was die

Probleme der frühen Gemeinden betraf. Man denke nur an die Botschaften von Jesus, die Johannes in Offenbarung 2 und 3 an die sieben Gemeinden weitergibt. Die Botschaft an die Gemeinden in Ephesus, Pergamon, Thyatira, Sardes und Laodizea lautete: »Tut Buße.« An die Gemeinden in Smyrna und Philadelphia lautete sie: »Haltet durch.« Und an alle: »Bleibt stark.« Aber kein einziges Mal sagten Jesus, Johannes oder ein anderer Apostel einer kleinen Gemeinde, sie solle größer werden.

Die Bibel stellt klar, dass wir Menschen zu Jüngern machen sollen. Das Wachstum der Gemeinde ist nicht bloß eine Option oder eine Randbemerkung. Der Missionsauftrag von Jesus ist ein Befehl, nicht bloß ein Vorschlag. Doch solange Menschen weiter zu Jesus kommen, warum sollte es uns dann kümmern, wie groß die Gebäude sind, in denen wir uns treffen? Ist die Zunahme der Zahl gesunder kleiner Gemeinden nicht genauso Grund zum Feiern wie die Zunahme der Mitgliederzahl einer einzelnen Gemeinde? Vorausgesetzt, die Zunahme beider erfolgt auch wirklich dadurch, dass Menschen Jesus begegnen und ihn als den Herrn ihres Lebens annehmen.

Jahrzehntelang wurde uns gesagt, dass eine Gemeinde, die zahlenmäßig nicht wächst, sich im Niedergang befindet. Das leugnet die Beweislage, die eindeutig auf drei Dinge hinweist:

1. Es ist kein dezidierter biblischer Auftrag, eine zahlenmäßig große Gemeinde zu bauen.
2. Große Gemeinden sind nicht der Normalfall.
3. Eine gesunde Gemeinde muss nicht zwangsläufig auch zahlenmäßig wachsen.

Nicht wir sind letztlich für den Gemeindebau zuständig, sondern Jesus. Er sagte: »Ich will meine Gemeinde bauen.« Er sagte nicht: »Ich will *große* Gemeinden bauen.«

Zur Frage, wer die Verantwortung für Gemeindewachstum trägt, hatte der Pastor und Autor Greg Laurie in seinem Blog-Eintrag »4 gefährliche Gemeindewachstumsmythen« Folgendes zu sagen:

> »Liest man Apostelgeschichte 2,42-47 einmal genau, sieht man, dass ›größer ist besser‹ nicht das Motto der frühen Christen war.

> Vielmehr konzentrierten sie sich auf fünf Prioritäten: Anbetung, Gebet, Evangelisation, Lernen und Nächstenliebe. Das Kapitel endet mit den Worten: ›Der Herr aber fügte täglich zur Gemeinde hinzu, die gerettet wurden.‹ Die frühen Christen hatten kein Wachstumsproblem, weil Gott sich um das Wachstum kümmerte, während sie sich darum kümmerten, seine Prinzipien zu ehren. Gemeindewachstum ist letzten Endes Gottes Angelegenheit und untersteht nicht unserer Kontrolle.«[13]

Zwei Punkte sollten bei dem Bibelzitat aus Apostelgeschichte 2 hervorgehoben werden. Erstens steht dort, dass der *Herr* täglich Menschen der Gemeinde hinzufügte. Zweitens steht dort, dass er sie *zur Gemeinde* hinzufügte – der Gemeinde als Ganzes, nicht unbedingt einzelnen Gemeinden.

Am besten lesen wir Apostelgeschichte 2 nicht mehr durch eine Brille, die mit einer Gemeindewachstumsobsession gefärbt ist, sonst lesen wir das Kapitel falsch. Solange wir uns an Gottes klare Richtlinien halten, wird seine Gemeinde wachsen. Historisch betrachtet hat das normalerweise einen Zuwachs der Zahl kleiner Gemeinden bedeutet.[14] An einigen Orten bedeutete es auch die Entstehung größerer Gemeinden.

Die Kombination aus kleinen und großen Gemeinden entwickelte sich wahrscheinlich ziemlich schnell nach Pfingsten. Die Menschenmenge, die Petrus zuhörte, kam aus mindestens 16 verschiedenen Nationen, Provinzen und/oder ethnischen Gruppen. Zählt man die in Jerusalem Wohnenden als 17. Gruppe und teilt man die insgesamt 3.000 Bekehrten unter diesen Gruppen auf, ergeben sich durchschnittlich 180 Menschen pro Region. Wir müssen davon ausgehen, dass die meisten von ihnen nach der Pfingstfeier wieder nach Hause reisten und die gute Nachricht von Jesus mitnahmen.

Angenommen, circa die Hälfte der Anwesenden stammte aus Jerusalem, dann fällt der Durchschnitt der anderen Gruppen auf unter 100. Je weiter sie angereist waren, desto kleiner war ihre Zahl wahrscheinlich. Während also Jerusalem mit einer mehr als tausendköpfigen Gemeinde begonnen haben mag und einige der umliegenden Regionen mehrere Hundert Bekehrte zählen mochten, fingen die meisten

Regionen mit einer kleinen Christenschar an. Das prozentuale Verhältnis zwischen großen, mittelgroßen und kleinen Gemeinden hat sich seither nicht stark verändert.

Wenn Wachstum zwangsläufig stattfindet, warum sollten wir dann über Wachstumsbarrieren sprechen?

Es gibt mehr kleine Gemeinden, als Sie vielleicht meinen. Dem Forschungsinstitut Barna zufolge feiert die größte Gruppe amerikanischer Kirchgänger den Gottesdienst in einem kleinen Rahmen: »Fast die Hälfte (46 %) geht in eine Gemeinde mit 100 oder weniger Mitgliedern. Mehr als ein Drittel (37 %) geht in eine mittelgroße Gemeinde über 100 Mitgliedern, aber nicht über 499.«[15]

Warum gibt es so viele kleine Gemeinden? Dafür gibt es viele Gründe, von denen wir einige unter *Geheimnis Nr. 3* beleuchten wollen. Jedenfalls liegt es nicht daran, dass es all den Leitern dieser kleinen Gemeinden an Leidenschaft, Gebet oder Weisheit mangelt. Ein Grund könnte darin liegen, dass es außerordentlich schwierig ist, die Dienststrategie in einer Gemeinde mittlerer Größe plötzlich zu ändern. Deshalb ist es solch eine Herausforderung, die Wachstumsbarriere zu durchbrechen.

Ein typisches Szenario sieht wie folgt aus: Ein Pastor übernimmt oder gründet eine Gemeinde. Sie wird gesund und stark und erlebt sogar zahlenmäßiges Wachstum, weil sie die Leitungsprinzipien einer kleinen Gemeinde hervorragend umsetzt. Dann erreicht sie eine Stufe – 50, 100 oder 200 regelmäßige Gottesdienstbesucher –, auf der sie länger verweilt, als das bisherige Wachstumstempo vermuten ließ.

Der Pastor sucht nach Hilfe, nimmt an Konferenzen teil, liest ein paar Blog-Einträge und Bücher über Wachstumsbarrieren, und sie alle sagen im Grunde das Gleiche. Um die Barriere zu durchbrechen und die nächste Stufe zu erreichen (besonders von einer kleinen Gemeinde zu einer mittelgroßen Gemeinde), muss man fast alle pastoralen Fertigkeiten ablegen, die man sich im Laufe der Jahre in der Praxis angeeignet hat. Das schließt oft viele der Dinge mit ein, die man an der Arbeit als Pastor am liebsten mag.

Machen wir uns nichts vor! Ein Pastor kann eine Gemeinde unmöglich durch die 200er-Barriere führen, indem er die gleichen Methoden und Strukturen benutzt, die ihn an diesen Punkt gebracht haben.

Aber die dafür nötigen Veränderungen sind nicht leicht. Sie erfordern eine gewaltige Verlagerung der Denk- und Vorgehensweise – nicht nur beim Pastor, sondern beim Leitungsteam und der gesamten Gemeinde. Es ist nicht bloß eine Frage neuer Fertigkeiten, die man sich aneignet und dem bisher Gelernten hinzufügt. Von einem Hirten quasi zu einem »Viehzüchter« zu werden – soll heißen von einem Pastor zu einem Manager –, bedeutet eine 180-Grad-Wende in Bezug auf vieles, was der Pastor und die Gemeinde bisher praktiziert haben. Es kann sogar eine Abkehr von ihren individuellen gottgegebenen Gaben bedeuten. Genau das war bei mir der Fall gewesen.

In seinem hilfreichen Buch *One Size Doesn't Fit All* (»Keine Einheitsgröße«) schreibt der Theologe und Gemeindeberater Gary L. McIntosh über die schwierige Phase einer Gemeinde, die weder klein noch groß ist, sondern dazwischenliegt. Er nennt so eine Gemeinde eine »ausgedehnte Hauskirche«.[16] Wie bei allem, was erweitert oder ausgedehnt wird, entsteht in einer solchen Situation eine gewisse Spannung. Derartige Barrieren können mithilfe neuer Fertigkeiten zwar durchaus überwunden werden – so sind große Gemeinden groß geworden –, aber der Übergang ist viel schwerer, als uns gewöhnlich gesagt wird. Mehr noch, er ist nicht immer nötig.

Zahlenmäßiges Wachstum ist mehr Kunst als Wissenschaft

Wer abnehmen will, muss mehr Kalorien verbrennen, als er zu sich nimmt. Um eine Gemeinde wachsen zu lassen, muss man so viele Wachstumshindernisse wie möglich aus dem Weg schaffen. Man muss nur die Formeln befolgen, dann stellen sich die Resultate zwangsläufig ein. Richtig? Falsch.

Obwohl es wertvolle Prinzipien gibt, die wir alle lernen und anwenden sollten, gibt es keine Schablone für Gemeindewachstum – es enthält zu viele veränderliche Faktoren. Gemeindewachstum ist eher damit zu vergleichen, malen oder ein Instrument spielen zu lernen, als damit, abzunehmen. Wir können alle Prinzipien lernen, die fürs Malen oder Musizieren wichtig sind, wir können uns ganz viel Mühe geben und alles richtig machen und trotzdem nicht der nächste Henri Matisse oder Eric Clapton werden.

Jeder, der das Werk von Matisse oder Clapton duplizieren will, wird nur eine minderwertige Kopie des Originals liefern können. Lernt man hingegen ihre Prinzipien und wendet sie angemessen auf den eigenen Rahmen an, kann etwas Neues und Wunderbares zum Vorschein treten. Mit dem Gemeindewachstum verhält es sich ganz ähnlich. Prinzipien sind hilfreich, sogar notwendig, aber sie führen in jeder Situation zu etwas anderen Ergebnissen. Auch wenn wir nicht den zahlenmäßigen Erfolg eines Rick Warren oder Andy Stanley duplizieren können, so können wir doch innerhalb unseres eigenen Rahmens etwas erreichen, was genauso wichtig ist wie das, was sie in ihrem Rahmen erreicht haben.

Also, lernen Sie weiter. Beten Sie, rüsten Sie Ihre Gemeinde aus und verfolgen Sie das Ziel, nicht nur *mehr* zu erreichen, sondern *besser* zu werden. Ihr Erfolg muss nicht so aussehen wie der Erfolg einer anderen Gemeinde, denn Ihre Gemeinde ist anders als alle anderen Gemeinden.

Abgesehen davon ist es auch gar nicht wirklich *Ihre* Gemeinde, oder?

Geheimnis Nr. 3
Die beiden Listen: eine für eine gesunde Gemeinde, eine für eine große Gemeinde

Es gibt nicht eine einzige »Zutatenliste« für Gemeindegesundheit und -wachstum, nein, es gibt zwei – eine für eine gesunde Gemeinde, eine für eine große Gemeinde. Die beiden Listen überschneiden sich nicht und schließen sich Gott sei Dank auch nicht gegenseitig aus. Eine Gemeinde kann sowohl groß als auch gesund oder klein als auch gesund sein. Also schauen wir uns einmal beide Listen an.

Liste 1: Zutaten einer gesunden Gemeinde

- Jesus lieben und anbeten
- andere Menschen lieben, ihnen dienen und sie in der Nachfolge Jesu anleiten

Das war's auch schon. Eine Gemeinde, die das Liebesgebot und den Missionsbefehl auslebt, ist eine gesunde Gemeinde, unabhängig von ihrer Größe, Konfession oder Liturgie. Wenn wir wollen, können wir diese beiden Zutaten in noch kleinere Bestandteile aufteilen. Gewöhnlich ergeben sich dann fünf Elemente, wie Rick Warren es in *Kirche mit Vision: Gemeinde, die den Auftrag Gottes lebt* populär gemacht hat – nämlich Anbetung, Dienst, Jüngerschaft, Evangelisation und Gemeinschaft.[17] Aber auch diese fünf drehen sich alle darum, Jesus und unsere Mitmenschen zu lieben.

Liste 2: Zutaten einer großen Gemeinde

- ein großes Einzugsgebiet
- die Begabung, viel Kapital aufzubringen
- wohlhabende, großzügige Gemeindemitglieder
- gewaltige Räumlichkeiten (oder ein Netzwerk an Räumlichkeiten)
- viel Grundbesitz (an einem oder mehreren Orten)
- Jahre der unablässigen Arbeit, um Land und Räumlichkeiten zu beschaffen
- hochkomplexe Fertigkeiten des Verwaltens und Delegierens
- die Fähigkeit, Architekten, Designer und Bauunternehmen anzuheuern, zu bezahlen und zu koordinieren
- die Fähigkeit, eine große Vision zu kommunizieren und auf lange Sicht aufrechtzuerhalten
- vielfältige Abteilungen für vielfältige Dienstzweige
- eine Regierung, die keine Gesetze gegen Kirchenbau und/oder Gemeindeversammlungen erlässt
- eine Kultur, die Christen nicht verfolgt
- eine kooperative Stadtverwaltung
- kein Einspruch von Nachbarn (oder die Fähigkeit, sich über ihren Einspruch hinwegzusetzen)

... und so weiter. Die Zutaten in der ersten Liste stehen jedem Pastor und jeder Gemeinde zur Verfügung. Es erfordert nichts weiter als Hingabe zu Jesus und Orientierung an der Bibel. Doch ganz gleich, wie viel man arbeitet und betet oder wie sehr man es sich wünscht, viele der Zutaten auf der zweiten Liste befinden sich nicht in Reichweite der meisten Pastoren und Gemeinden. Auch für mich sind die meisten außer Reichweite geblieben, aber nicht weil ich sie nicht zu erreichen versucht habe. Die Erfordernisse entsprechen einfach nicht meiner Mischung aus Gaben und Fertigkeiten und meinem Persönlichkeitstyp. Meine Berufung, meine Begabung, mein Temperament – sie alle passen zum Pastor einer kleinen Gemeinde.

An den erforderlichen Elementen einer großen Gemeinde ist an sich nichts auszusetzen. Aber die beiden Listen zeigen, dass wir zahlenmäßiges Wachstum nicht so ohne Weiteres als Hauptmerkmal einer gesunden Gemeinde ansehen sollten. Bei wenigen Gemeinden und ihren Pastoren gibt es das nötige Zusammentreffen der Fertigkeiten und Umstände auf der zweiten Liste, um ein Gemeindewachstum aufrechterhalten zu können, durch das eine große Gemeinde entsteht. Es ist zwar wunderbar, wenn diese beiden Listen zusammenkommen, doch das ist selten der Fall.

Großspender

Kürzlich erzählte mir jemand von seinem Gespräch, in dem der Pastor einer Megakirche den zweiten Punkt auf der zweiten Liste bestätigte, nämlich die Begabung, viel Kapital aufzubringen.

»Die meisten Gemeinden werden nie eine ›Mega‹-Größe erreichen, weil man Megakirchen nicht allein auf der Basis regelmäßiger Spender aufbauen kann«, erzählte der Megakirchen-Pastor meinem Freund. »Dazu braucht man Großspender, und es gibt nur ganz wenige Pastoren, die einen Arm um die Schulter eines reichen Spenders legen und ihn davon überzeugen können, eine Million Dollar zu spenden.«

Großspender. Sobald ich das hörte, dachte ich: »Natürlich!« Das ist eine dieser offensichtlichen Wahrheiten, bei denen man sich an den Kopf fasst und sich fragt, warum man daran noch nie gedacht hat.

Großspender für sich zu gewinnen – das ist wahrlich eine äußerst seltene Gabe.

Einerseits würde ich diese Gabe auch gerne haben. Ich würde gerne Mittel dieser Größenordnung für ehrenwerte christliche Arbeiten beschaffen können. Andererseits bin ich froh, diese Gabe nicht zu haben, denn ich weiß nicht, wie gut ich mit ihr umgehen könnte. Ich bewundere Menschen, die mit reinen Motiven große Spenden beschaffen können. Wenige können das, und noch wenigere können es, ohne dadurch korrumpiert zu werden. Die Kirchengeschichte hat viele Schönredner gesehen, die den Reichen wie auch den Armen das Geld aus der Tasche geluchst haben, aber das Reich Gottes ist dadurch nicht immer nach vorne gebracht worden.

Pastoren kleiner Gemeinden müssen wissen, dass diese Ausnahmebegabung zum Aufbau riesiger Organisationen nötig ist, und wir sollten dankbar sein, dass es im Leib Christi Menschen gibt, die das gut bewerkstelligen. Es gibt Fertigkeiten für große Gemeinden und es gibt Fertigkeiten für kleine Gemeinden. Niemand hat sie alle, aber das Reich Gottes braucht beide.

KAPITEL 7

WIR BRAUCHEN EINE ERWEITERTE DEFINITION VON GEMEINDEWACHSTUM

Ich möchte, dass *meine* Gemeinde wächst; ich möchte, dass *Ihre* Gemeinde wächst. Mehr als alles andere möchte ich, dass *die* Gemeinde wächst. Ich möchte, dass so viele Menschen wie möglich – auf der ganzen Welt – Jesus kennenlernen. Die gute Nachricht des Evangeliums darf sich nicht auf die vier Wände meiner eigenen Gemeinde beschränken, auf die Eigenheiten meiner Konfession oder meines Gemeindeverbandes, die Grenzen meines Landes oder die Gepflogenheiten meiner Kultur. Gerade weil ich möchte, dass das Evangelium von Jesus so viele Menschen wie möglich erreicht, bin ich ein begeisterter Befürworter von gesunden kleinen Gemeinden ... und davon, unsere Definition von Gemeindewachstum zu erweitern.

Große Gemeinden und Megakirchen sind klasse. Sie sind hierzulande oft in den Schlagzeilen – mit guten wie mit schlechten Meldungen. Sie haben unsere Gebete und Unterstützung verdient, nicht unseren Neid oder Spott. Doch so wertvolle Dienste sie auch leisten, große Gemeinden sind nicht unbedingt der Ort, wo die meisten Christen geistlich genährt und in der Jüngerschaft trainiert werden. Die meisten werden das in den Millionen kleiner Gemeinden auf der ganzen Welt. In einem Artikel mit dem Titel »Ist Größer wirklich besser? Die Statistiken sagen Nein!« schreibt Autor und Gemeindegründer Neil Cole: »Die Statistiken sagen uns, dass zehn kleine Gemeinden mit jeweils 100 Mitgliedern viel mehr erreichen als eine einzelne Gemeinde mit 1.000 Mitgliedern.«[18]

In der Geschäftswelt ziehen riesige Unternehmen wie Amazon, Coca-Cola oder Volkswagen viel Aufmerksamkeit auf sich. Dabei wird der Großteil der Wirtschaft in Wirklichkeit von kleineren Unternehmen angetrieben.[19] Dasselbe gilt für die Gemeinde. Kleine Gemeinden treiben das Wachstum der weltweiten Gemeinde Christi an. Für das Christentum sind kleine Gemeinden möglicherweise das Kapital, das am meisten übersehen und am wenigsten genutzt wird, ein Vermögen, das sich aber in jedem Fall vervielfältigt.[20]

Mehr als ein einziges Modell für Gemeindewachstum

In den letzten circa vierzig Jahren wurde uns im Grunde ein einziges Modell für Gemeindewachstum gelehrt: mehr Leute ins Gebäude holen. Dabei gibt es doch viele Wachstumsmöglichkeiten! In der Natur wird nichts beständig einfach größer. Jeder gesunde Organismus wird größer, bis er seine Reife erreicht hat, dann findet das Wachstum auf andere Weise statt. Warum sollten wir erwarten, dass es sich bei unseren Ortsgemeinden anders verhält?

Jeder gesunde Organismus wird größer, bis er seine Reife erreicht hat, dann findet das Wachstum auf andere Weise statt.

Was ist, wenn eine größere Menschenmenge nicht der einzige Weg ist, wie das Reich Gottes in Gemeinden Gestalt gewinnt? Was ist, wenn in einigen Gemeinden und christlichen Organisationen größere Menschenmengen sogar dem Plan zuwiderlaufen, den sich Gott für ihr Wachstum und ihren Beitrag zum Leib Christi ausgedacht hat?

Dieser Gedanke wurde mir kürzlich bestätigt, als ich am *Sin Boldly*-Podcast des lutherischen Pastors Evan McClanahan teilnahm, um einen freundlichen Austausch mit Dr. Eugene Wilson und Dr. Gary McIntosh über kleine Gemeinden und die Gemeindewachstumsbewegung zu führen. McIntosh, einer der weltweit unbestrittenen Gemeindewachstumsexperten, erzählte uns, dass Donald McGavran, der für gewöhnlich als Gründer der Gemeindewachstumsbewegung angesehen wird, »überhaupt nicht für Megakirchen warb«.

McIntosh zufolge hatte McGavran bei der Gründung der Gemeindewachstumsbewegung das Ziel vor Augen, auf der ganzen Welt

Menschen zu Jüngern von Jesus zu machen. »Das bedeutet, dass die Gemeinde in erster Linie eine kleine Gemeinde sein muss«, meinte McIntosh. »Die ursprüngliche Absicht der Gemeindewachstumsbewegung lag darin, Gemeinden aller Größenordnungen zu helfen – besonders aber kleinen Gemeinden –, auf effektive und fruchtbringende Weise Menschen in die Nachfolge Jesu zu führen.«[21]

Was hat sich seitdem geändert? McIntosh erklärt es so: »Im Laufe der Zeit ... wurde die Gemeindewachstumsbewegung zweckentfremdet. Man könnte auch sagen, sie wurde gekapert, und zwar von populären Wachstumsvorstellungen, die ihren Antrieb durch die Megakirchen bekamen.« In den frühen Büchern zum Thema *Gemeindewachstum* gab es hingegen »keine Absicht, unbedingt Megakirchen zu schaffen, sondern vielmehr den Gemeinden zu kreativeren Wegen zu verhelfen, Menschen zu Jüngern zu machen«.[22]

Eine zahlenmäßig wachsende Gemeinde kann ein wunderbarer Weg sein, Menschen zu Jüngern Jesu zu machen. Aber es ist nicht der *einzige* Weg, auch nicht unbedingt der beste Weg. Jede Definition von Gemeindewachstum, die nicht mit einschließt – ja, sogar gutheißt –, dass Gemeinden Jüngerschaft praktizieren und einen Beitrag im Leib Christi leisten können, ohne ständiges zahlenmäßiges Wachstum zu erleben, ist zu eng gefasst. Wie können wir vorankommen, wenn unser Gespräch über Wachstum vielen Gemeinden das Gefühl gibt, sie wären gescheitert? Das ist die Folge, wenn zahlenmäßig wachsende Gemeinden die einzigen Erfolgsgeschichten sind, die wir zulassen.

Wir müssen aufhören, die Mehrheit der Gemeinden so zu behandeln, als wären sie die Füße in der Körperanalogie des Apostels Paulus – Füße, denen die Hände zu verstehen geben: »Wir brauchen euch nicht!« Alle Gemeinden sollten sowohl Evangelisation als auch Jüngerschaft praktizieren, obwohl die meisten entweder das eine oder andere besser können. Es ist genauso falsch und unproduktiv, gesunden Gemeinden, deren Schwerpunkt auf Jüngerschaft und Schulung liegt, eine zu starke Innengerichtetheit vorzuwerfen, wie es falsch ist, gesunden, wachsenden Gemeinden Oberflächlichkeit vorzuwerfen.

Eine unausgeglichene Sichtweise in dieser Hinsicht kann nicht nur Gefühle der Beschämung in Gemeinden hervorrufen, die nicht wachsen, sie kann auch zu einer Quelle falschen Stolzes in wachsenden Gemeinden werden. Es erfordert einen starken, reifen Pastor, dauerhaft eine Gemeinde zu leiten, die statische oder abnehmende Besucherzahlen vorweist, ohne von Gefühlen der Schuld, des Frusts und der Beschämung überwältigt zu werden. Und es erfordert einen genauso starken und reifen Pastor, zahlenmäßig beständiges Wachstum zu erleben und dabei demütig zu bleiben.

Gemeindeerfolg neu definieren

Was wäre, wenn wir das Paradigma, das Modell von Gemeindeerfolg ändern? Was wäre, wenn wir Gemeinden helfen, ihre individuellen Stärken zu entdecken, statt bei jeder Gemeinde auf zahlenmäßiges Wachstum zu pochen? Was wäre, wenn wir sie ermuntern und sie dazu ausrüsten, ihre ganz individuelle Arbeit gut zu machen, nicht in einer fernen Zukunft, wenn sie größer sind, sondern jetzt, mit ihrer jetzigen Größe? Diese eine Veränderung könnte unsere Gemeinden verwandeln und mit ihnen die Ortschaften, die sie für Jesus erreichen und denen sie dienen sollen.

Die Beschränkungen kleiner Gemeinden sollte kein Grund sein, dass alles seinen gewohnten Gang geht. Vielmehr sollten sie Kreativität in uns wecken. Nahezu jede historische Erfindung entstand nicht etwa, als alles wie am Schnürchen lief, sondern als es Herausforderungen gab. Würden kleine Gemeinden ermutigt werden, nach frischen, neuen Wegen der Gemeindearbeit zu suchen, statt in eine vorgefasste Definition des Erfolges hineingezwungen zu werden, würden viele von ihnen aktiv werden und uns überraschen – vielleicht uns sogar anleiten.

Beispielsweise können kleine Gemeinden kein Personal anstellen. Zu oft wird das als ein Problem gesehen, das nur durch finanziellen Aufschwung überwunden werden kann, um die benötigten Mitarbeiter anstellen zu können. Doch ist es nicht besser, solche finanziellen Beschränkungen als Anlass zu kreativerem Denken zu nehmen? Wir können uns sagen: »Na gut, wenn wir niemanden von außen anstellen können, bilden wir eben unsere eigenen Leute für den Dienst aus.« Zu viele bezahlte Mitarbeiter können eine Gemeinde überlasten.

In unserer Gemeinde standen wir vor mehreren Jahren vor diesem Dilemma. Unsere Arbeitszweige wuchsen, was bedeutete, dass wir viele junge Gottesdienstbesucher bekamen, die pro Kopf viel weniger Geld einbrachten als unser durchschnittlicher Gottesdienstbesucher früher. Deshalb fehlten uns die Mittel, weitere Mitarbeiter von außen anzustellen, und wir beschlossen, sie durch entsprechende Schulung lieber aus den eigenen Reihen zu gewinnen.

Seitdem ist jeder Mitarbeiter und jeder Dienstleiter aus unseren eigenen Reihen gekommen. Genauer gesagt bin ich mittlerweile der einzige Mitarbeiter, der von außen kam und angestellt wurde. Diese Praxis ist zwar herausfordernd, aber lohnend.

Unsere Kapazität für effektive Gemeindearbeit erhöhen

Ich habe aufgehört, den Begriff »Gemeindewachstum« als Synonym für die Gesundheit einer Gemeinde zu verwenden dafür, dass eine Gemeinde stärker wird und eine größere Auswirkung durch ihre Arbeit hat. Durch die inzwischen starke emotionale Vorbelastung des Begriffes ist er für meine Zwecke so gut wie nutzlos geworden.

Das ist aber auch nicht weiter schlimm. Überhaupt lehne ich die Gemeindewachstumsbewegung nicht grundsätzlich ab. Einige Begriffe greifen eben zu bestimmten Zeiten und an bestimmten Orten, woanders aber nicht. Der Begriff »Gemeindewachstum« gehört zu diesen Begriffen. Er ist nicht allgemeingültig und auch noch relativ neu. Und zwar wurde er vom englischen *church growth* beeinflusst, ein Ausdruck, den McGavran in den 1950ern und 60ern populär machte. Bis dahin war die Gemeinde gewachsen, ohne von diesem Begriff bestimmt zu werden, und sie wird weiterhin wachsen unabhängig davon, ob wir ihn weiterhin benutzen oder nicht.

Wenn ich also Worte wie »Gemeindewachstum« nicht benutzen will, wie vermittle ich Leuten dann, dass auch wir unsere Gemeinde voranbringen, mehr Menschen erreichen und unseren Beitrag zur Förderung des Reiches Gottes leisten wollen? Ich sage ihnen, dass wir immer danach streben, unsere Kapazität für effektive Gemeindearbeit zu erhöhen.

Ich erwarte nicht, dass diese Formulierung populär wird. Dafür ist sie zu wortreich. Sie hat jedoch mehrere Vorteile, die gut zu unserem Gemeinderahmen passen.

Erstens behalten wir dadurch unser Ziel fest im Blick, nämlich eine effektive Arbeit zu tun, nicht nur mehr Programme durchzuziehen oder mehr Menschen in den Gemeindesaal zu packen.

Zweitens lässt die Formulierung keine Ausreden zu. Wir streben immer danach, unsere Kapazität zu erhöhen. Ein Mangel an zahlenmäßigem Wachstum ist keine Ausrede, unsere Arbeit mit weniger Hingabe anzugehen. Wir wollen sie von ganzem Herzen, mit ganzer Seele, mit all unserer Kraft und mit unserem ganzen Verstand tun.

Ein Mangel an zahlenmäßigem Wachstum ist keine Ausrede, unsere Arbeit mit weniger Hingabe anzugehen.

Drittens beseitigt diese Formulierung unangebrachte Schuldgefühle. Solange wir eine bessere, effektivere Arbeit tun, müssen wir uns nicht wie Versager vorkommen, wenn das nicht zu einer größeren Gottesdienstbesucherzahl führt, weil das sowieso nicht unser Ziel ist. Effektive Arbeit ist unser Ziel.

Viertens, indem wir effektive Arbeit nicht nach Besucherzahlen beurteilen, sondern danach, inwieweit wir etwas für Gottes Reich bewirken, können wir Menschen ohne Hintergedanken begegnen. Menschen vertrauen uns und unserer Botschaft eher, wenn wir nicht den Eindruck erwecken, als würden wir etwas für uns selbst gewinnen wollen.

Fünftens erweitert das den Blick für den Leib Christi als Ganzes und unseren Platz in der Welt. Heute sind wir stark mit anderen verbunden. Die Arbeit unserer kleinen Gemeinde hat ein internationales Ausmaß angenommen, das wir noch vor einem Jahrzehnt nicht für möglich gehalten hätten. Von den Livestreams und Podcasts unserer Gottesdienste über Social Media und meinen Blog bis hin zu diesem Buch, erreichen unsere Gemeinde und ihre Dienstzweige wesentlich mehr Menschen außerhalb unserer geografischen Region als innerhalb.

Doch die Menschen in unserer Gemeinde vor Ort haben erste Priorität in meiner pastoralen Arbeit. Ihre Zahl allerdings stellt nur einen winzigen Prozentsatz der Auswirkung unserer Gemeinde dar.

Was bedeutet es also nun für Ihre Gemeinde, Ihre Kapazität für effektive Arbeit zu erhöhen? Ich weiß es nicht. Finden Sie heraus, was am besten zu Ihrer Gemeinde passt. Hier sind einige Möglichkeiten, die bei Ihnen vielleicht funktionieren könnten:

- Sind Ihre Räumlichkeiten klein? Erhöhen Sie Ihre Kapazität, indem Sie effektive Arbeit *von* Ihren Räumlichkeiten aus tun, nicht nur *in* ihnen.
- Befinden Sie sich in einem ländlichen Gebiet mit geringer Einwohnerzahl? Verstärken Sie Ihre Auswirkung, indem Sie auf die starken örtlichen Beziehungen aufbauen, statt bloß auf mehr Gottesdienstbesucher zu drängen.
- Sind Sie zu einem Dienst berufen, der in einem kleinen und persönlichen Rahmen stattfindet, statt in einem großen und lauten? Dann konzentrieren Sie sich darauf, sich besonders durch diese persönliche Note auszuzeichnen. Streben Sie eine hohe Qualität statt Quantität an.

Nicht jede Gemeinde ist dazu berufen, größer zu werden. Aber jede Gemeinde hat den Auftrag, eine effektive Arbeit zu tun, und das ist auch jeder Gemeinde möglich.

Teil 3

Neues Leben in eine kleine Gemeinde bringen

KAPITEL 8

HÄNGT IHRE GEMEINDE FEST ODER HANDELT SIE STRATEGISCH?

Die meisten von uns haben ein Wunschbild von unserer Gemeinde im Kopf. Vor unserem inneren Auge sehen wir eine größere Menschenmenge oder ein größeres Gebäude. Vielleicht stellen wir uns vor, wie ein schlecht besuchtes Gebäude wieder voll wird. Für viele von uns läuft dieses Gemeindewachstumsbild auf ein Endergebnis hinaus: mehr Gottessdienstbesucher bzw. Gemeindemitglieder. Sosehr wir es auch leugnen mögen, wir denken und handeln so, als sei eine größere Gemeinde eine bessere Gemeinde; und wenn sie sich nicht in diese Richtung bewegt, meinen wir, dass sie feststeckt.

Doch bevor wir einen weiteren Cent, eine weitere Minute oder weitere Energie darauf verwenden, unsere Gemeinde in eine bestimmte Richtung bewegen zu wollen, sollten wir uns eine ganz wichtige Frage stellen: Steckt meine Gemeinde in ihrer Entwicklung fest oder ist sie einfach nur klein? Wenn kleine Gemeinden ein unerlässliches Element der Missionsstrategie von Jesus darstellen, sollten wir den Unterscheid zwischen diesen beiden Möglichkeiten kennen.

Klein zu sein heißt nicht unbedingt, dass man feststeckt

Der inzwischen verstorbene Max De Pree, ehemaliger Firmenchef des Möbelherstellers Herman Miller und Autor von *Leadership Is an Art* (»Menschenführung ist eine Kunst«), sagte, dass die erste Verantwortung eines Leiters darin besteht, die Realität abzustecken.[23] Dazu gehört, unsere Möglichkeiten und Herausforderungen zu identifizieren und zu beurteilen sowie alternative Wege zu finden, wie wir diese Herausforderungen überwinden können. Probleme müssen nicht zu Ausreden werden. Es ist keine Ausrede zu sagen: »Auf diese Weise geht es nicht.« Zu einer Ausrede wird ein Problem erst, wenn wir sagen: »Auf diese Weise geht es nicht und auch auf keine andere Weise.«

Kleine Gemeinden sind für ihre mangelnden Mittel bekannt, doch wir sollten uns von diesem Mangel nicht bestimmen lassen. Bei innovativer Gemeindearbeit geht es nicht darum, »in« oder »trendsetzend« zu sein. Es geht darum, nach alternativen Wegen zu suchen, wenn die althergebrachten Wege einen nicht mehr weiterbringen. Hat eine Gemeinde beispielsweise kein eigenes Gemeindegebäude, kann man das leicht als ein Problem ansehen, aber es ist besser, es als Chance zu betrachten. Während andere Gemeinden erst aus ihrem Gebäude herauskommen müssen, um Kontakte zu Menschen am Ort zu knüpfen, hat eine gebäudelose Gemeinde ganz natürlich eine Brücke zu anderen Gruppen, mit denen sie Räumlichkeiten teilt.

Also, woran können wir erkennen, ob eine kleine Gemeinde festhängt oder strategische Wege findet?

Eine Gemeinde hängt fest, wenn sie …

… ungewollt klein ist.

Einige Gemeinden sind klein, weil sie (ich sage es nur ungern) miserabel sind. Sie machen so vieles falsch, da ist es ein Wunder, dass überhaupt noch jemand zum Gottesdienst kommt. Eine Gemeinde fügte ihrem Gebäude einen Anbau hinzu, aber auf eine solche Weise, dass vom Foyer aus zwei prominente Saaltüren von beiden Seiten direkt zur Bühne führten. Die regelmäßigen Gottesdienstbesucher wussten das und machten einen Umweg, um von hinten in den Saal zu treten, aber uninformierte Gäste betraten den Saal oft über die Bühne, teilweise während eines bereits laufenden Gottesdienstes, und mussten feststellen, dass die gesamte Gemeinde sie anstarrte! Auf die Frage, warum diese offensichtliche Fehlkonstruktion nicht berichtigt wurde, lautete die Antwort leider schlichtweg: »Na ja, *so* oft passiert das nun auch nicht.« Natürlich nicht! Denn wenn es sich herumspricht, dass eine Gemeinde eine derartige Einstellung hat, bleiben die Gäste aus.

Ist Ihre Gemeinde klein, weil sie ihre Fehler nicht berichtigt? Dann handelt sie nicht strategisch und hängt fest.

... durch Ausgrenzung klein ist.

Die meisten Gemeinden grenzen Menschen nicht absichtlich aus, auch wenn das ein schwacher Trost für Menschen ist, die sich ausgegrenzt fühlen. Es gibt aber tatsächlich einige Gemeinden, die Menschen ganz bewusst ausgrenzen. Sie haben eine übertrieben restriktive Theologie und bauschen etwas Nebensächliches zu einem großen Problem auf. Das führen sie dann als Beweis dafür auf, dass sie in einem sündigen Zeitalter leben, in dem niemand das *echte* Evangelium hören will, das nur *sie* predigen.

Ist Ihre Gemeinde klein, weil sie Menschen ausgrenzt? Dann handelt sie nicht strategisch und hängt fest.

... in der Vergangenheit eingefroren ist.

Eine Gemeinde muss nicht mit Trendsettern gefüllt sein, um frisch und innovativ zu bleiben. Man kann der Vergangenheit Ehre erweisen und sich gleichzeitig in die Zukunft bewegen. Die Bibel ist ja auch fast zweitausend Jahre alt und ist heute trotzdem relevanter denn je. Traditionen zu ehren bedeutet nicht, in den »guten alten Zeiten« hängen zu bleiben, die wahrscheinlich sowieso gar nicht so gut waren.

Die meisten schönen alten Kirchengebäude sind heute wenig mehr als Museen. Ich war aber auch schon in einigen gotischen Kathedralen, die mit Menschen aller Altersgruppen und Hintergründen gefüllt waren, Menschen, die erst ein modernes Lobpreislied mit Bandbegleitung sangen, gefolgt von einem traditionellen Kirchenlied mit Begleitung der uralten Kirchenorgel.

Stellt Ihre Gemeinde Traditionen über die Veränderungen, die notwendig werden, um den Missionsbefehl von Jesus zu erfüllen? Dann handelt sie nicht strategisch und hängt fest.

... immer weniger das sie umgebende Umfeld abbildet.

Viele Gemeinden, die festhängen, spiegeln ihr Umfeld wider – das heißt ihr Umfeld, wie es war, als die Gemeinde gebaut wurde oder das letzte Mal eine dynamische Phase hatte.

Eine strategisch handelnde kleine Gemeinde in einem ethnisch und kulturell vielseitigen Umfeld ist auch eine ethnisch und kulturell vielseitige Gemeinde. Liegt das Durchschnittsalter der Gemeindemitglieder 25 Jahre über dem Durchschnittsalter der Einwohner im Umfeld, dann handelt die Gemeinde nicht strategisch, sondern hängt fest. Eine mit Senioren gefüllte Gemeinde in einer Seniorensiedlung mag den Bedürfnissen ihres Umfelds hingegen genau richtig entsprechen.

Sieht die Demografie Ihrer Gemeinde so aus, wie ihr Umfeld früher einmal ausgesehen hat, statt so, wie es jetzt aussieht? Dann handelt sie nicht strategisch und hängt fest.

Eine Gemeinde ist bewusst und aus strategischen Gründen klein, wenn sie …

… aus gutem Grund klein ist.

Für viele Menschen funktioniert das Kleinsein gut. Selbst große Gemeinden stellen das fest. Einem Artikel von Ed Stetzer zufolge wachsen Megakirchen zwar weiterhin, aber »weniger Gemeinden bauen große Räumlichkeiten, die Tausenden von Menschen Platz bieten. Viele Megakirchen haben aufgehört, größere Gebäude zu bauen und vervielfachen lieber kleinere Veranstaltungsorte.«[24]

Einige Menschen ziehen einen kleinen Rahmen vor, um Gott anzubeten, Gemeinschaft mit anderen Christen zu haben und sich in der Gemeinde zu engagieren. Das alte Klischee von kleinen Gemeinden mit festgefahrenen Gemeindemitgliedern, die gegen Wachstum sind, damit ja alles so bleibt, wie es immer war, entspricht meist nicht der Wirklichkeit. Die neuen Befürworter kleiner Gemeinden sind eher jung und engagiert. Forschungen haben ergeben, dass diese demografische Gruppe technikerfahren ist und nach sinnstiftenden Zielen und Beziehungen sucht, denen sie sich in einem persönlicheren Rahmen widmen kann.[25] Außerdem hat eine Studie, die vom Forschungsinstitut Barna und der Aspen Group durchgeführt wurde, ergeben: »Viele Personen, die nach ca. 1980 geboren wurden, wünschen sich eine Atempause vom ständigen Kulturlärm. Bei ihnen finden besonders Gemeinden Widerhall, in denen es Ruheorte gibt.«[26]

Wir brauchen viele Gemeinden, die auf diese Bedürfnisse abzielen und ihre Gemeindemitglieder entsprechend ausrüsten.

Ist Ihre Gemeinde klein, weil Ihre Zielgruppe Menschen sind, die den persönlichen Rahmen wertschätzen? Dann hängt sie nicht fest, sondern handelt strategisch.

... vorübergehend klein ist.

Das ist die Situation, in der sich die meisten Pastoren kleiner Gemeinen ihrer Meinung nach befinden. Das dachte ich lange Zeit auch. Mehr als zwei Jahrzehnte lang in drei verschiedenen Gemeinden dachte ich, der große Wachstumsschub befände sich gleich um die Ecke ... Doch bis zu dieser Ecke war es sehr weit. Wie sich herausstellte, blieb meine Gemeinde klein, also fingen wir an, bewusst klein zu sein.

Einige Gemeinden bleiben tatsächlich nur vorübergehend klein. Doch da niemand voraussagen kann, wie lange diese Phase anhält, sollte sich auch so eine Gemeinde daranmachen, eine *gute* kleine Gemeinde zu sein. Stecken Sie nicht Ihre ganze Energie ins Wachstum; fördern Sie auch die Gesundheit der Gemeinde. Es ist besser, eine gesunde Gemeinde zu sein, die größer wird, als eine ungesunde, die größer wird, nicht wahr?

Ist Ihre Gemeinde noch klein, aber gesund? Dann hängt sie nicht fest, sondern handelt strategisch.

... klein ist, um den Aufwand zu reduzieren und ihr Profil zu schärfen.

Kurz nachdem ich begonnen hatte, über den Wert kleiner Gemeinden zu schreiben, bekam ich eine Einladung, bei einer Konferenz für Hausgemeindeleiter zu sprechen. Solche Gemeinden sind offensichtlich mit Absicht klein, und diese Leiter hatten genauso viel Leidenschaft dafür, Menschen in die Nachfolge Jesu zu führen und das Reich Gottes voranzubringen, wie andere Gemeindeleiter, die ich kennengelernt habe.

Fast jeder von ihnen war in unternehmensorientieren Gemeinden involviert gewesen, verabschiedeten sich davon aber, weil sie feststellten, dass sie ihren Glauben authentischer ausleben konnten – von der Anbetung über Jüngerschaft bis hin zum örtlichen Engagement –, wenn die Gemeinde keine äußeren Strukturen hat, die viel Aufwand erfordern. Sie waren zwar nicht grundsätzlich gegen herkömmlichere Gemeinden (immerhin hatten sie mich als Redner eingeladen), aber der häusliche Rahmen passte für sie und ihre Mission am besten.

Ist Ihre Gemeinde klein, weil Sie unnötigen Aufwand reduzieren und Ihr Leben und Ihre Botschaft optimieren wollen? Dann hängt sie nicht fest, sondern handelt strategisch.

... klein ist, um besser in eine Gesellschaft eindringen zu können.

Große Autos und Lastwagen leisten gute Dienste besonders für Menschen, die viel zu transportieren haben. Allerdings haben sie es auch oftmals schwerer, einen Parkplatz zu finden. Großen Gemeinden ergeht es ganz ähnlich. Sie haben zwar eine »Ladekapazität«, die kleineren Gemeinden fehlt, aber sie passen nicht überall hin. Sie sind ungeeignet für Orte, an denen :

- christliche Gemeinden nicht geduldet und verfolgt werden
- die Menschen arm sind
- der Grundbesitz teuer ist
- das Einzugsgebiet dünn besiedelt ist
- das Evangelium neu ist
- Krieg herrscht
- die Kultur Bescheidenheit erfordert
- und vieles mehr

Ist Ihre Gemeinde klein, um eine Kultur zu erreichen, zu der große Gemeinden keinen Zugang finden würden? Dann hängt sie nicht fest, sondern handelt strategisch.

... klein ist durch Veranlagung und Begabung.

Ich bin noch nie einem Pastor begegnet, der sich für das Pastorenamt entschied, weil er seine Zeit unbedingt damit verbringen wollte, Geld zu beschaffen, Angestellte zu managen oder sich mit den Behörden zwecks Baugenehmigungen herumzuschlagen. Bestimmt gibt es eine Handvoll Pastoren, die sich gleich von Anfang an dazu berufen fühlten, aber die meisten Pastoren gehen in den vollzeitlichen Dienst, weil sie die Herzen von Menschen durch einen persönlichen Hirtendienst berühren wollen. Sicher, jedes Unterfangen birgt unerwartete Herausforderungen, aber die meisten Pastoren erreichen ihr Optimum durch die Gaben, die gerade in einer kleinen Gemeinde zur vollen Geltung kommen können.

Jeder Christ, jeder Pastor und jede Gemeinde kann einiges gut und anderes weniger gut. Das meinte Paulus damit, als er den Leib Christi mit dem menschlichen Körper verglich, der verschiedene Körperteile hat. Wenn Ihre Begabung und Berufung einem Hirtendienst in einem kleinen Rahmen entspricht, dann machen Sie Ihre Sache innerhalb dieses Rahmens gut. Verachten Sie nicht Ihren Platz am Leib Christi oder begehren den Platz eines anderen – oder die Gemeindegröße eines anderen.

Erreichen Ihr Dienst und Ihre Gemeinde ihre größte Effektivität für das Reich Gottes in einem kleinen Rahmen? Dann hängen sie nicht fest, sondern handeln strategisch.

Was tun, wenn man festhängt?

Wir können nicht einfach annehmen, dass eine kleine Gemeinde festhängt. Das sollte inzwischen klar sein. Doch genauso klar sollte sein, dass viele kleine Gemeinden tatsächlich festhängen. Einige von ihnen hängen schon so lange fest, dass sich daraus chronische Probleme entwickelt haben.

Bevor wir einige Ideen sammeln, mit welchen Strategien wir in einer kleinen Gemeinde vorankommen können, wollen wir im nächsten Kapitel erst einmal einige chronische Probleme kleiner Gemeinden in Angriff nehmen.

KAPITEL 9

CHRONISCHE PROBLEME KLEINER GEMEINDEN IN ANGRIFF NEHMEN UND BESSERUNG ERZIELEN

Chronische Probleme einer Gemeinde in Angriff zu nehmen und Veränderungen einzuführen, ist nicht leicht, besonders nicht wenn sich die alten, dysfunktionalen Wege festgefahren haben. Manchmal erschweren wir uns unsere Arbeit nicht dadurch, dass wir das Falsche tun, sondern dass wir das Richtige *zur falschen Zeit* tun. Im Buch des Predigers Salomo wird es im vielleicht schönsten Bibelabschnitt zum Thema *Veränderung* so ausgedrückt: »Alles hat seine bestimmte Stunde, und jedes Vorhaben unter dem Himmel hat seine Zeit. Dazu gehören eine Zeit zum Pflanzen und zum Ausreißen, eine Zeit zum Niederreißen und zum Aufbauen, eine Zeit zum Aufbewahren und zum Wegwerfen, eine Zeit zum Zerreißen und zum Zusammennähen.« (aus Pred 3,1-7)

Für jede erforderliche Veränderung gibt es eine passende Zeit. Doch wie können wir wissen, wann der richtige Zeitpunkt gekommen ist? Im Laufe der Jahre habe ich drei simple Prinzipien entdeckt, die mir und meiner Gemeinde geholfen haben. Sie sind in der folgenden alten Fabel enthalten.

Die Hütte mit dem undichten Dach

Ein Mann besucht einen alten Freund, der in einer Hütte im Wald lebt. Auf dem Weg dorthin gießt es in Strömen und er kommt klatschnass an. Als sein Freund die Tür aufmacht, schlüpft er schnell hinein, froh, dem Regen entronnen zu sein. Doch drinnen muss er feststellen, dass das Hüttendach undicht ist und an vielen Stellen Wasser von der Decke tropft. Der Neuankömmling erkundigt sich, was es mit dem undichten Dach und all den Eimern auf sich hat, die das Wasser auffangen.

»Ach, das«, erwidert der Gastgeber. »Das bemerke ich kaum noch. Hier in dieser Gegend gewöhnt man sich eben an den Regen.«

»Warum gehen wir nicht aufs Dach und reparieren die undichten Stellen? Ich helfe gerne dabei«, bietet der Neuankömmling an.

»Nein«, erwidert sein Freund. »Im Regen ist es auf dem Dach gefährlich. Außerdem wird es bereits dunkel. Verschieben wir das lieber auf später.«

Der Mann lässt es erst einmal auf sich beruhen. Nach einem unruhigen Schlaf in der feuchten Hütte, durch deren Dach es ständig tröpfelt, wird er von einem strahlend sonnigen Tag geweckt. Er wendet sich seinem Freund zu und sagt: »Komm, lieber Freund, lass uns einen Happen frühstücken und dann können wir das Dach reparieren!«

Woraufhin sein Freund erwidert: »Warum? Momentan leckt es doch nicht.«

Diese Fabel ist eine bedauerliche Realität im Leben vieler Menschen, auch im Gemeindeleben. Wenn wir in einer Krise stecken, sind wir damit beschäftigt, nicht von der Flut überwältigt zu werden, und widmen uns deshalb nicht langfristigen Reparaturen. Ist die Krise dann vorbei, widmen wir uns erleichtert wieder anderen Aufgaben. Statt die Probleme zu lösen, tun wir lieber so, als sei alles in Ordnung. Aber wann ist die beste Zeit, ein Leck zu stopfen? Wenn es gerade nicht leckt!

Aufgeschobene Probleme verschwinden nicht einfach; sie verschlimmern sich, auch wenn man sich an sie gewöhnen kann. Bliebe der Freund des Hüttenbesitzers dort lange genug, ohne das Dach zu reparieren, würde auch er mit der Zeit das tropfende Wasser nicht mehr wahrnehmen. Wenn man als Gemeindeleiter nicht aufpasst, kann man wie dieser Hüttenbesitzer werden. Etwas nimmt eine schlechte Wende, es bleibt schlecht, also gewöhnt man sich dran. Man findet sich damit ab, in einer »leckenden« Gemeinde zu leben, weil »es hier eben viel regnet«. Die Wahrheit ist, dass es in jeder Gemeinde viel regnet. Statt sich mit Ausreden zu begnügen, sollte man lieber an Lösungen arbeiten. Man kann den Regen nicht aufhalten, aber man kann das Dach reparieren.

Gemeinden mit offensichtlichen chronischen Funktionsstörungen ziehen keine neuen Mitglieder an, weil sie – wie der Hüttengast – das ständige »tropf, tropf, tropf« der missachteten Problemstellen nicht ausstehen können. Langjährige Mitglieder packen nicht mit an, weil sie sich an den Zustand gewöhnt haben.

Teilweise ist derjenige, der die Probleme am deutlichsten sehen kann, ein Neuling. Wir müssen der Versuchung widerstehen, so zu tun, als wüssten wir es besser, nur weil wir schon länger in der Gemeinde sind. Frische Augen können eine hilfreiche Perspektive auf Probleme werfen, an die wir uns gewöhnt haben. Ein weiser Gemeindeleiter hört auf neue Stimmen und stopft undichte Stellen, die die Gemeinde nicht – oder nicht mehr – im Auge hat.

Eine gute Zeit, gravierende Probleme in Angriff zu nehmen, ist direkt nach einer Krise. Da gibt es ein Zeitfenster, in dem den Leuten viel bewusster ist, dass sich etwas ändern muss. Gute Leiter lassen den Sturm erst vorübergehen, ohne das Leben der Gemeindemitglieder noch zusätzlich zu belasten, und dann ergreifen sie den Moment am Morgen nach dem Sturm, damit sich das Problem nicht wiederholt. Winston Churchill soll gesagt haben: »Vergeude nie eine gute Krise.«[27] Ob er es gesagt hat oder nicht, eins ist sicher: Gott »vergeudet« nie eine notvolle Situation. Wenn wir es zulassen, kann er sie nutzen und noch etwas Gutes daraus machen.

Am besten verringert man die Häufigkeit und die negative Auswirkung einer Krise, indem man jede Gemeindeveranstaltung – sowohl die alltäglichen als auch die neuen oder außergewöhnlichen – sobald wie möglich beurteilt. Dadurch kann man Probleme ein Stück weit voraussehen und sie bereits lösen, während sie noch unbedeutend sind.

In unserer Gemeinde praktizieren wir das bei unserem wöchentlichen Treffen der Gemeindeleitung. Einer der ersten Punkte auf der Tagesordnung ist immer, jede Gemeindeveranstaltung zu beurteilen, die seit dem letzten Treffen stattgefunden hat. Wir stellen simple Fragen wie: »Was ist gut gelaufen?«, »Was hätte besser sein können?« und »Gibt es Ideen, wie wir es beim nächsten Mal besser machen können?«. Das funktioniert nur in einer Atmosphäre, die ehrliches Feedback wertschätzt, was heißt, dass auch der Pastor für Feedback offen sein muss.

Wenn es nach dieser Beurteilung etwas gibt, was korrigiert werden muss, oder wenn Verbesserungsvorschläge gemacht werden, treffen wir uns mit Schlüsselpersonen und sammeln auch Feedback von anderen, die an der nächsten Veranstaltung beteiligt sind. Nachdem all diese Gedanken zusammengetragen sind, erstellen wir einen Plan, wie genau wir das Ereignis verbessern können.

Idealerweise suchen gesunde Gemeinden immer nach Möglichkeiten, Gutes noch besser zu machen, und sie warten nicht, bis etwas kaputt ist, ehe sie sich um die Wartung kümmern. Natürlich bringt das Leben trotzdem noch unerwartete Herausforderungen. Guten Menschen und guten Gemeinden widerfährt Schlechtes. Das ist eine Realität, die wir nicht ändern können. Doch am besten löst man ein großes Problem, während es noch klein ist. Hätte der Hüttenbesitzer das Dach regelmäßig in Schuss gehalten, wäre niemand wegen eines Lecks um seinen Schlaf gebracht worden.

Kleine Gemeinde, große Probleme

Einer der größten Unterschiede zwischen großen und kleinen Gemeinden besteht in der Sorte Mensch, die sie anziehen, und der Sorte Probleme, die sie mit sich bringen. Tendenziell ziehen große Gemeinden eher Menschen an, die passive, anonyme Zuschauer sein wollen. Kleine Gemeinden eher nicht. Wer passiv und anonym bleiben will, sucht keine kleine Gemeinde auf.

Kleine Gemeinden ziehen tendenziell leider Kontrollfreaks an, weil sie solchen Menschen einen kleinen Teich bieten, in dem sie ein großer Fisch sein können. Sicher, es gibt auch in kleinen Gemeinden passive Gottesdienstbesucher; je ungesünder eine Gemeinde, desto höher ihr Prozentsatz. Aber die passiven Mitglieder einer kleinen Gemeinde fangen gewöhnlich nicht passiv an. Sie werden passiv durch jahrelange Verletzung, Langeweile, gedämpfte Erwartungen oder Pastoren, die sie unterfordert haben. Jedenfalls zeichnen sich kontrollsüchtige Gemeindemitglieder allgemein durch zwei Merkmale aus: keine positive Beteiligung, aber lautstarke Meinungsäußerungen.

Pastoren gesunder großer Gemeinden sind sich der Neigung zur Passivität und Anonymität bewusst. Das ist einer der Gründe, warum sie viel Mühe in Kleingruppen investieren. Als Pastoren kleiner Gemeinden müssen wir uns des gegenteiligen Problems bewusst sein (einschließlich der Tatsache, dass der größte Kontrollfreak in der Gemeinde uns durchaus auch aus dem Spiegel anblicken kann).

Also, wie soll ein Pastor einer kleinen Gemeinde mit diesem chronischen Problem umgehen? Im Folgenden sind acht Prinzipien aufgeführt, die unserer Gemeinde geholfen haben:

Bekämpfe Kontrolle nicht mit noch mehr Kontrolle

Einen Kontrollfreak kontrollieren zu wollen, ist so, als würde man sich in einem fahrenden Auto um das Lenkrad streiten. Niemand gewinnt und jeder wird verletzt, einschließlich der unschuldigen Passagiere.

Benutze das Pastorenamt nicht, um Gemeindemitglieder mundtot zu machen

»... weil ich der Pastor bin!« gehört zu den schlimmsten Dingen, die man als Pastor sagen kann. Wenn man das Gefühl hat, man müsse so etwas sagen, hat man bereits mehr verloren, als einem bewusst ist. Es zu sagen, mag vorübergehende Erleichterung verschaffen – es mag sogar helfen, ein unmittelbares Ziel zu erreichen –, aber es ist ein riesiger Schritt weg von den langfristigen Zielen. Schlacht gewonnen, Krieg verloren.

Gehe nicht zu schnell vor

Pastoren müssen sich das Recht verdienen, gehört zu werden. Je kleiner die Gemeinde, desto wichtiger das Zuhören. Man muss sich die

Zeit nehmen, das komplexe Gewebe der Beziehungen, Kultur und Geschichte einer kleinen Gemeinde zu verstehen.

Gehe nicht zu langsam vor

Bei Menschenführung gibt es in jeder Situation ein Zeitfenster. Geht man zu schnell vor, sind Menschen noch nicht so weit; geht man zu langsam vor, hat man den Schwung verloren. Das ist ein weiterer Grund, warum es so wichtig ist, die Beziehungen, Kultur und Geschichte der Gemeinde genau zu kennen. Diese Kenntnis liefert die nötige Information, um das richtige Timing abschätzen zu können.

Gehe von ehrenwerten Motiven aus

Man kann einem Menschen mit hohem Kontrollbedürfnis leicht falsche Motive unterstellen, aber ich habe festgestellt, dass das nur selten zutrifft. Gemeindemitglieder, die zu kontrollierend sind, haben gewöhnlich noble Motive. Sie gehen die Sache nur falsch an. Teilweise ist ihr Kontrollbedürfnis (wie wir noch genauer sehen werden) die Folge von Verletzungen und Misstrauen in der Vergangenheit; teilweise liegt es an ihrer Persönlichkeit. Man sollte also vermeiden, jemandem zu früh böse Absichten zu unterstellen, ohne seine persönliche Geschichte zu kennen.

Geht man von guten Absichten aus und entdeckt man dann böse, kann man die Person immer noch konfrontieren. Geht man hingegen von bösen Absichten aus und unterstellt sie der betreffenden Person, lässt sich der Konflikt nur schwer wieder entschärfen.

Gehe Probleme an, bevor das kontrollierende Gemeindemitglied es tut

Als ich ein junger Pastor war, unternahm unsere Gemeinde eine längst überfällige Renovierung unserer Räumlichkeiten. Jeden Sonntag vor dem Gottesdienst kam ein bestimmtes Gemeindemitglied zu früher Stunde, um den Stand des Projektes genau unter die Lupe zu nehmen.

Dann, direkt vor Gottesdienstbeginn, brachte er mir eine Liste der Probleme und wollte von mir auf der Stelle wissen, wie ich sie zu lösen gedachte.

Nach einigen Wochen beschloss ich, ihm zuvorzukommen. Ich kam zu noch früherer Stunde als er, und als er auftauchte, sagte ich: »Gut, dass du gekommen bist! Es gibt hier einige Dinge, die du sehen musst.« Dann führte ich ihn herum, wies auf die Probleme hin und sprach darüber, wie wir sie zu lösen gedachten. Das tat ich, um ihn zu informieren und zu beruhigen, nicht um ihm etwas unter die Nase zu reiben. In der zweiten Woche sagte er am Ende meiner Führung: »Anscheinend hast du die Sache gut im Griff. Ich muss wohl nicht mehr kommen, um nach dem Rechten zu sehen. Danke.«

Das war's. Später erfuhr ich, dass dieser Mann in einer anderen Gemeinde eine Renovierung erlebt hatte, in deren Zuge der Pastor nicht sorgfältig genug vorgegangen war und der Gemeinde deshalb viele unnötige Ausgaben beschert hatte. Nachdem ich dem Gemeindeglied beweisen konnte, dass ich die Sache gut im Griff hatte, gab er seine Kontrollgänge auf. Er gehörte bloß zu der Gruppe besorgter Gemeindemitglieder, die vermeiden wollen, dass sich ein negatives Erlebnis wiederholt. Indem ich ihn in den Verlauf der Renovierungsarbeiten mit einbezog, konnte ich sein Vertrauen gewinnen.

Liebe und »überlebe« kontrollsüchtige Menschen

Manchmal ist die Lösung des Kontrollproblems reines Durchhaltevermögen: »Ich halte länger durch als das Gemeindemitglied mit übermäßigem Kontrollbedürfnis – entweder bis es die Gemeinde verlässt (hoffentlich nicht) oder bis ich sein Vertrauen gewonnen habe.«

Leider können solche Menschen derart in einer Gemeinde eingebettet sein, dass es unmöglich wird, sein Pastorenamt auszuüben. Das ist mir in einer Gemeinde widerfahren, die ich schließlich verlassen musste. Die kontrollsüchtigen Gemeindemitglieder haben länger durchgehalten als ich. Wenn das passiert, darf man nicht bitter werden, sondern sollte sie trotzdem lieben ... *wahrhaftig* lieben und den Kampf hinter sich lassen.

Denk dran, wer in Wirklichkeit die Kontrolle hat

Das Schwerste im Umgang mit kontrollsüchtigen Menschen ist, dass man als Pastor meint, sie würden einem die Kontrolle entreißen, die einem rechtmäßig selbst zusteht. Doch die Kontrolle einer Gemeinde gehört weder dem Pastor noch den Gemeindemitgliedern. Die Gemeinde gehört selbstverständlich Jesus. Kein Gemeindeglied, kein Mitarbeiter, kein Gemeindeleiter wird sie ihm je entreißen können.

Intensivpflege für ungesunde Gemeinden

Falls Sie Pastor einer ungesunden Gemeinde sind, besonders einer, die eine Krise durchgemacht hat, möchte ich Ihnen eine radikale Idee vorschlagen, die eigentlich gar nicht so radikal ist, nämlich: Ungesunde Gemeinden müssen anders geführt werden als gesunde Gemeinden.

Ungesunde Gemeinden sind nicht so wie gesunde Gemeinden, und so zu tun, als seien sie es, hilft ihnen nicht, sondern schadet ihnen. Jemand, der zwei gesunde Beine hat, kann stehen, laufen und springen. Ein gebrochenes Bein hingegen wie ein gesundes Bein zu behandeln, verschlimmert es nur noch. Ist ein Gesundheitsproblem besonders gravierend, muss der Patient mitunter sogar auf die Intensivstation.

Einige Gemeinden müssen auf eine *geistliche Intensivstation*. Allzu oft sagen wir verletzten, kaputten Gemeinden jedoch einfach, dass sie sich wie ihre starken, gesunden Geschwister verhalten sollen. Oder wir sagen ihnen, wie sie größer werden können unter der Annahme, größer sei das Gleiche wie gesünder. Allgemein stimmt es zwar, dass Pastoren ihre Gemeindemitglieder herausfordern sollen hin zu mehr Opferbereitschaft und Hingabe. Doch das gilt nur für eine gesunde Gemeinde. In einer ohnehin schon angeschlagenen Gemeinde kann es den Todesstoß bedeuten.

Ich habe mehrere Bücher und Blogs gelesen, die Pastoren beibringen, ihre Gemeinden mehr herauszufordern, und zwar, indem sie:

- mehr Engagement von ihren Gemeindemitgliedern fordern
- das Augenmerk auch auf die noch zu gewinnenden Gemeindemitglieder richten, nicht nur auf die bereits vorhandenen
- mehr Zeit, Energie und Geld auf die Gemeindearbeit verwenden als auf die Gemeindepflege
- den Mitgliedern vermitteln, dass sie kein »Händchenhalten« von ihrem Pastor erwarten sollen

Das sind gute Vorschläge ... solange eine Gemeinde gesund ist. Doch diese Prinzipien zu schnell in einer ungesunden Gemeinde umsetzen zu wollen, ist so, als wolle man mit einem gebrochenen Bein einen Marathon laufen. Wir sollten die Gemeinde zwar nie »verhätscheln«, aber es gibt Phasen, da braucht eine Gemeinde mehr Ruhe als Bewegung. Statt vom »Händchenhalten« entwöhnt zu werden, braucht eine schwer kranke Gemeinde wahrscheinlich ganz intensive pastorale Pflege.

Als ich meine gegenwärtige Gemeinde übernahm, war ich in den ersten Jahren erst einmal auf die Beziehungspflege bedacht. Vor mir hatte die Gemeinde innerhalb von zehn Jahren fünf Pastoren durchgemacht, von denen jeder neue Ideen und neue Aktivitäten mit sich brachte. Die Gemeindemitglieder waren ausgelaugt davon, es jedem neuen Pastor recht machen zu wollen, also gönnte ich ihnen erst einmal eine Ruhezeit. Einige Jahre lang betete ich mit ihnen zusammen einfach Gott an, lehrte die Bibel und verbrachte Zeit mit ihnen bei Picknicks und anderen geselligen Gelegenheiten. Nach einiger Zeit gewann die Gemeinde wieder Kraft und kam auf die Beine.

Ich hatte eine kranke Gemeinde übernommen, die fünf Jahre lang viel Pflege brauchte. Heute muss ich viel weniger »Händchen halten« und ich bin begeistert, Pastor einer unglaublich starken, innovativen, gesunden Gemeinde sein zu dürfen. Aber sie wäre heute nicht so gesund, wenn ich ihr nicht eine dringend benötigte, bewusste Ruhezeit gegönnt hätte. Wenn eine Gemeinde auf dem Weg der Genesung ist, schützt ein weiser Pastor sie vor der Versuchung, zu schnell zu viel zu tun.

Das bringt uns zu dem wichtigen Aspekt, nämlich die Balance zwischen *Empfangen* und *Geben* zu halten. In einer gesunden kleinen Gemeinde empfangen wir, indem wir:

- Gott anbeten
- Gemeinschaft pflegen
- in der Nachfolge Jesu wachsen

Und wir geben das Empfangene weiter, indem wir:

- Menschen dienen
- Menschen zu Jesus führen
- Menschen in der Nachfolge Jesu anleiten

Eine gesunde Gemeinde hält das *Empfangen* und *Geben* im Gleichgewicht. Eine ungesunde Gemeinde neigt stark – teilweise ausschließlich – in die eine oder andere Richtung und vernachlässigt die jeweils andere. Genau genommen sind einige Gemeinden nichts weiter als »Abfüllstationen«, wo die Gemeindemitglieder die meiste Zeit nur konsumieren und es sich in ihrer Gemeinde gemütlich einrichten. Vielleicht häufen sie auch eine Unmenge von Bibelwissen an, was ihnen ein falsches Gesundheitsgefühl verleiht. Andere Gemeinden wiederum sind so auf ihre Arbeit versessen, dass sie ihre Mitglieder durch all ihre Gemeindeaktivitäten ausbrennen, ohne ihnen ausreichend Zeit zum Empfangen und Auftanken zu geben.

Es stimmt, dass der Großteil ungesunder Gemeinden eher in die erste Kategorie fällt. Deshalb begehen viele Pastoren den Fehler, ihre Gemeinde zu stark in die andere Richtung zu lenken, weg von der Abfüllstation, vom Empfangen, hin zu fast ausschließlich nach außen gerichteten Aktivitäten. Das ist gefährlich. Eine Gemeinde, in der die Gemeindemitglieder ständig nur geben, mag sich für gesund halten, weil sie so aktiv ist. Doch solange die Gemeinde nicht auch gleichzeitig durch Lehre, Anbetung und Gemeinschaft auftankt, ist sie genauso ungesund wie eine Gemeinde, die nur nach innen gerichtet ist.

Wir müssen dem Beispiel von Jesus folgen, der sich regelmäßig von seinem öffentlichen Wirken zurückzog, um sich auszuruhen und von Gott seine Kraft zu empfangen. Findet eine Gemeinde diese Balance, kann sie auch besser mit den Veränderungen umgehen, die zwangsläufig auf sie zukommen.

Veränderung? Ja. Überraschung? Nein

Gemeinden können mit Veränderung umgehen. Falls Sie schon einmal erfolglos versucht haben, Dinge in Ihrer Gemeinde zu ändern, mag Ihnen diese Aussage nicht zutreffend erscheinen. Doch der Widerstand gegen Veränderung liegt oft nicht daran, dass eine Gemeinde nicht mit Veränderung umgehen kann, sondern daran, dass sie nicht von Veränderung überrumpelt werden will, und das sollte sie auch nicht.

Weise Gemeindeleiter bemühen sich, ihre Gemeinde so wenig wie möglich zu überrumpeln. Je mehr Veränderungen nötig sind, desto entscheidender ist es, dass das Leitungsteam und die Gemeindemitglieder über das Was und Warum im Bilde sind.

Als ich mein Pastorenamt in meiner gegenwärtigen Gemeinde antrat, waren viele Veränderungen erforderlich; die Gemeinde war entmutigt, ungesund, kaputt. Sie hatte eine lange und eher destruktive Zeit vieler Veränderungsversuche hinter sich, Veränderungen, mit denen sie immer wieder überrumpelt wurde.

Deshalb etablierte ich in meinem ersten Treffen mit dem Leitungsteam folgendes Prinzip für mich selbst: *Fordere bei einem Treffen, in dem du eine Veränderung anregen oder ein größeres Thema besprechen willst, nie eine sofortige Entscheidung.*

Menschen brauchen Zeit, um wichtige Fragen erst einmal sacken zu lassen. Als Pastoren haben wir diese Gedanken ja in den meisten Fällen schon seit Wochen, Monaten oder sogar Jahren in unseren Herzen und Gedanken bewegt, bevor wir sie unserem Leitungsteam vorgelegt haben. Wir müssen diesen Leitern Zeit geben, genauso, wie wir Zeit brauchten.

In den letzten 25 Jahren haben wir in unserer Gemeinde viele Veränderungen vorgenommen. Einige waren gut, andere weniger gut. Aber niemand wurde je von ihnen überrumpelt. Mich von diesem Prinzip leiten zu lassen, hat mir mehr Glaubwürdigkeit verschafft als sonst irgendetwas. Selbst wenn einzelne Gemeindeglieder mit den Veränderungen nicht übereinstimmten, konnten sie den Vorgang nachvollziehen. Sie wussten, was vor sich ging und warum, und sie bekamen die Gelegenheit, sich dazu zu äußern, ohne »Vergeltungsaktionen« fürchten zu müssen. Kurzum, indem sie nicht überrumpelt wurde, bekam die Gemeinde etwas, was sie brauchte und verdient hatte: Respekt.

Jeder hat Respekt verdient. Ohne ihn frisst sich eine Gemeinde selbst auf. Fühlen sich die Menschen in einer Gemeinde respektiert und auf den Weg der Veränderung mitgenommen, können sie sich auf viel Neues einlassen. Wenn ein Pastor respektiert, dass die Gemeinde angedachte Veränderungen erst einmal verarbeiten muss, respektieren die Mitglieder auch eher die Leitung des Pastors bei der Durchführung dieser Veränderungen. Dann stellen wir mit Freude fest, dass die meisten Gemeinden viel besser mit Veränderung umgehen können, als wir es ihnen oft zutrauen. Hier ein Beispiel:

Vor mehr als einem Jahrzehnt zog ich in Betracht, unsere Gemeinde umzubenennen, also unterbreitete ich diesen Gedanken unserem Leitungsteam. Ich sagte, ich wolle kein sofortiges Feedback, sondern bat nur darum, den Gedanken bis zu unserem nächsten Treffen im Gebet zu bewegen.

Beim nächsten Treffen meldete sich der Diakon zu Wort, der schon am längsten mitarbeitete und in der Gemeinde große Achtung genoss. »Als du die Möglichkeit einer Namensänderung aufbrachtest, war ich zunächst dagegen«, sagte er. (Oh, oh ... ich sah in diesem Moment schon meine Felle davonschwimmen.) »Aber dann fuhren meine Frau und ich in Urlaub und sie las mir die Namen einiger der Gemeinden an unserem Urlaubsort vor. Als sie den Namen einer Gemeinde las, sagte ich: ›Die will ich nicht besuchen. Sie klingt trostlos und langweilig.‹ Meine Frau schaute auf und sagte: ›Unsere Gemeinde heißt auch so.‹«

»Es traf mich wie ein Schlag«, gab er zu. »So nehmen Leute uns wahr, bevor sie uns kennenlernen können! Wir müssen unseren Namen ändern.«

Hätte ich um sofortiges Feedback auf die Möglichkeit einer Namensänderung gebeten, wäre seine negative Reaktion der erste Same gewesen, der gepflanzt worden wäre. Wie ein Unkraut hätte er wachsen und möglicherweise jede Chance auf Veränderung ersticken können. Stattdessen gab ich allen einen Monat Zeit zum Nachdenken, und in jenem Monat veränderte sich vieles. Innerhalb eines Jahres hatten wir einen neuen Namen für unsere Gemeinde gefunden, und durch den gleichen Prozess haben wir noch viele weitere Veränderungen vorgenommen.

(Nein, ich werde Ihnen unseren alten Gemeindenamen nicht verraten; einige Ihrer Gemeinden mögen nämlich einen ganz ähnlichen Namen haben. Es ist ein Name, der für viele Gemeinden gute Dienste leistet, aber für uns war die Zeit angebrochen, uns von ihm zu verabschieden.)

Geben Sie Ihrem Leitungsteam und Ihren Gemeindemitgliedern Zeit, potenzielle Veränderungen innerlich zu verarbeiten. Warum sollte ein Pastor von anderen erwarten, innerhalb von zwanzig Minuten die richtige Entscheidung zu treffen, wo er doch selbst viel mehr Zeit hatte, über die Veränderung nachzudenken?

Die Leiter und Mitglieder einer gesunden Gemeinde wollen, was jeder Pastor will: notwendige Veränderungen, die man gut nachvollziehen kann und für die man genug Zeit hatte, um sie zu überdenken, im Gebet zu bewegen, zu diskutieren und schließlich umzusetzen. Ja, dieser Prozess dauert ein bisschen länger. Aber etwas langsam und richtig zu tun, ist immer besser, als etwas schnell und falsch anzupacken.

Die Gemeinde entrümpeln, um effektiver arbeiten zu können

Überrumpeln ist nicht gut, aber Entrümpeln ja. Veränderungen werden erst dann wirklich in einer konstruktiven Weise möglich, wenn Raum für Neues geschaffen wird. Die gesündesten Gemeinden vermeiden es, dass sich zu viel Gerümpel ansammelt. Sie wollen effektiv sein statt bloß beschäftigt. Das bedeutet, dass sie alles ausräumen, was bloß ihre Zeit und Energie verschluckt. Das erreichen sie, indem sie sich an die »Schrankregel« halten:

> Füge keinen neuen Arbeitszweig hinzu, ohne einen alten Arbeitszweig »auszusortieren«. Oder warte, bist du einen größeren Schrank hast.

Entrümpelungsexperten raten Menschen, die in kleinen Räumlichkeiten leben: »Bevor Sie ein neues Kleidungsstück in Ihren Schrank hängen, sortieren Sie erst ein altes aus.« Kleine Gemeinden müssen es genauso handhaben.

Wir bekommen liebend gerne neue Sachen, trennen uns für gewöhnlich aber weniger gerne von alten Sachen. Also fügen wir einfach nur Neues hinzu, ohne das materielle, geistige und geistliche »Gerümpel« auszuräumen.

Gemeinden sammeln materielles Gerümpel auf offensichtliche Weise an, zum Beispiel indem sie Gegenstände lagern, die schon seit Jahrzehnten nicht mehr zum Einsatz gekommen sind. Wir tun das auch auf Weisen, die für die regelmäßigen Gottesdienstbesucher weniger offensichtlich sind, aber einen Neuankömmling verwirren können, wie etwa ein zu volles schwarzes Brett oder ein öffentlicher Terminkalender, der mit allen möglichen internen Sitzungen vollgepackt ist. Dieses materielle Gerümpel wird zu geistigem Gerümpel, weil es uns verwirrt, überfordert und unsere Aufmerksamkeit von den wenigen wirklich wichtigen Aufgaben ablenkt, auf die wir uns konzentrieren sollten. Das, was uns vom Eigentlichen ablenkt, ist geistliches Gerümpel, das uns an der Erfüllung unseres Missionsauftrages hindert.

Das Entrümpeln unseres gottesdienstlichen Umfeldes ist besonders für jüngere Menschen überraschend wichtig. Eine Studie, die das Forschungsinstitut Barna im Jahr 2017 durchführte, hat ergeben, dass Menschen, die nach ca. 1980 geboren wurden, lieber Orte aufsuchen, die von visueller Klarheit und Schlichtheit geprägt sind – Orte, an denen Sie Ruhe vom ständigen Kulturlärm finden können.[28]

Schlichtheit und Einfachheit – das ist auch im geistlichen Sinne etwas Positives, wohingegen geistliches Gerümpel etwas Negatives ist.

Wegen mir sammelte unsere Gemeinde viele Jahre lang leider zu viel »Gerümpel« an. Auf Gemeindeleitungsseminaren oder aus Büchern bekam ich immer wieder Ideen für neue Arbeitszweige, aber wenn ich sie der Gemeinde vorstellte, erntete ich ausdruckslose Blicke. Das lag nicht daran, dass unsere Gemeinde keine Visionäre hatte, sondern es lag an der Überlastung der Gemeindeglieder. Das, was ich als aufregende neue Dienstmöglichkeit ansah, sah meine Gemeinde als weiteren Punkt auf einem bereits überfüllten Terminkalender. Das ist ein Grund, warum viele Pastoren kleiner Gemeinden das Gefühl haben, dass sie sehr wenig erreichen, obwohl sie ständig beschäftigt sind: Sie versuchen zu viel auf einmal.

Die »Schrankregel« zwingt uns, Prioritäten zu setzen und erst zu denken, dann zu handeln. Sie hilft uns, Veränderungen überlegt anzugehen nicht aus einer momentanen Laune heraus. Jede Gemeinde, die schon etwas länger »im Geschäft« ist, hat langjährige Arbeitszweige, die absolut zentral sind, geliebt und genutzt werden. Allerdings gibt es auch Arbeitszweige, die keine Frucht mehr bringen und nur kostbare Nährstoffe aus dem Gemeindeboden ziehen. Oder um es in der Analogie des Schrankes auszudrücken: Sie sind wie Hosen, die früher einmal angesagt waren. Nun liegen sie ungenutzt hinten im Schrank, nehmen aber immer noch wertvollen Platz ein. (Nein, ich meine damit nicht die Arbeitszweige, an denen nur wenige Menschen beteiligt sind. Größe hat nichts mit dem Wert einer Arbeit zu tun; es geht um Effektivität.)

Gesunde kleine Gemeinden fangen mit dem Entrümpeln nicht erst an, *nachdem* sie eine tolle neue Idee haben, die sie umsetzen wollen, sondern schon *vorher*. Wir müssen in unserem Gemeindeschrank fortlaufend neuen Raum schaffen, nur dann können wir etwas Frisches und Neues hinzutun.

Beginnen Sie damit, sich in Ihrer Gemeinde folgende Fragen zu stellen:

- Welche Arbeitszweige sind nicht mehr effektiv?
- Welche Arbeitszweige kosten mehr Geld, Zeit oder Energie, als sie wert sind?
- Wenn wir erst heute diese Gemeinde gründen würden, würden wir dann diese Arbeit tun?
- Welche Arbeitszweige passen nicht zur Mission oder Vision unserer Gemeinde?
- Kann diese Arbeit neu belebt oder sollte sie beendet werden?
- Welche Arbeiten tun wir, von denen wir uns wünschen, wir müssten sie nicht tun?

Nach dieser Beurteilung gibt es drei Optionen für die Arbeitszweige, die Sie als »alte Kleidungsstücke hinten im Schrank« eingeordnet haben:

1. **wiederbeleben:** Viele Arbeitszweige brauchen eine Runderneuerung. Solange die Arbeit ein solides Fundament besitzt, ein berechtigtes Bedürfnis erfüllt und eine Kerngruppe von Leitern hat, braucht sie vielleicht einfach einige Wiederbelebungsmaßnahmen.
2. **ersetzen:** Einige Arbeitszweige brauchen mehr als eine Runderneuerung; sie müssen durch etwas, das besser funktioniert, abgelöst werden.
3. **beenden:** Einige Arbeitszweige werden schlicht nicht mehr gebraucht; der Grund für ihr Vorhandensein existiert nicht mehr. Wenn es Zeit ist, sich von einer solchen Arbeit zu verabschieden, muss man den Mut dazu aufbringen.

In allen drei Fällen sollte man mit den Menschen, die den jeweiligen Arbeitszweig bisher beständig und treu am Leben erhalten haben, behutsam und wertschätzend umgehen. Ihre Bedürfnisse sollten gehört und anerkannt werden. Wenn die Arbeit wiederbelebt oder ersetzt werden kann, müssen wir sie dabei involvieren. Wenn der Arbeitszweig beendet werden muss, sollten die Beiträge der Mitarbeiter gebührend geehrt werden. Menschen dürfen sich durch diesen Prozess nie herabgesetzt fühlen. Andererseits müssen wir aber auch immer folgende harte Wahrheit im Kopf behalten: Jemanden nicht kränken zu wollen darf kein Grund dafür sein, eine unfruchtbare Arbeit fortzuführen.

Die Schrankregel ist nicht immer leicht durchzuführen, und Entrümpeln geht nicht von einem Tag auf den anderen. Aber es ist unerlässlich. Hat man damit einmal begonnen, geht es der Gemeinde mit der Zeit in Fleisch und Blut über. Gemeindemitglieder, die sich früher Veränderungen widersetzt haben, können wertschätzen lernen, dass die Gemeindearbeiten immer wieder beurteilt und erneuert werden müssen, um effektiv zu bleiben. Nach dem anfänglichen Schock, einige Arbeitszweige zu verlieren, in die sie emotional involviert waren, sind die meisten Menschen dankbar, wenn sie erkennen, dass sie ihre Zeit und Energie jetzt effektiver einsetzen.

Eine Gemeinde, die gesünder wird, vergrößert ihre Kapazität. Durch Leitungstraining, effizientere Systeme und Renovierung bekommt ihr »Schrank« mehr Platz. Das ermöglicht ihr, mehr zu leisten, ohne dadurch die Leiter und die Mitglieder zusätzlich zu belasten.

Bei der Erneuerung, dem Ersetzen und Streichen von Arbeitszweigen geht es nicht um *alt versus neu* oder *groß versus klein*; es geht um *effektiv versus uneffektiv*. Im Kampf um die Herzen, Gedanken und den Geist der Menschen müssen wir auf der Seite der Effektivität agieren.

Apropos *effektiv versus uneffektiv* ...

Wenn man keine Hauskreise braucht

Vielen gegenteiligen Lehren zum Trotz braucht nicht jede gesunde kleine Gemeinde eine Hauskreisarbeit. Für große Gemeinden ist das ein Muss, aber nicht unbedingt für kleine Gemeinden. Falls Sie schon länger vergeblich versucht haben, eine starke Hauskreisarbeit in Ihrer Gemeinde in Gang zu bringen, lassen Sie davon ab ... zumindest eine Zeit lang.

Unsere Gemeinde mühte sich jahrzehntelang, Hauskreise aufrechtzuerhalten, ohne Erfolg. Wir probierten jede Kleingruppenmethode aus, die wir finden konnten. Manchmal hatten wir einen starken Start, doch innerhalb von Monaten – höchstens einem Jahr – verlief sich dieser Arbeitszweig wieder im Sand. Dann gaben wir mehrere Jahre lang die Hauskreisarbeit ganz auf, und es war wunderbar. Keine vergeudete Energie mehr, keine gescheiterten Versuche mehr und kein Frust mehr, etwas auf die Beine zu stellen, was zu dem Zeitpunkt nicht zu unserer Gemeinde passte. Stattdessen konzentrierten wir uns auf Arbeiten, die wir gut konnten, bis wir so weit waren, es noch einmal mit Hauskreisen zu versuchen.

Vier Beurteilungspunkte, um zu entscheiden, ob Ihre Gemeinde eine Hauskreisarbeit braucht oder nicht

Erstens sollten Sie in Betracht ziehen, ob Ihre Gemeinde vielleicht bereits eine gute Kleingruppe bzw. ein guter Hauskreis ist. Große Gemeinden brauchen Hauskreise allein schon ihrer Größe wegen. Die persönlichsten und tiefsten Aspekte unseres geistlichen Lebens können nicht gedeihen, wenn wir nur große Veranstaltungen haben. Aber viele kleine Gemeinden brauchen keine Hauskreise bzw. Kleingruppen, weil sie bereits aus natürlichen Kleingruppen bestehen.

Mehr noch, wenn Sie Pastor einer gesunden kleinen Gemeinde sind, kann es sein, dass Sie bereits besser in der Kleingruppenarbeit sind als die Kleingruppenexperten, von denen Sie lernen wollen. Fördern Sie bei jeder Zusammenkunft die Vertrautheit, Freundlichkeit und die guten vertrauensvollen Beziehungen, die in einer kleinen Gemeinde möglich sind.

Viele kleine Gemeinden brauchen keine Hauskreise bzw. Kleingruppen, weil sie bereits aus natürlichen Kleingruppen bestehen.

Zweitens legen Sie den Finger an den Puls Ihrer Gemeinde. Wenn Sie den Eindruck bekommen, dass Hauskreise zu Feindseligkeit führen, stimmt dieser Eindruck höchstwahrscheinlich. Als ich das Pastorenamt in meiner jetzigen Gemeinde antrat, waren die Mitglieder entmutigt und in Fraktionen zersplittert, weil sie innerhalb eines Jahrzehnts fünf verschiedene Pastoren erlebt hatten. Die Feindseligkeiten zeigten sich bereits an meinem ersten Sonntagmorgen. Ich betrat den winzigen Gottesdienstraum und sah, dass zu viele Stühle aufgestellt worden waren, aufgeteilt in vier Bereiche mit teilweise nur zwei oder drei Gemeindemitgliedern pro Bereich, und neun oder zehn im »beliebten« Bereich.

An meinem zweiten Sonntag stellte ich nur halb so viele Stühle auf und verringerte die Bereiche von vier auf drei mit einem breiten Mittelbereich. Ich lud alle ein, sich in diesen Mittelbereich zu setzen. Das war der Anfang eines Heilungsprozesses in der Gemeinde. Die Mitglieder *fühlten* sich nicht mehr gespalten, weil sie räumlich nicht mehr gespalten waren. Manchmal, wenn wir die Menschen in einer kleinen Gemeinde auch noch in Hauskreise aufteilen, riskieren wir vielleicht, Menschen voneinander zu trennen.

Drittens fragen Sie sich, ob es für Sie offensichtlich ist, dass Ihre Gemeinde Hauskreise braucht. Falls ja, fahren Sie mit der Hauskreisarbeit fort. Aber falls nicht, tun Sie es wahrscheinlich nur, weil es Ihnen eingeredet worden ist. Diejenigen, die Ihnen gesagt haben, Hauskreise seien für eine gesunde Gemeinde unbedingt erforderlich, hatten zwar recht, aber wahrscheinlich wurde diese Anweisung aus der Perspektive einer großen Gemeinde geäußert und hat vielleicht außer Acht gelassen, dass Sie in Ihrer Gemeinde bereits einen kleinen, familiären Rahmen leben, in dem Offenheit und tiefes geistliches Wachstum möglich ist.

Viertens gibt es jemanden in Ihrer Gemeinde, der das Herz, die Leidenschaft, den Elan, die Begabungen und Führungsqualitäten hat, um eine gute Hauskreisarbeit zu leiten? Wenn ja, bilden Sie denjenigen aus und dann lassen Sie ihn von der Leine. Wenn nicht und wenn Sie die Arbeit nicht selbst leiten wollen, starten Sie keine Hauskreisarbeit in der Hoffnung, jemand würde von sich aus die Leitung übernehmen. Denken Sie daran: Sie leiten bereits eine Kleingruppe – Ihre kleine Gemeinde. Gute Leiter sind nicht die Folge einer bereits existierenden Arbeit; gute Arbeiten sind die Folge guter Leiter.

In großen Gemeinden bieten Hauskreise den Mitgliedern ein angemessenes Umfeld für Zeiten des Gebetes und tiefere Gemeinschaft, die sie am Sonntag nicht erleben. In einer gesunden kleinen Gemeinde hingegen können Menschen bereits am Sonntag nicht nur Anbetung praktizieren und eine Predigt hören, sondern auch tiefe Gemeinschaft erleben. Das ist wahrscheinlich einer der Gründe, warum sie sich überhaupt für eine kleine Gemeinde entschieden haben. Wir leben in einer Kultur, in der zunehmend Geschäftigkeit herrscht. Wenn wir Menschen dazu auffordern, auch noch jede Woche der Gemeinde einen Teil ihrer Zeit zu widmen, dann muss es für etwas sein, was sie gewöhnlich nicht bekommen – wie etwa die enge Gemeinschaft eines kleinen Teams. Und damit meine ich nicht Komitees, sondern Dienstgruppen.

Während der Phase, in der wir von Hauskreisen absahen, beschlossen wir, dass wir neben den Sonntaggottesdiensten und dem Jugendtreffen keinerlei andere Treffen haben würden außer den Dienstgruppen. Solche Teams sind von Gemeinde zu Gemeinde unterschiedlich, aber Ihre Gemeinde hat wahrscheinlich auch einige. Vielleicht haben Sie eine Arbeit unter Obdachlosen, bieten Hausaufgabenhilfe für sozial benachteiligte Kinder an oder unterhalten einen Besuchsdienst in Seniorenheimen. Falls dem so ist, verbrennen Sie keine Energie in dem Bemühen, auch noch Hauskreise zu starten, sondern stecken Sie die Energie lieber in die Dienstgruppen. Das vereint die Gemeindeglieder, gibt ihnen ein Gefühl der Sinnhaftigkeit und hilft den Nöten anderer Menschen.

Weniges vereint Leute so sehr, wie gemeinsam einen wichtigen praktischen Dienst auszuüben. Falls Sie solche Teams noch nicht haben, mag das auch ein Grund sein, warum ihre Hauskreise nicht funktionieren. Eine Gemeinde, die sich nicht gemeinsam für Gottes Sache engagiert, hat wenig Motivation zur Gemeinschaft, zum Gebet, zum Geben oder auch nur zur Anbetung.

Bevor Sie eine Dienstgruppe ins Leben rufen, achten Sie jedoch darauf, dass sie folgende Kriterien erfüllt:

Bedarf: Es hat keinen Sinn, etwas zu tun, wenn es niemand braucht.

ein Leiter: Es braucht jemand mit den Leidenschaften, den Fertigkeiten und der Gabenmischung, das Ruder zu übernehmen. In den meisten Fällen ist derjenige dieselbe Person, die den Einfall für die Arbeit hatte.

Teammitglieder: Schicken Sie den Leiter nicht allein los. Das ist keine Leitung; das ist vorprogrammierter Burn-out.

Sind diese drei Kriterien erfüllt, können Sie Dienstgruppen aufbauen, die rundum guttun. Sie tun nicht nur denen gut, an die sich die Arbeit richtet, sondern auch den Teammitgliedern und der gesamten Gemeinde. Christen, die sich gemeinsam für Gottes Sache engagieren, können dadurch gegenseitige Verantwortlichkeit lernen. Sie geben einander Kraft und stützen sich gemeinsam auf Gott und sein Wort. Ist es nicht genau das, was wir durch die Hauskreise bzw. Kleingruppen erzielen wollten?

»Bungee-Seil«-Leitung: Spannungen nutzen, um Veränderung zu bewirken

In den notwendigen Veränderungsphasen unserer Gemeinde habe ich ein Prinzip gelernt, das allen – mich mit eingeschlossen – geholfen hat, offen für Veränderung zu sein, ohne von ihnen überwältigt zu werden. Und zwar stellte ich mir vor, dass uns ein Bungee-Seil oder ein starkes Gummiband miteinander verbindet.

Fordere ich nicht genug Veränderung, bleibt das Seil schlaff und zieht Menschen nicht mit; das erzeugt Passivität und Wirkungslosigkeit. Laufe ich den Leuten hingegen zu weit voraus, kann das Seil reißen; das erzeugt orientierungslose Gemeinden und einsame, frustrierte Leiter.

Worauf es ankommt, ist die richtige Spannung. Ein Leiter sollte zwar nie unnötige Spannung schaffen – Spannung an sich gibt es mehr als genug –, aber ein guter Leiter macht sich die existierende Spannung zunutze.

Ein Beispiel: Kurz nachdem ich Pastor meiner jetzigen Gemeinde geworden war, stand ich nach einer wöchentlichen Bibelstunde mit einer betagten Dame zusammen, einem Gründungsmitglied der Gemeinde. Plötzlich hörten wir einen Tumult. Wir schauten in die Richtung des Lärms. Ungefähr zehn Meter von uns entfernt kämpften zwei Teenager miteinander. Fäuste und Fluchworte flogen umher. Ich blickte die alte Dame neben mir an, die vor Überraschung ganz blass geworden war. Ich sah ihr direkt in die Augen und sagte: »Das ist genial!«

Sie war schockiert über meine Worte, und ich fuhr fort. »Bei uns sind die beiden doch genau richtig«, sagte ich, »denn wir könne ihnen etwas darüber beibringen, wie Christen sich verhalten sollten.«

Dann nutzte ich die Gelegenheit, um sie an das zu erinnern, worüber wir gerade in der Bibelstunde gesprochen hatten, nämlich dass Menschen, die erst auf dem Weg sind, Christen zu werden, sich noch nicht unbedingt wie solche verhalten. Dennoch sollten wir sie lieben. Ich wies darauf hin, dass nun gerade zwei Jugendleiter die Teenager voneinander trennten und ihnen sagten, dass sie zwei Wochen lang von der Jugendgruppe ausgeschlossen seien. Und würden sie je wieder einen derartigen Kampf veranstalten, dürften sie überhaupt nicht mehr daran teilnehmen.

»Hättest du gedacht, dass es uns jemals gelingen würde, eine Jugendgruppe in unserer kleinen Gemeinde aufzubauen, die Teenager so sehr lieben, dass sie diese Ankündigung tatsächlich als Strafe erachten?«

Sie nickte, immer noch etwas unsicher. Doch ich merkte, dass sie meine Argumentation verstand.

Auf diese Weise konnte ich die Anspannung des Moments nutzen, um der älteren Dame aus unserer Gemeinde etwas zu veranschaulichen, was für sie bis dahin reine Theorie gewesen war.

Sich Spannungen zunutze zu machen, ist nicht leicht oder risikofrei. Leiter müssen die richtige Spannung aufrechterhalten, um Menschen mit sich zu ziehen, ohne das Verbindungsseil zerreißen zu lassen. Die goldene Mitte zwischen zu wenig und zu viel Spannung zu finden, gehört zu den größten Herausforderungen eines Leiters, besonders über einen langen Zeitraum hinweg.

In meiner Arbeit mit anderen Pastoren kleiner Gemeinden habe ich festgestellt, dass viele unserer Klagen über Gemeindewiderstand gegen Veränderung darauf zurückgeführt werden können, dass wir entweder zu viel oder zu wenig Spannung aufbauen. Oder dass wir ständig zwischen den beiden Extremen hin- und herspringen

Wie wir bereits gesehen haben, können Menschen durchaus Veränderung verkraften; was sie weniger gut verkraften können ist Überrumpelung. Nichts überrumpelt oder entmutigt so sehr wie ein Leiter, der seine Leute unterfordert hat und sie nun mit einem Mal überfordert. Die extreme Spannung, die durch diesen plötzlichen Wechsel erzeugt wird, kann die Verbindung zwischen dem Leitenden und den Geleiteten zum Zerreißen bringen – plötzlich, schmerzhaft und oft auf Dauer.

Leiter, die ihre Leute erfolgreich durch große Ereignisse, Krisen und Verbesserungen gelotst haben, kennen das richtige Spannungsmaß. Sie haben das Seil gestärkt und das Spannungsvermögen ihrer Gemeinde erhöht und dadurch auch ihr Veränderungsvermögen. Leiter müssen allerdings nicht extra Spannungen schaffen; die Welt bietet schon genug Spannungen. Wir können Gewinn aus ihnen ziehen –

für unsere Gemeinde und uns selbst –, wenn wir uns an die folgenden simplen Prinzipien halten und gängige Fehler vermeiden.

Zunächst die grundlegenden Prinzipien:

- Mit Integrität leiten. Jede andere Stärke als Leiter baut darauf auf, und ohne sie wird alles schwach.
- Beständig bleiben – über einen langen Zeitraum hinweg.
- Ein guter Zuhörer sein, damit man weiß, wie viel Leute verkraften können.
- Regelmäßig Spannung mit Ruhezeiten kombinieren (Muskeln gewinnen auf die gleiche Weise Kraft).
- Die eigenen Fehler zugeben.
- Sich bei Menschen bedanken – ganz oft!
- Mit gutem Beispiel vorangehen.
- Menschen eine bessere Zukunft zeigen.
- Anderen die Zeit geben, den Veränderungsbedarf zu erkennen, genauso wie Gott uns selbst die Zeit dafür gegeben hat.

Hier die gängigen Fehler, die positive Veränderung und Gemeindegesundheit vereiteln:

- Die Gefühle von Menschen ignorieren.
- Zu viel zu schnell fordern.
- Darüber klagen, dass die Leute nicht mithalten können.
- Veränderungen fordern, ohne den Grund zu erklären.
- Die Richtung immer wieder ohne Vorwarnung ändern.
- Über die Gemeinde meckern, ohne sie zu einer besseren Alternative zu führen.
- Bei den Gemeindemitgliedern in den Ruf geraten, etwas mit einem Riesenknall zu starten, aber nur schwach oder gar nicht ans Ziel zu kommen.
- Von der Gemeinde fordern, dass sie sich an den Pastor anpassen soll, ohne dass der Pastor sich an sie anpasst.
- Lange Zeit gar nichts ändern, dann auf einmal ganz viel ändern.

Die richtige Spannung ist von Gemeinde zu Gemeinde und Situation zu Situation unterschiedlich. Sind Sie beispielsweise in einer eher traditionellen Gemeinde und wollen neue Lobpreislieder einführen, dann lassen Sie nicht Monate verstreichen, ohne ein einziges neues Lied einzuführen (zu wenig Spannung), um dann in einem einzigen Gottesdienst eine ganze Reihe Lieder vorzustellen (zu viel Spannung). Handhaben Sie es lieber so:

1. Spielen Sie einige Wochen lang vor und nach dem Gottesdienst eine Mischung neuer Lieder als Hintergrundmusik ab.
2. Fügen Sie eines dieser Lieder beim Gottesdienst in den Lobpreis ein. (Es klingt bereits vertraut, weil die Gemeindemitglieder es schon seit einigen Wochen gehört haben.) Dann singen Sie das Lied an zwei von drei Sonntagen.
3. Fügen Sie dem Gottesdienst zwei oder drei Wochen später ein weiteres Lied von der Hintergrundmusik hinzu.
4. Wiederholen Sie den Vorgang mit weiteren Liedern, dann haben Sie nach einem Jahr bis zu zwanzig neue Lieder, die den Gemeindemitgliedern aber nicht fremd vorkommen.

Das ist genau das richtige Spannungsmaß.

KAPITEL 10

DIE STÄRKEN DER EIGENEN GEMEINDE ENTDECKEN UND NUTZEN

Eine kleine Gemeinde in die Schablone einer großen Gemeinde einpassen zu wollen, ist nicht gesund. Stattdessen müssen wir Methoden zur Anwendung bringen, die zu unserer Größe passen. Tun wir das, entdecken wir, dass einige Vorgehensweisen, die wir für absolut erforderlich hielten, gar nicht nottun.

Kommen beispielsweise zwanzig oder weniger Menschen zu einem Gottesdienst, ist es nicht nötig, Sitzreihen für sie aufzustellen, durch ein Mikrofon zu sprechen, eine Lobpreis-Band zu haben oder in verschiedene Altersstufen aufgeteilte Kinderbetreuung anzubieten. Vielleicht das beste Gottesdienstformat für eine Gemeinde dieser Größenordnung ist eine kreisförmige Sitzordnung und gemeinsames Reden, Beten und Singen. Leiten Sie eine Frage-Antwort-Runde; machen Sie den Gottesdienst und andere Gemeindeveranstaltungen mehr zu einem Dialog als zu einem Monolog.

Nachdem Sie eine Vorgehensweise gefunden haben, die zu Ihrer Gemeinde passt, können Sie die Stärken Ihrer Gemeinde entdecken und eine Strategie entwickeln, diese Stärken auszubauen. Zu viele Gemeinden vergeuden ihre Zeit und Energie darauf, andere Gemeinden nachahmen zu wollen.

Wie bauen wir also eine starke Gemeinde? Indem wir herausfinden, wozu wir berufen sind, und unsere Sache dann richtig gut machen.

Der Bogenschütze – ein Gleichnis

Es gibt eine alte Geschichte über einen Mann, der auf einem Bauernhof umhergeht. Als er um die Ecke einer Scheune kommt, stößt er auf einen Bogenschützen, der gerade Schießübungen macht. An der Scheunenwand sind fünf Zielscheiben angebracht, und in jeder steckt ein Pfeil – der Schütze hat jedes Mal direkt ins Schwarze getroffen.

Der Mann wendet sich dem Bogenschützen zu und sagt: »Wow! Das ist wirklich beeindruckend! Sie müssen viele Stunden trainiert haben, um so gut zu werden, dass Sie immer genau ins Schwarze treffen. Was ist Ihr Geheimnis?«

Der Bogenschütze sagt nichts. Stattdessen geht er zur Scheune, zieht die Pfeile aus den Zielscheiben und steckt sie sich einen nach dem anderen in seinen Köcher. Dann geht er ein Stück um die Scheune herum. Auf der anderen Seite ist nichts – keine Zielscheiben, nur eine kleine Tür. Der Bogenschütze zieht einen Pfeil aus dem Köcher, zielt auf die Tür und schießt. Zu des Mannes Überraschung fliegt der Pfeil weit daneben.

Doch der Bogenschütze scheint überhaupt nicht beunruhigt von diesem doch sicher peinlichen Vorfall. Er greift einfach zu einem weiteren Pfeil, schießt aber wieder weit daneben. Dann schießt er noch einen und noch einen ab, bis alle fünf Pfeile die Tür völlig verfehlt haben und an willkürlichen Stellen in der Scheunenwand stecken. Immer noch gar nicht aus der Fassung geraten, legt der Bogenschütze seinen Bogen zur Seite und geht zur Scheunenwand. Er nimmt eine kleine Farbdose und einen Pinsel zur Hand, und malt dann um jeden Pfeil herum eine Zielscheibe.

Diese Geschichte ist meine Lieblingsveranschaulichung dafür, wie kleine Gemeinden anfangen können, ihre von Gott gegebene Berufung zu entdecken oder wiederzuentdecken. Schießen Sie Pfeile an die Scheunenwand. Tun Sie, was Gott Ihnen aufgetragen hat, denn im Grunde ist es dasselbe, was Gott allen Gemeinden aufgetragen hat, nämlich das Liebesgebot und den Missionsbefehl. Zerbrechen Sie sich zu Beginn nicht den Kopf über einen spezifischeren Plan, ein Gemeindeleitbild oder Ziel. Widmen Sie sich der Mission der Gemeinde: Gott zu lieben, Menschen zu lieben, die Bibel zu lehren, den Glauben weiterzugeben und Nöten abzuhelfen. Dann schauen Sie, wo Ihre Pfeile treffen.

Hätte der Bogenschütze hundert Pfeile geschossen statt nur fünf, hätten er und sein Besucher langsam ein Muster erkannt. Ihnen wäre aufgefallen, dass die Pfeile weiter nach unten gingen, wenn der Bogenschütze den Ellenbogen höher hielt, oder dass bestimmte Pfeile eine Kurve nach links statt nach rechts machten.

Nach einiger Zeit, durch die Eigenheiten des Bogenschützen, durch die Beschaffenheit der Pfeile, durch die Windverhältnisse und eine Reihe anderer Faktoren, hätten sich viele der Pfeile an bestimmten Stellen der Scheunenwand angehäuft. Vielleicht hätte es zwei oder drei größere Stellen gegeben, an denen insgesamt die Hälfte der Pfeile gelandet wäre. Was tut man dann?

Achten Sie darauf, wo sich Ihre Pfeile ansammeln, dann schnappen Sie sich Pinsel und Farbe und malen Zielscheiben an diese Stellen. Da Sie diese Bereiche bereits oft unbeabsichtigt treffen, stellen Sie sich vor, wie gut Sie sie treffen werden, wenn Sie bewusst auf sie zielen!

Auf diese Weise hat unsere Gemeinde ihre Stärken entdeckt. Wir widmeten uns den beiden großen Aufgaben Gottes – dem Liebesgebot und dem Missionsbefehl – und dann achteten wir darauf, was funktionierte und was nicht. Durch dieses praktische Herumprobieren ergab sich mit der Zeit ein Muster. Viele unserer abgeschossenen Pfeile schienen ihr Ziel zu verfehlen, doch statt uns darüber zu ärgern, nutzten wir das als weitere Information, um uns genauer auszurichten.

Um diese Muster entdecken zu können, mussten wir einige unserer Arbeitskategorien beiseitelegen. Zum Beispiel teilen die meisten Gemeinden ihre Arbeitszweige hauptsächlich nach Altersgruppen ein. Doch unsere Arbeitserfolge und -misserfolge konnten nicht immer in Altersgruppen aufgeteilt werden, also wussten wir, dass unsere Stärken nicht unbedingt von bestimmten Altersgruppen abhingen. Natürlich haben wir weiterhin altersgerechte Veranstaltungen, aber das ist nicht unsere Hauptausrichtung.

Stattdessen haben wir entdeckt, dass wir gut darin sind, »entkirchlichte« Menschen an die Gemeinde Jesu und den Glauben heranzuführen, uns um die Vergessenen zu kümmern und Christen für den vollzeitlichen Dienst auszurüsten. Wie sich herausstellte, können wir gut kreative Wege der Jüngerschaft und der Teambildung finden. Da das offensichtlich eine natürliche Stärke unserer Gemeinde ist, beschlossen wir, uns verstärkt auf sie zu konzentrieren, um zu sehen, ob wir uns darin noch verbessern können. Gesagt, getan.

Heute hat unsere Gemeinde eine erstaunliche Erfolgsbilanz, Menschen, die vom Glaubensleben abgekommen sind, wiederzugewinnen. Wir arbeiten mit Menschen und Organisationen zusammen, die sonst durch das Raster fallen würden, und wir bilden ständig Menschen aus, die wir schließlich aussenden, oft aufs Missionsfeld oder in den vollzeitlichen Dienst in anderen Gemeinden. Es ist nicht ungewöhnlich für uns, uns von einem College-Studenten, einem Lehrer oder einem jungen Ehepaar mit Kindern nach einiger Zeit wieder verabschieden zu müssen, da sie in den vollzeitlichen Dienst gehen und dort das, was sie in unserer Gemeinde gelernt haben, zum Einsatz bringen.

Legen Sie los. Schießen Sie Ihre Pfeile, ohne sich vorher den Kopf zu zerbrechen, wo sie landen mögen. Achten Sie hinterher darauf, wo sie gelandet sind. Experimentieren Sie mit neuen Ideen. Hören Sie aufmerksam zu, wenn Gemeindemitglieder Ihnen Vorschläge unterbreiten. Finden Sie eine Not und kümmern sich darum, finden Sie ein Bedürfnis und erfüllen es.

Selbstverständlich sollten wir aber Pfeile nicht nur deshalb abschießen, um ja niemandes Ideen oder Vorschläge auszulassen, sonst bleiben wir uneffektiv.

Sie müssen kein eindrucksvoller Bogenschütze sein, Sie müssen nur wissen, wo das Ziel zu malen ist.

Die Stärken in den Vordergrund rücken

Nachdem die Arbeitsfelder, auf die Sie sich konzentrieren sollten, ins Blickfeld gerückt sind, sorgen Sie dafür, dass Sie auch anderen Menschen ins Blickfeld rücken. Leider schießen viele Gemeinden oft an diesem Ziel vorbei. Statt ihre beste Arbeit deutlich hervorzuheben, lassen Gemeinden sie im Gerümpel ermüdender Veranstaltungen, pflegeaufwendiger Gebäude, irrelevanter Programme und eines unverständlichen Kirchenjargons untergehen.

Sind Kinder und Familien Ihre Stärke? Dann sollten Sie buchstäblich auf alles, was Sie tun, »kinderfreundlich« schreiben. Bringen Sie vor Ihrer Gemeinde Banner und Luftballons an. Schmücken Sie Ihre Wände mit dem, was die Kinder gemalt oder gebastelt haben – nicht nur die Wände der Kinderstunde, sondern auch des Haupteingangs.

Wollen Sie für Ihre Freundlichkeit bekannt sein? Dann platzieren Sie schon draußen vor dem Gemeindehaus freundliche Gemeindeglieder, die Gäste willkommen heißen. Halten Sie auch im Gottesdienstgebäude ein Ordner- und Begrüßungsteam bereit, die den Besuchern Plätze zeigen und sie vor und nach dem Gottesdienst anderen vorstellen. Fordern Sie Gäste bitte nicht auf, während des Gottesdienstes aufzustehen und sich vorzustellen. Das ist vielen Besuchern nämlich unangenehm.

Ist eine besondere Stärke Ihrer Gemeinde die biblische Lehre? Warum warten Sie dann im Gottesdienst eine Stunde oder länger, bevor die Predigt überhaupt erst beginnt? Vielleicht sollten Sie stattdessen lieber mit der Predigt starten und hinterher eine Lobpreis-Zeit als Antwortmöglichkeit auf Gottes Wort anbieten.

Im Folgenden gebe ich Ihnen zwei Beispiele von Gemeinden, die ihre besondere Stärke in den Vordergrund gestellt haben – eine Megakirche und eine kleine Gemeinde.

Beispiel Nummer eins: Die *Hillsong Church* in Australien hieß ursprünglich *Hills Christian Life Centre*, doch dann wurde sie für ihre Musik bekannt. Sie benutzte »Hillsong« eigentlich nur als Namen für ihre Musikveröffentlichungen, aber Leute fingen an, auch die Gemeinde so zu nennen. Pastor Brian Houston beschloss daraufhin, ihre Hauptstärke hervorzuheben und die Gemeinde offiziell in »Hillsong Church« umzubenennen.[29]

Beispiel Nummer zwei: Die *Kingsview Assembly of God* ist eine kleine Gemeinde in Ione, Kalifornien, einem Ort mit 7.000 Einwohnern. Die besondere Stärke der Gemeinde ist ihre Arbeit mit Kindern, also benutzt sie den Slogan: »Wir haben ein Herz für Kinder.« Sie bietet ganz viel für Kinder und Jugendliche an, beispielsweise wöchentliches Basketballspielen, und sie arbeitet mit karitativen Organisationen zusammen, um jährlich zum Schulbeginn gefüllte Rucksäcke und Schulranzen verteilen zu können. Indem sie ihren Auftrag bzw. ihre Mission auf ihrer Website gut sichtbar macht, stellt die Gemeinde (geleitet von Pastor Dan Epperson) sicher, dass sich niemand fragen muss, was die Hauptrichtung ihrer Arbeit ist.

Diese Beispiele können Sie vielleicht inspirieren, sich folgende Fragen zu stellen:

- Was macht unsere Gemeinde bereits gut?
- Was kann unsere Gemeinde so richtig gut?
- Wofür wollen wir bekannt werden?
- Haben wir das Ziel verfehlt?
- Wie können wir entrümpeln und uns auf unsere Stärken konzentrieren?

Es geht hierbei nicht um Verkaufsmaschen; es geht um unseren Auftrag und unsere Berufung.

Wozu hat Gott Sie berufen? Warum existiert Ihre Gemeinde? Und wie können Sie das Menschen vermitteln? Ihre Antworten auf all diese Fragen sind ein entscheidender Faktor dafür, ob Ihre Gemeinde neue Menschen anzieht und behält.

Dem Gemeindeberater Greg Atkinson zufolge, der Informationen sammelt, indem er unerkannt als Gast in die Gemeinden kommt, entscheiden die meisten Gäste unbewusst schon innerhalb der ersten zehn Minuten nach ihrer Ankunft, ob sie wiederkommen wollen. Doch sehr wenige Gemeinden berücksichtigen diese Realität beim Abhalten ihrer Wochenendgottesdienste.[30]

Jede Gemeinde hat einen bestimmten Gottesdienstablauf bzw. eine Liturgie für ihre Zusammenkünfte. Teilweise wird diese Gottesdienstordnung von den verschiedenen Konfessionen vorgeschrieben. Aber selbst in den freiesten Gemeinden gibt es einen bestimmten Ablauf, wie unabsichtlich oder unbewusst er auch immer geschehen mag. Dieser Ablauf basiert gewöhnlich auf Tradition und/oder Gewohnheit, nicht unbedingt auf dem Auftrag der Gemeinde. Statt gleich einen guten Eindruck zu erwecken, stellt der vorgeschriebene Ablauf oft Dinge, die wir vielleicht nicht so gut können, an den Anfang des

Gottesdienstes. Das bedeutet, dass Gemeindegäste sich für oder gegen unsere Gemeinde entscheiden, nachdem sie gleich zu Anfang des Gottesdienstes gesehen haben, was wir nicht so gut können.

Beispielsweise haben die meisten kleinen Gemeinden keinen starken Lobpreis-Leiter. Aber wie fangen wir unsere Gottesdienste an? Mit gemeinsamem Singen. Schlechtem Singen. Ja, in der englischen *King James*-Bibel steht in Psalm 98,4: »Make a joyful noise unto the Lord« (Bringt dem Herrn freudigen Lärm dar). Aber das heißt nicht, dass wir diesen »Lärm« gleich in den Vordergrund rücken sollten.

Das war meine Erfahrung. Viele Jahre lang wurde unser Lobpreis von Leuten geleitet, die, wie sie selbst zugaben, es nicht sonderlich gut konnten. Trotzdem zwangen wir das klägliche Singen den Leuten jede Woche zwanzig bis dreißig Minuten auf, bevor wir zu etwas kamen, was wir relativ gut machten, nämlich die Predigt.

Wie kann eine Gemeinde davon loskommen, ihren vielleicht stärksten Dienst irgendwo in der Mitte des Gottesdienstes zu vergraben? Indem sie den »Spielverlauf« ändert, also den Ablauf neu ordnet. Halten Sie mit dem Wertvollen, das Sie zu bieten haben, nicht hinterm Berg, sondern schaffen Sie für Menschen gleich zu Beginn die bestmögliche Erfahrung. (Falls Sie in Ihrer Gemeinde Gottesdienste in hochliturgischer Form feiern, ist dieser Abschnitt für Sie nicht unbedingt von Belang, denn das ist ja vielleicht gerade das, was Menschen bei Ihnen suchen.)

Für viele von uns ist eine solche Veränderung eine radikale Idee, aber ich wünschte, ich wäre schon vor dreißig Jahren darauf gekommen, als ich es am nötigsten hatte.

Den Gottesdienstablauf neu ordnen

Wollen Sie Ihren Wert in den Vordergrund rücken und das, was Sie gut können, in Ihren Sonntaggottesdiensten zur Geltung bringen? Dann schreiben Sie am besten alle Gottesdienstelemente auf in ihrer gewöhnlichen Reihenfolge. Für einige Gemeinden mag das so aussehen:

1. gemeinsames Singen
2. Gebet
3. Bibellese
4. Abendmahl/Kommunion
5. musikalischer Vortrag
6. Kollekte
7. Predigt
8. Gemeinschaft

Jetzt kommt der schwere Teil. Stufen Sie diese Elemente ehrlich anhand dessen ein, wie gut Sie sie hinbekommen, dann schreiben Sie die Liste neu mit dem Besten zuerst und dem Schlechtesten zuletzt. Bei einigen Gemeinden mag die Qualitätsreihenfolge so aussehen:

1. Gemeinschaft
2. Bibellese
3. Predigt
4. Abendmahl/Kommunion
5. Gebet
6. Kollekte
7. musikalischer Vortrag
8. gemeinsames Singen

Jetzt schauen Sie sich die Liste an und fragen sich: »Warum halten wir den Gottesdienst *nicht* in dieser Qualitätsreihenfolge ab, die ich gerade aufgeschrieben habe?« (Die einzige Ausnahme ist, wenn sie möglicherweise eines Ihrer stärkeren Elemente ganz an den Schluss stellen wollen, damit der Gottesdienst nicht nur einen guten Start hat, sondern auch auf einem Höhepunkt endet.)

Nehmen Sie sich einen Moment Zeit, bevor Sie das als verrückte Idee abtun. Momentan zeigen sich Ihre Gottesdienste vielleicht von ihrer schlechtesten Seite statt von ihrer besten. Warum sollten Sie es dabei belassen? In der Bibel wird kein bestimmter Gottesdienstablauf vorgeschrieben. Ihre Gottesdienstordnung ist nicht mit Gottes Ordnung gleichzustellen.

Der Gottesdienstablauf in den meisten Gemeinden ist noch ein

Überbleibsel einer längst vergangenen Zeit. Würden Sie Ihre Gemeindemitglieder nach dem Grund Ihres Gottesdienstablaufs fragen, hätten die meisten keine Ahnung. Einige Leiter können vielleicht eine behelfsmäßige theologische Rechtfertigung für sie liefern. Das Schlüsselwort in dem letzten Satz ist nicht »theologisch«, sondern »behelfsmäßig«. Unsere Gottesdienstordnung beruht nicht notwendigerweise auf Theologie, wir haben ihr nur eine quasitheologische Legitimation gegeben.

Ein Neustart der Gottesdienstordnung kostet nichts, ist leicht durchzuführen und kann leicht wieder rückgängig gemacht werden. Man muss noch nicht einmal etwas hinzufügen oder streichen; man muss es nur umstellen. Statt die Ideen einer anderen Gemeinde zu adoptieren und zu hoffen, dass man sie umsetzen kann, bringt man die eigene Gemeinde einfach mehr zur Geltung. Den Ablauf des Gottesdienstes zu ändern, ist zwar keine Wunderpille, aber es kann ein erster Schritt zu einer starken Besserung sein.

Vielleicht fangen bei Ihnen jetzt die Alarmglocken an zu schrillen und Sie fragen sich: »Was, wenn meine Gemeinde mich das nicht tun lässt?« oder: »Was, wenn es nicht die gewünschte Wirkung hat?«. Mein Vorschlag wäre, sobald wie möglich Schlüsselpersonen Ihrer Gemeinde in den Prozess zu involvieren. Brainstormen Sie mit denen, die den Gottesdienst mit Ihnen leiten. Wer weiß? Vielleicht weckt der Gedanke sogar Begeisterung bei ihnen.

Bevor Sie das Experiment beenden, holen Sie Input von der Gemeinde darüber ein, was gut funktioniert hat, was weniger gut und warum. Das Warum ist ganz wichtig. »Weil ich es nicht mag, wenn sich Dinge ändern« sollte weniger Gewicht beigemessen werden als: »Weil ich meine kirchenfernen Freunde einladen will, und zwar auf der Stelle!«. Zu entscheiden, was funktioniert, ist nicht leicht, aber wenn wir eine Atmosphäre schaffen, in der ehrliches Feedback willkommen ist, können wir uns ein gutes Bild machen.

Wir können jederzeit zu unserer gewohnten Gottesdienstordnung zurückkehren; es gibt buchstäblich nichts zu verlieren.

Also, probieren Sie es aus. Vielleicht bringt die Neuordnung ja etwas Gutes in Gang.

KAPITEL 11

EINEN ARBEITSZWEIG BEGINNEN, ÄNDERN ODER BEENDEN

Man muss sich den wandelnden Anforderungen anpassen, sonst geht man unter. Das gilt besonders für kleine Gemeinden.

Jede einzelne Gemeinde, die in den kommenden Generationen überleben und gedeihen will, muss sich in eine sich rasant verändernde Landschaft einpassen.

Früher pflegte ich unserem Leitungsteam zu sagen, wir müssten jeden unserer Arbeitszweige mindestens so oft einer gründlichen Neubeurteilung unterziehen, wie Microsoft ein neues Windows-Update auf den Markt bringt. Jetzt nicht mehr. Keine innovative Firma, einschließlich Microsoft, wartet mit ihren Innovationen auf eine große Markteinführung oder ein Update, das nur alle paar Jahre stattfindet. Genau wie bei den Smartphone-Apps schickt Microsoft seinen Usern übers Internet regelmäßige Updates so häufig, dass wir es kaum noch wahrnehmen. Sobald solche Firmen eine mögliche Verbesserung sehen, wird diese umgesetzt.

Eine Gemeinde muss zwar nicht ein derart rasantes Tempo halten, aber im Vergleich zur Vergangenheit müssen wir schon einen Zahn zulegen. Die gute Nachricht ist, dass kleine Gemeinden sich aufgrund ihrer Größenordnung schneller anpassen können als ihre größeren Gegenstücke; es ist wie der Unterschied zwischen einem Fahrrad und einem Lastwagen.

Leider ist das jedoch nicht unser Ruf, zumindest nicht meiner jahrelangen Erfahrung nach, die sich auf Gesprächen mit Hunderten Pastoren gründet. Von allen Teilen des Leibes Christi haben kleine Gemeinden den stärksten Ruf, stur am Gewohnten festzuhalten und sich nicht anpassen zu wollen. Einige Gemeinden haben schon seit über einem Jahrzehnt die Kunstpflanzen in ihrem Gottesdienstraum nicht mehr erneuert (oder sie wenigstens abgestaubt)! Das geht besser. In den letzten gut 25 Jahren habe ich miterleben dürfen, wie sich unsere Gemeinde von einem statischen, sterbenden Ort zu einem dynamischen, innovativen Ort des Wandels gemausert hat, und wir sind immer noch dabei, unsere Arbeitsweisen zu optimieren, upzudaten und zu ändern. Viele andere kleine Gemeinden handhaben es inzwischen ebenso.

Also, wie führt man nötige Änderungen in eine Gemeinde ein, die sich bis jetzt dagegen gesträubt hat?

Das ABC der Gemeindeveränderung (immer etwas verändern)

Veränderung ist gesund; Veränderung ist gut; Veränderung ist normal. Alles Lebendige verändert sich, oder es stirbt.

Die Gemeinde bildet da keine Ausnahme, ist doch die gute Nachricht des Evangeliums eine Botschaft der Veränderung: Lebensverwandlung. Tod und Auferstehung. Erlösung. Jesus jeden Tag ein Stück ähnlicher werden. Das sind die größten Veränderungen, die wir je erleben können. Die Gemeinde ist außerdem der Ort, wo Menschen ihre größten Lebensveränderungen feiern oder ihrer gedenken einschließlich Geburten, Todesfälle, Eheschließungen und Taufen.

Nein, wir ändern nicht unsere grundlegenden Glaubenslehren, denn sie bilden unser Fundament. Am Fundament herumzupfuschen, bringt keine Veränderung, es verursacht stattdessen einen Einsturz. Doch alles außer unserem Fundament, unseren biblischen Grundlagen, kann der Veränderung unterworfen werden. Genauso wie Gemeinden, die ihre Basis ändern, ins Wanken geraten, so werden Gemeinden, die keinerlei Veränderung zulassen, noch nicht einmal an unwesentlichen Dingen, auf Dauer zugrunde gehen.

Es gehört zu den großen Herausforderungen des Pastorenamts, nötige Änderungen in einer Gemeinde anzugehen, die auf Veränderung immer abwehrend reagiert hat. Ein Schlüsselelement ist das, was ich das ABC der Gemeindeveränderung nenne:

ABÄNDERUNG MIT **B**ESTÄNDIGKEIT UND OHNE **C**HAOS

Wie bereits erwähnt – als ich in meiner heutigen Gemeinde als Pastor anfing, musste sich vieles ändern, aber ich ging es langsam an. Ich legte dem Leitungsteam die Notwendigkeit für eine kleine, aber offensichtliche Veränderung nahe. Alle Teammitglieder stimmten damit überein, dass diese Veränderung nicht nur unbedingt erforderlich und überfällig war, sondern dass sie auch leicht sein würde.

Als ich die angedachte Veränderung jedoch der Gemeinde vorlegte, stieß ich sofort auf eine negative Reaktion. Eine Handvoll Gemeindemitglieder war empört nicht über den Inhalt der Veränderung, sondern dass wir überhaupt irgendetwas an der Gemeinde ändern wollten. Man hätte meinen können, unser Vorschlag bestünde darin, der Bibel ein weiteres Buch hinzuzufügen. Wir schafften es zwar trotzdem, die Veränderung umzusetzen, aber es war alles andere als leicht.

Beim nächsten Treffen des Leitungsteams kam das Feedback, dass wir sobald nicht wieder etwas ändern sollten.

»Oh doch«, erwiderte ich. »Die Lektion aus dem gerade Erlebten besteht für mich darin, dass wir viel regelmäßiger Veränderungen vornehmen müssen. Genau genommen ist hier mein nächster Veränderungsvorschlag ...«

Warum tat ich das? Handle ich mir gerne Ärger ein? Nein. Wie ich dem geschockten Leitungsteam erklärte, war die erste Veränderung nur deshalb so schwer gewesen, weil alle anderen Pastoren einen Rückzieher gemacht hatten, als sie auf Widerstand gestoßen waren. »Schaut euch um«, forderte ich die Leiter auf. »Im letzten Jahrzehnt hat sich in dieser Gemeinde fast nichts geändert mit Ausnahme des ständigen Pastorenwechsels. Und das alles aufgrund von Angst. Angst vor Veränderung ist nicht das richtige Mittel, um eine gesunde Gemeinde zu leiten. Von nun an werden wir beständig etwas ändern, bis das zu unserer neuen Normalität wird.«

Und genau das haben wir getan. Von dem Moment an hat es immer – und ich meine wirklich *immer* – etwas in unserer Gemeinde gegeben, was geändert wurde, sei es in Form von Renovierungsarbeiten, Revisionen unserer Lehrpläne oder Initiativen für Außenstehende. Anfangs war das schwer, aber heute gehört Veränderung so sehr zu unserer Gemeindekultur, dass sie prinzipiell von allen befürwortet wird. Wenn eine Veränderung nötig ist, mögen wir eine lebhafte Debatte darüber führen, *wie* die Veränderung durchgeführt werden soll, aber niemand bezweifelt mehr, *dass* wir uns verändern sollen.

Und falls Sie sich das fragen – diese veränderungsbejahende Kultur hat uns nie dazu geführt, an unseren Glaubensgrundlagen zu rütteln. Im Gegenteil, die beständige Abänderung des Unwesentlichen bringt uns dazu, uns noch fester ans Wesentliche zu halten. Das Liebesgebot und der Missionsbefehl sind uns heute wichtiger denn je.

Einer der schlimmsten Fehler, die ein Gemeindeleiter begehen kann, ist es, lange Zeit nichts abzuändern und dann auf einmal mehrere Veränderungen gleichzeitig durchführen zu wollen. Das verursacht nur Chaos. Gemeinden, die selten etwas abändern, werden nicht plötzlich zu Veränderungsmeistern. Gemeinden hingegen, die einem beständigen Veränderungsprozess ausgesetzt sind, üben sich darin und können Veränderung auf gesunde Weise praktizieren.

Wo Veränderung schwer ist, da ist die Versuchung groß, nichts mehr verändern zu wollen. Wir müssen dieser Versuchung widerstehen und uns in gesunde und notwendige Veränderungen hineinknien. Stehen Sie fest auf dem Fundament: Beten Sie Jesus an, orientieren Sie sich am biblischen Vorbild und lieben Sie Menschen. Bei allem anderen richten Sie sich nach dem ABC:

ABÄNDERUNG MIT **B**ESTÄNDIGKEIT UND OHNE **C**HAOS.

Veränderung ohne Chaos

Wie verändert man Dinge, ohne dadurch Chaos zu erzeugen – besonders in einer Gemeinde, die feststeckt? »Wenn sich die Dinge ständig ändern«, so fragen sich manche vielleicht, »herrscht dann nicht auch ständig Verwirrung?«

Das ist eine berechtigte Sorge, besonders wenn vergangene Veränderungsversuche katastrophal verlaufen sind. Deshalb müssen Veränderungen entsprechend eines Planes stattfinden, nicht entsprechend der neuesten Laune des Pastors. Wenn Gemeindemitglieder wissen, warum etwas geändert wird, ist es auch viel wahrscheinlicher, dass sie es unterstützen. Der Schlüssel zur Vermeidung von Chaos ist, sich nicht nur auf ein zu erreichendes Ziel zu fokussieren, sondern eher prozessorientiert vorzugehen.

Reines Zieldenken wäre es z. B., wenn wir nach dem idealen Gemeindeprogramm, -gebäude oder -einrichtungsgegenstand suchen und das schließlich Erreichte dann nie mehr verändern oder infrage stellen, denn dann erhält es den Rang eines Götzen.

Ein Veränderungsprozess kann hingegen stattfinden, wenn wir uns klarmachen, dass kein Programm, keine Räumlichkeit und kein Einrichtungsgegenstand ewig währt; sie sind nicht heilig. Heilig ist allein Gott und geheiligt sind unsere biblischen Glaubensgrundlagen.

Durch reines Zieldenken werden die Systeme, Räumlichkeiten und Methoden zu einem dauerhaften Bestandteil dessen, wer wir sind und was wir tun. Ein Gebäude wird zu unserer Identität oder eine Methode wird zu unserer Theologie. Gehen wir hingegen prozessorientiert vor, dann wissen wir, was sich verändern muss und warum.

Wo sich nie etwas ändert, fangen Leute an zu denken, es sollte sich auch nie etwas ändern. Unbeweglichkeit wird zum Regelwerk. Wo es hingegen regelmäßig Verbesserungen gibt, geht das Verändern der Gemeinde in Fleisch und Blut über. Innovation wird normal, aber Innovation braucht einen Plan und einen Prozess, wenn sie beständig funktionieren soll. Eine Gemeinde muss über das Wie, Wann und Warum der Veränderungen unterrichtet sein.

Ein simpler, rationaler Veränderungsprozess zeichnet der Gemeinde einen klaren Weg vor, dem sie folgen kann. Er beruhigt die Zurückhaltenden und inspiriert die Innovatoren.

Was verbessern Sie momentan gerade in Ihrer Gemeinde?

Würde jemand Sie fragen: »Was verbessern Sie momentan gerade in Ihrer Gemeinde?«, wie würde Ihre Antwort lauten? Wenn Sie diese Frage nicht mindestens mit einem spezifischen Projekt beantworten können, steckt Ihre Gemeinde möglicherweise in Schwierigkeiten, ohne dass es Ihnen bewusst ist.

Eine Gemeinde mit integrierten Veränderungsprozessen verbessert sich immerfort, und nicht nur allgemein gesprochen. Wir sollten immer an konkreten Aktionsplänen arbeiten, damit unsere Gemeinde morgen besser ist als heute. Denn wir bleiben nie gleich. Wer sich nicht nach vorne bewegt, gerät ins Hintertreffen.

Es geht dabei nicht darum, mit den neuesten Trends mitzuhalten. Es geht darum, der Entropie entgegenzuwirken – der Tendenz, dass alles, was vernachlässigt wird, sich verschlimmert, statt sich zu verbessern. In meiner Gemeinde arbeiten wir beispielsweise immer mindestens an zwei Verbesserungsprojekten: Eins betrifft unsere Räumlichkeiten und ein anderes unsere Arbeitszweige.

Ein Aspekt unseres Umgangs mit Veränderung besteht darin, uns zu fragen: »Welcher Teil unseres Gebäudes ist nicht so gut, wie er sein könnte?« Oft bedeutet das bloß einen frischen Anstrich, manchmal aber auch eine Grundüberholung des Saals. Bei unseren Arbeitszweigen ist es genauso. Wir fragen uns immer: »Wie können wir es nächstes Mal besser machen?« Wie bei den Räumlichkeiten erfordert das oft nur geringfügige Korrekturen, manchmal aber auch das Beenden einer langjährigen Arbeit, die nicht mehr ihren Zweck erfüllt.

Der Auftrag der Gemeinde Jesu ist zu wichtig, als dass wir es uns im guten Mittelfeld bequem machen sollten.

Diese Entscheidungen werden nie leichthin, willkürlich oder allein vom Pastor getroffen. Es gibt einen Prozess, durch den wir nötige Veränderungen regelmäßig beurteilen, verbessern und schließlich umsetzen. Aber warum sollten wir etwas an unserer Gemeinde ändern, wenn alles im Großen und Ganzen doch gut ist? Ganz einfach: Weil »gut« nicht »gut genug« ist! Der Auftrag der Gemeinde Jesu ist zu wichtig, als dass wir es uns im guten Mittelfeld bequem machen sollten.

Ob Sie nun klein sind und im Trott stecken oder ob Sie groß sind und aufgrund Ihres zahlenmäßigen Erfolges im Leerlauf dahinrollen – jede Gemeinde, die sich nicht weiter verbessert, wird mit der Zeit immer weniger effektiv. Also, falls Sie nicht wissen, was Ihre Gemeinde momentan verbessert, können Sie sich die folgenden vier simplen Fragen stellen, um eine Veränderungsmentalität in Ihrer Gemeinde anzuregen:

1. Was sind momentan die drei (oder vier) uneffektivsten Arbeitsbereiche?

Sie können sich dieselbe Frage stellen hinsichtlich der drei oder vier Verbesserungen, die Ihre Räumlichkeiten am nötigsten haben. Warum drei oder vier aufführen statt immer nur eine nach der anderen?

Erstens, weil es Ihren Blick auch auf Bedürfnisse lenkt, die Sie sonst vielleicht übersehen würden.

Zweitens, weil es Ihnen die Möglichkeit bietet, die Bedürfnisse nach Prioritäten zu ordnen.

Drittens, weil Sie dadurch bereits eine Vorstellung bekommen, was das nächste Projekt sein könnte.

2. Was sollen wir als Erstes in Angriff nehmen?

Es gibt zwei Wege, diese Frage anzugehen. Der erste besteht darin, die Verbesserung durchzuführen, die das derzeit größte Bedürfnis der Gemeinde erfüllt. Wenn Ihre Gemeinde das erfolgreich durchführen kann, nur zu!

Doch oft lässt sich das größte Veränderungsbedürfnis schwer auf Anhieb bewältigen. Dazu können viele Faktoren beitragen einschließlich mangelnder Finanzen, Zeit, Ressourcen, Leiter und Ideen. Die zweite Herangehensweise besteht darin, etwas zu finden, was sich leicht verändern lässt, um dadurch eine positive Haltung gegenüber Veränderungen zu schaffen. Sind große Veränderungen momentan schwer? Dann lassen Sie dadurch kein Gefühl der Apathie oder des Frusts entstehen. Verbessern Sie das, was Sie im Augenblick verbessern können. Wichtig ist vor allem, dass Sie aktiv werden.

Zuerst ein leichtes Projekt anzugehen, bietet einen Riesenvorteil besonders in einer Gemeinde, die viel Veränderungsbedarf hat oder schon länger nichts mehr verbessert hat. Und zwar erzielt man dadurch einen leichten Erfolg und verbreitet ein wunderbares Gefühl, etwas erreicht zu haben. Das hebt die Stimmung und gibt den Antrieb, weitere Veränderungen in Angriff zu nehmen.

3. Wie können wir dieses Projekt in kleinere Einheiten herunterbrechen?

Wenn Sie herausfinden möchten, mit welchem Projekt Ihre Gemeinde am besten starten könnte, sollten Sie zunächst zwei oder drei größere Projekte in kleinere Einheiten bzw. Ziele unterteilen. Nun wird deutlicher, welche Personen und Ressourcen gebraucht werden. Je eher die nötige Mannschaft an Bord kommt, desto besser.

Dieser Schritt kann besonders hilfreich in einer Gemeinde sein, die Probleme mit kontrollsüchtigen Mitgliedern hat. Nachdem man eine passende Reihenfolge der Vorgänge und der jeweils benötigten Fertigkeiten umrissen hat, wird klar, wer für das Projekt gebraucht wird – basierend auf dem Engagement und den Fähigkeiten von Personen, nicht darauf, wer zu einem Komitee gehört oder eine höhere Position innehat.

4. Woher wissen wir, wann wir unser Ziel erreicht haben?

Wenn die Verbesserung, die Ihnen vorschwebt, keine klar definierbaren Ziele hat, dann handelt es sich dabei nicht um die Art von Veränderung, wie ich sie in diesem Kapitel anspreche. Beispielsweise ist das Ziel, »bessere Anbeter zu werden«, zwar lobenswert für eine Gemeinde, aber hierbei erreicht man nie den Punkt, an dem man sagen kann: »Jetzt haben wir's! Wir sind zu den Anbetern geworden, die wir sein wollten. Gehen wir zum nächsten Projekt über!«

Bei Renovierungsarbeiten ist das Endziel leicht zu definieren. Bei Verbesserungen der Arbeitszweige sind die Ziele nicht immer ganz so leicht zu definieren, aber es ist wichtig, es trotzdem zu tun. Ohne eine klare Definition ihrer Vollendung können kleine Projekte leicht zu Geld- und Zeitfressern werden. Klar definierte Ziele helfen bei allem, vom Budget bis zum Zeitplan.

Falls in Ihrer Gemeinde bereits Jahre verstrichen sind, ohne derartige Verbesserungen vorzunehmen, kann es einige Zeit dauern, diese Fragen zu beantworten – ganz zu schweigen davon, die Projekte fertigzustellen. Aber wenn Sie nicht den Gang einlegen, bleiben Sie weiter im Leerlauf und kommen nie irgendwohin. Die obigen Fragen stellen den ersten Gang dar. Indem Sie sich diese Fragen stellen, arbeiten Sie bereits an einer Verbesserung. Also, legen Sie den Gang ein.

Stellen Sie Fragen, werben Sie Mitarbeiter an und steuern Sie auf die Verbesserungen zu.

Die Ängste vor Veränderung lindern

In seinem Buch *Dirt Matters* spricht der Autor und Pastor Jim Powell darüber, dass seine Gemeinde sogenannte »Stabilitätszonen« eingerichtet hat, um eine Atmosphäre zu fördern, in der die Gemeindemitglieder schließlich auch offen für Veränderung werden:

> Eines der Probleme unserer Kirchen und Gemeinden besteht darin, dass viele Menschen durch die Geschwindigkeit und Übermacht einer sich ständig verändernden Welt emotional aufgebracht und verunsichert sind. Ohne sich dessen unbedingt bewusst zu sein, möchten sie in einer Gemeinde eine »Stabilitätszone« vorfinden. Einen Ort, der sich nicht verändert. Ein Umfeld, das beständig und verlässlich ist ... weil sonst so wenig in der Welt beständig und verlässlich zu sein scheint. In unserer Gemeinde schließt das unsere grundlegenden Glaubenslehren sowie einige praxisbezogene Aspekte mit ein wie etwa die Praxis der Taufe. Wir feiern auch jede Woche als Teil unseres Gottesdienstes das Abendmahl. Diese Glaubenslehren und -praktiken sind Teil unserer Geschichte und dienen als Inseln, die den Menschen auf der stürmischen See einen Zufluchtsort bieten.[31]

Stabilitätszonen sind eine praktische Weise, den Glaubensgrundlagen Ausdruck zu verleihen. Sie sind wie das Sicherheitsnetz, das den Stuntleuten von Extremsport-Sendungen ermöglicht, neue Stunts einzuüben, weil sie wissen, dass sie im Notfall aufgefangen werden.

Zu den erstaunlichsten und bewundernswertesten Eigenschaften der frühen Jünger von Jesus gehörte ihre Fähigkeit, jahrhundertealten außerbiblischen Traditionen den Rücken zuzukehren, um sich dem Kern des Evangeliums zuzuwenden. Äußerlich muss es für viele ihrer Verwandten und Freunde ausgesehen haben, als würden sie sich damit vom Gott Israels selbst abwenden. Dabei war genau das Gegenteil der Fall.

Wodurch gewannen sie die Weisheit, zwischen nebensächlichen Traditionen und grundlegenden Glaubenslehren unterscheiden zu können, zwischen dem, was sie aufgeben konnten (wie etwa Beschneidung und das Verbot, Schweinefleisch zu essen), und dem, was sie bekräftigen mussten (wie etwa den Monotheismus und den biblischen Moralkodex)? Die beste Antwort auf diese Frage kam aus dem Mund der Feinde des Evangeliums: »Sie sahen aber den Freimut des Petrus und Johannes und wunderten sich; denn sie merkten, dass sie ungelehrte und einfache Leute waren, und wussten auch von ihnen, *dass sie mit Jesus gewesen waren.*« (Apg 4,13)

Sie waren mit Jesus zusammen gewesen. Das kann nichts ersetzen. Es war Jesus selbst, der das beste Muster für Gemeindewandel etabliert hat. Fünf Mal wiederholte er in der Bergpredigt: »Wie ihr wisst, wurde unseren Vorfahren gesagt ...«, gefolgt von: »Doch ich sage euch ...«. Dadurch erinnerte er uns an die alttestamentlichen Gebote, hob ihren Kern hervor und bekräftigte durch eine neue Lehre ihren eigentlichen Zweck.

In den nunmehr über 35 Jahren meines pastoralen Dienstes habe ich meine Arbeitsmethoden auf fast jede erdenkliche Weise geändert von meinem Kleidungsstil bis hin zu meinem Predigtstil und so ziemlich alles dazwischen. Anfangs fiel mir das schwer, aber jetzt macht es mir Spaß. Was mich zu diesen Veränderungen antrieb, war nicht die Absicht, cool oder anders zu sein oder mit der Zeit zu gehen. Vielmehr spiegelte meine äußere Veränderung meinen inneren Wandel wider. Gott arbeitet weiter an mir; ich bin genauso wenig ein fertiges Produkt wie unser Gemeindegebäude oder unsere Programme, und das Gleiche gilt für Sie.

Liebe Pastoren, welche Veränderungen hat Ihre Gemeinde an Ihnen sehen können? Wenn Sie es nicht wissen, ist dies ein guter Anlass, einmal einen genauen und realistischen Blick auf sich selbst zu werfen. Zeigt sich Ihr *inneres* Glaubenswachstum auch durch äußere Veränderungen? Falls nicht, ist es möglich, dass Sie in Wirklichkeit gar nicht wachsen?

Eine innovative Gemeinde ist nur möglich, wenn sie von einem anpassungsfähigen Pastor geleitet wird, einem Pastor, der zu Jesus hinwächst und sich nicht von ihm wegentwickelt.

Fünf Entscheidungshilfen zum Beginn oder zur Beendigung eines Arbeitszweiges

Wäre es nicht großartig, wenn jede Gemeinde und jede Arbeit innerhalb jeder Gemeinde vital und wertvoll wäre und ein echtes Bedürfnis erfüllen würde? Eine hundertprozentige Erfolgsbilanz ist sicher nicht möglich. Sie ist noch nicht einmal wünschenswert, da wir genauso viel durch unsere Misserfolge lernen wie durch unsere Erfolge. Aber es ist immer eine gute Idee, den Trefferdurchschnitt unserer Arbeit zu erhöhen.

Größere Gemeinden haben gewöhnlich Systeme eingerichtet, durch die sie ihre verschiedenen Arbeitszweige bewerten können. Kleine Gemeinden agieren eher aufs Geratewohl. Neue Arbeitszweige werden aus einer Laune oder aus Schuldgefühlen heraus gestartet, während etablierte Arbeiten teilweise noch lange nach ihrem Verfallsdatum auf dem Tisch bleiben. In meinen ersten Dienstjahren begann ich eine ganze Reihe von Arbeitszweigen, die wir auch dann noch aufrechterhielten, wenn sie nicht (oder nicht mehr) funktionierten.

Durch diese Erfahrungen habe ich fünf Leitprinzipien entdeckt, nach denen ich mich jetzt immer richte, wenn es um die Fragen geht, ob ich eine neue Arbeit beginnen oder eine existierende Arbeit beenden soll.

Leidenschaft

Irgendjemand muss von einer Idee begeistert sein, wenn sie eine Chance haben soll, gut zu starten oder gut weiterzulaufen. Wenn Leuten ein Arbeitszweig egal geworden ist, können wir ihn dann überhaupt noch als christlichen Dienst bezeichnen?

Zweckgerichtetheit

Ein Arbeitszweig, der für eine Gemeinde eine gute Idee gewesen ist, muss nicht unbedingt eine gute Idee für eine andere Gemeinde sein, und eine Arbeit, die vor zehn Jahren einen guten Zweck erfüllte, macht heute vielleicht nicht mehr unbedingt Sinn.

Wissen Sie, warum Ihre Gemeinde existiert? Was würde Ihrem Ort fehlen, wenn die Gemeinde nicht mehr da wäre? Wenn Sie das nicht beantworten können, müssen Sie es unbedingt so schnell wie möglich herausfinden und sich dann auf Arbeiten konzentrieren, die diesem Zweck dienen. Auch sollten Sie immer wieder neu bewerten, ob ein Arbeitszweig auch wirklich ein berechtigtes Bedürfnis erfüllt, denn das ist ja der eigentlich Zweck einer Gemeindearbeit.

Partnerschaft

Jesus sandte nie jemanden allein aus. Zweiergruppen waren die kleinste Einheit. Auch Jesus selbst tat seinen ganzen Dienst in Begleitung eines Leitungsteams. Ja, im Gebet verbrachte er Zeit allein mit dem Vater, aber seine Arbeit ging er zusammen mit anderen an.

Wenn ein Arbeitszweig nur von einer Person geleitet wird, dann ist das die sicherste Methode, den Leiter in den Burn-out zu treiben und die Arbeit scheitern zu lassen. In unserer Gemeinde darf niemand einen Arbeitszweig beginnen, solange er nicht noch mindestens einen weiteren Leiter findet. Zweierteams sind das Minimum. Gelegentlich haben Leute auf diese Anforderung gereizt reagiert, besonders wenn sie eine starke Leidenschaft für eine Arbeit hatten. Doch wenn es noch nicht einmal einen einzigen weiteren Menschen gibt, der die Arbeit mitleiten will, wie wahrscheinlich ist es dann, dass sie Erfolg haben wird oder dass überhaupt Bedarf für sie besteht?

Planung

»Legen wir los!« ist kein Plan. Bevor mit einem Arbeitszweig begonnen wird, muss es einen Leitfaden geben. Wir müssen uns vorher im Klaren darüber sein, welches Ziel wir haben und wie wir es zu erreichen gedenken. Sicher, dieser Plan ist Veränderungen unterworfen, besonders bei einer brandneuen Arbeit. Aber wenn es eine gute Idee oder ein Programm gibt, das sich anderswo bereits bewährt hat, können wir es auf unsere Situation anpassen. Wir müssen das Rad nicht jedes Mal neu erfinden.

Stellen Sie sich zwei Fragebereichen und entwickeln Sie mithilfe der Antworten Ihren Plan:

Fragebereich Nr. 1: Was wollen wir erreichen? Woran bemessen wir den Erfolg des Arbeitszweiges? Woher wissen wir, ob wir Erfolg gehabt haben oder nicht?

Fragebereich Nr. 2: Wie soll das Ende der Arbeit aussehen? Woher wissen wir, wann die Arbeit entweder versagt hat oder einfach nach einem guten Verlauf beendet werden kann?

Das Ende kann durch ein bestimmtes Datum oder ein bezifferbares Ziel festgelegt werden, das erreicht oder aufrechterhalten werden muss. Manchmal kann das Ende eines Arbeitszweiges auch darin bestehen, ein Bedürfnis so gut erfüllt zu haben, dass die Arbeit nicht mehr nötig ist. Sich über diese Fragen schon im Voraus Gedanken zu machen, ist eine vorbeugende Maßnahme. Sie sorgt dafür, dass eine Arbeit, die eigentlich das Ende ihrer Lebensdauer erreicht hat, nicht einfach immer weiter fortgeführt wird.

Gebet

Wenn es ums Beten geht, neigen wir zu zwei Extremen, und beide sind Fehler:

> **Fehler Nr. 1:** Wir vergessen es gänzlich oder hängen es nachträglich noch an. Gebet aber muss mehr sein als bloß ein zeremonieller Teil des Prozesses, einen neuen Arbeitszweig zu etablieren.
>
> **Fehler Nr. 2:** Wir meinen: »Gott hat mir das gesagt«, obwohl er es in Wirklichkeit gar nicht gesagt hat.

Ja, wenn Gott uns wirklich etwas aufträgt, dann sollten wir uns danach richten, komme, was wolle. Aber: Woher wissen wir, ob uns etwas wirklich von Gott aufgetragen wurde oder ob es bloß ein starker Wunsch oder ein starkes Gefühl unsererseits ist? Meiner Erfahrung nach funktioniert Gebet am besten, wenn es mit den anderen vier Prinzipien zusammenwirkt. Leidenschaft, Zweckgerichtetheit, Partnerschaft und Planung sind Schutzplanken, die uns davor bewahren, in extreme Emotionen abzugleiten, die sich als Stimme Gottes ausgeben.

Abwägen, ausrüsten und ermutigen

Es ist so gut wie nie vorgekommen, dass mir Arbeitsinitiativen vorgelegt wurden, die bereits von allen fünf Leitprinzipien getragen werden. Gewöhnlich bringt jemand eine Idee vor, von der er begeistert ist, und er hat einen unausgereiften Plan, wie sich diese Idee vielleicht verwirklichen ließe, aber wenig mehr. In vielen Gemeinden bedeutet das leider, dass die Idee von Anfang an keine Chance hat. Wenn es um Initiativen geht, sind wir als Pastoren oft so sehr darum besorgt, wie wir mit eher starrsinnigen oder überängstlichen Gemeindemitgliedern umgehen sollen, dass wir die Menschen auf der anderen Seite des Balanceakts übersehen, nämlich die Innovatoren und Träumer.

Pastoren sollten sich alle Mühe geben, leidenschaftliche Gemeindeglieder zu fördern. In jeder Gemeinde gibt es Leute, die neue, frische Ideen haben. Sie kommen bei sich zu Hause und bei der Arbeit zum Einsatz. Häufig können sie ihre Ideen jedoch nicht auch in der Gemeinde einbringen, weil wir sie schon abbremsen, bevor sie überhaupt in Fahrt kommen können.

Neue Ideen brauchen Freiraum, und sie brauchen einen Fürsprecher. Besonders in einer kleinen Gemeinde fällt die Rolle des Fürsprechers gewöhnlich dem Pastor zu. Neue Ideen zu fördern, heißt natürlich nicht, dass wir einem unausgereiften Plan grünes Licht erteilen. Aber es heißt schon, eine Atmosphäre zu schaffen, in der innovative Menschen Gehör finden können. Das kombiniere man noch mit einem reifen Leiter, der eine grobe Idee verfeinern kann, dann bringt man etwas in Bewegung.

Ich selbst bin nicht der große Ideenerzeuger in unserer Gemeinde; das muss ich auch gar nicht sein. Wir haben eine Atmosphäre geschaffen, in der neue Ideen gehört und respektiert werden und in der noch nicht ganz klare Vorstellungen geklärt werden. Eine experimentierfreudige Atmosphäre, in der wir Erfolge feiern und Misserfolge als guten Lernanlass betrachten.

Passt eine Idee zu unserer Gemeindeausrichtung, ist es meine Aufgabe als Pastor, die Gemeinde entsprechend auszurüsten und zu ermutigen. Deshalb setze ich mich mit dem potenziellen Leiter zusammen und wir gehen gemeinsam die fünf Entscheidungsprinzipien durch. Wir beurteilen, welche der fünf bereits erfüllt sind und an welchen wir noch arbeiten müssen.

Ich frage nach: »Brauchst du einen Partner, der das zusammen mit dir leiten kann?« Oft mache ich dann einen Vorschlag, wer als Co-Leiter infrage käme.

»Braucht die Idee einen konkreteren Plan? Lasst uns ein paar Recherchen anstellen, ob es schon gute Programme gibt, und dann einen Plan erstellen.«

So eine Vorgehensweise mag mehr Zeit erfordern, als Sie gewöhnt sind, aber meiner Erfahrung nach ist es am besten, diese fünf Prinzipien schon im Vorfeld festzulegen, dann haben eine tolle Idee für einen neuen Arbeitszweig und tolle Mitarbeiter, die sie umsetzen wollen, die besten Voraussetzungen.

Eine zeitliche Begrenzung für neue Arbeitsinitiativen festlegen

Was geschieht, wenn eine neue Arbeit nicht den erhofften Erfolg erzielt? Können wir dem Schmerz des Misserfolges vorbeugen? Ein solches Vorbeugen könnte uns den Mut geben, häufiger Innovationen zu wagen. Am besten geht das, indem man die Initiative zunächst zeitlich begrenzt.

Ich nenne Ihnen ein Beispiel, wie das außerhalb der Gemeindewelt vonstattengeht:

Meine Frau und ich haben drei Kinder, die uns viel Freude bereiten.

Alle drei haben schon für Firmen gearbeitet, bei denen sie als befristete Beschäftigte anfingen, bevor ihnen eine Festanstellung angeboten wurde. Das handhaben inzwischen viele Arbeitgeber so, weil die Firma dadurch potenzielle Festangestellte risikolos testen kann. Funktioniert es mit einem befristet Beschäftigten nicht so gut, muss er nicht gefeuert werden; man muss die Frist nur ablaufen lassen. Funktioniert es mit ihm hingegen gut, kann die Firma die Frist verlängern und ihn schließlich fest anstellen.

Das ist auch für Gemeinden eine gute Methode, mit neuen Arbeitszweigen oder Programmen zu beginnen: sie zunächst befristet auszuführen. Funktioniert es nicht so gut, kann die Initiative ihren Lauf nehmen und zum festgesetzten Termin wie geplant beendet werden. Funktioniert sie hingegen gut, kann die Frist verlängert werden. Ein gut funktionierendes Experiment zu verlängern, ist leichter, als ein festes Programm, das nicht zum gewünschten Erfolg führt, abzuschaffen.

Statt neue Ideen mit der Ankündigung zu starten: »Von nun an machen wir das so und so«, sagen Sie den Leuten lieber: »Hey, wir haben hier eine interessante neue Idee, die wir mal bis zum Ende des Sommers ausprobieren wollen« – oder während der nächsten zehn Wochen. Dann, wenn der Sommer oder die zehn Wochen vorbei sind und es nicht so gut geklappt hat wie geplant, kommt die Sache zu einem Ende wie angekündigt. Kein Versagen, kein Problem. Klappt es hingegen gut, können Sie die Probezeit bis Weihnachten oder auf weitere zehn Wochen verlängern. Läuft es dann immer noch gut, haben Sie einen erfolgreichen neuen Arbeitszweig ins Leben gerufen.

Menschen sind eher bereit, eine neue Idee auszuprobieren, wenn sie zeitlich begrenzt ist. Und Sie müssen auch nicht groß für die Idee werben; gute Ideen werben für sich selbst, und schlechte erledigen sich von selbst. Ein zusätzlicher Pluspunkt einer zeitlichen Begrenzung ist es, dass Sie während der Probezeit Feedback von der Gemeinde bekommen statt vorher Einwände gegen die Änderung und hinterher, wenn sie nicht erfolgreich war, den Vorwurf »Das habe ich doch gleich gesagt!«. Selbst wenn eine Idee als Ganzes nicht funktioniert, kann sie fruchtbare Aspekte haben, die man für andere Arbeitszweige übernehmen kann. Indem man mehrere Ideen in der Praxis testet, kann man die besten Ideen miteinander kombinieren und somit etwas Neues schaffen.

Wenn Sie neue Arbeitszweige zunächst zeitlich begrenzen, schaffen Sie ein Umfeld der Kreativität und Innovation. Menschen müssen keine Angst mehr vor dem Versagen haben und fühlen sich deshalb freier, neue Ideen vorzubringen, die man mit geringerem Risiko und auch geringeren Kosten durchführen kann.

Für ein befristetes Experiment muss man nicht erst das Budget ändern. Stattdessen kann man warten, ob die Sache Fuß fasst, dann kann man auch leichter das nötige Geld aufbringen, weil die Leute sich bereits in die Sache investieren.

Das ist auch ein guter Weg, mehr freiwillige Mitarbeiter zu finden. Menschen sind eher zur Mithilfe bereit, wenn sie vorher wissen, für wie lange sie sich verpflichten. Und wenn es gut funktioniert, ist es wahrscheinlicher, dass sie mit dabeibleiben. Das gilt besonders für neue Gemeindemitglieder. Neuen Mitgliedern fällt es oft schwer, sich in einer kleinen Gemeinde, die eine lange Geschichte hat, einzubringen, weil sie sich wie Nichtverwandte bei einem Verwandtschaftstreffen vorkommen. Indem wir neue Ideen ausprobieren, bieten wir Neuankömmlingen Gelegenheiten, gleich zu Anfang einzusteigen, bedeutende Beiträge zu leisten und sich nicht mehr wie Außenseiter zu fühlen.

Außerdem schafft eine solche Experimentierfreudigkeit mehr Anpassungsfähigkeit. Die Gemeinde kann sich besser auf die Veränderungen in der Kultur, der Umgebung und der Gemeindezusammensetzung einstellen. Darüber hinaus gehen Menschen eher zeitlich begrenzte als zeitlich unbegrenzte Verpflichtungen ein.

Es ist auch ein guter Weg, einer verschlossenen Gemeinde zu mehr Offenheit zu verhelfen. Wenn die Gemeinde mehrfach miterlebt, wie neue Ideen eine Zeit lang ausprobiert und dann zur festgelegten Frist wieder beendet werden, entsteht ein Umfeld, in der es auch leichter wird, langjährige Arbeiten zu beenden, die schon lange ihr Verfallsdatum erreicht haben. Und es entlastet die Gemeindeleitung, weil sie nicht mehr dem Druck ausgesetzt ist, perfekte Entscheidungen treffen zu müssen.

Zu guter Letzt: Falls Sie besorgt sind, dass solche befristeten Initiativen ihre Gemeindeglieder dazu verleiten können, auch Glaubensgrundsätze als zeitlich begrenzt und überholt anzusehen – das Gegenteil trifft zu. Wo die biblischen Prinzipien dauerhaft sind, die Ideen und Programme der Gemeinde und ihrer Leiter hingegen wechseln, bekräftigt es unsere eigentlichen Werte.

KAPITEL 12

EIN NEUER BLICK AUF VISIONSFINDUNG IN KLEINEN GEMEINDEN

»Man kann keine starke Gemeinde ohne eine starke Vision haben.«

Das wurde mir gesagt.

»Man kann keine starke Vision haben, ohne dass der Pastor eine klare Vision für die Gemeinde findet und sie dann dem Leitungsteam und den Gemeindemitgliedern vermittelt.«

Auch das wurde mir gesagt.

Also habe ich versucht, das zu tun, was mir gesagt wurde. Jahrelang betete ich und arbeitete an einer Vision. Ich forschte in der Bibel und versuchte auf jede erdenkliche Weise, von Gott zu hören. Ich bettelte ihn förmlich an, mir eine Vision zu geben, die unsere Gemeinde in neue Weiten glorreicher Gemeindearbeiten führen würde. Aber irgendwie hat es nie so richtig gezündet. Einige Male dachte ich, es würde zünden. Ich bekam eine neue Idee und legte sie mit großer Leidenschaft verheißungsvoll der Gemeinde vor, aber niemand sprang darauf an.

Es ist nicht so, dass meiner Gemeinde nur Menschen angehören, die Entscheidungen immer verschleppen und Visionen grundsätzlich im Keim ersticken. Ganz im Gegenteil. Ich kenne keine Gemeinde, deren Mitglieder fürsorglicher, leidenschaftlicher, energiereicher und missionsorientierter sind als die in unserer Gemeinde, der ich nun seit 25 Jahren als Pastor dienen darf. Trotzdem konnte ich unsere Gemeindeglieder nicht von der Vision überzeugen, die Gott mir meiner Meinung nach gegeben hatte. Warum nicht?

Weil es nicht Gott war, der sie mir gegeben hatte. Ich selbst hatte sie mir aus den Fingern gesaugt.

Das hatte ich natürlich nicht beabsichtigt, aber ich hatte mit aller Macht versucht, eine Vision zu entwickeln, weil es mir so eingeschärft worden war.

Seit jenen frühen Fehlstarts habe ich ein paar Dinge über mich selbst, unsere Gemeinde und Gottes Wege gelernt. Heute weiß ich besser, wie Gott unsere Gemeinde gebrauchen möchte, um seine Pläne zu erfüllen. Wie sich herausstellt, ist nicht jeder Pastor dazu berufen, seiner Gemeinde eine große, klare Vision vor Augen zu stellen.

Wissen Sie nicht, was Sie tun sollen? Tun Sie, was Sie können!

Was soll ein Pastor tun, der – wie ich früher – verzweifelt versucht, eine Vision von Gott zu bekommen und zu vermitteln, aber immer wieder scheitert? Wie soll eine Gemeinde funktionieren, die sich nicht in ein großes Schema fügen kann, das ihr vorgezeichnet wird?

Wie wäre es mit Folgendem? Widmen Sie sich dem, wozu Pastoren berufen sind, zusammen mit den Aposteln, Propheten, Evangelisten und Lehrern. Ihre Berufung ist, die Gemeindemitglieder für ihren Dienst auszurüsten (siehe Epheser 4,11-12). Predigen Sie, lehren Sie und leben Sie so, als sei das Priestertum aller Gläubigen eine Wirklichkeit, denn es ist eine Wirklichkeit.

Tausenden von Pastoren, mich mit eingeschlossen, ist eingeredet worden, dass ohne eine große, klare, vom Pastoren vorgezeichnete Vision in der Gemeinde nichts läuft. Diese Lehre beruht auf einer unvollständigen und fehlerhaften Auslegung von Sprüche 29,18: »Wo keine Offenbarung ist, wird das Volk wild und wüst.« Aber es steckt eine tiefere Wahrheit dahinter, eine Vision für die Gemeinde zu haben, der man als Pastor dient.

Uns ist bereits die größte, gewagteste Vision von allen gegeben worden, eine Vision, die von Gott inspiriert ist, und zwar das Liebesgebot und der Missionsbefehl. Sie wurde nicht von einem charismatischen Pastor oder durch ein Marketingteam ausgeheckt. Sie tut schon seit zweitausend Jahren ihre Dienste, und das immer besser.

Es ist also völlig in Ordnung, wenn Ihre Gemeinde keine andere

Vision hat, als das Liebesgebot und den Missionsbefehl zu erfüllen.

Als Pastor muss ich nicht unbedingt eine große Vision vorzeichnen. Diese Erkenntnis hat mich stark entlastet und mich befreit, die tiefe Freude zu entdecken, die darin liegt, ein Pastor zu sein, der andere dazu ausrüstet, Gottes Berufung für ihr Leben zu finden und zu erfüllen, ein Pastor, der diese Menschen zusammenbringt, um gemeinsam ein Segen zu sein.

Es ist völlig in Ordnung, wenn Ihre Gemeinde keine andere Vision hat, als das Liebesgebot und den Missionsbefehl zu erfüllen.

Die Berufung eines Pastors darf gerne darin liegen, anderen zu helfen, ihre Berufung zu erfüllen. Wenn diese scheinbar zusammenhanglosen Visionen auf eine neue, von Gott gefügte Weise zusammenkommen, die ich mir nie hätte vorstellen können, dann weiß ich, dass Gott die Leitung hat und nicht ich. Würde Pastoren die Last genommen werden, eine einzigartige Vision für ihre Gemeinde zu finden, aufzuzeigen und zu fördern, könnten sie in der Rolle des Zurüstenden aufblühen, die Gott ihnen eigentlich angedacht hat. Das ist möglich.

In meiner Gemeinde praktizieren wir das jetzt seit fast einem Jahrzehnt, und es hat unser Gemeindeleben auf den Kopf gestellt. Das Leitungsteam und ich nehmen unsere Führungsrolle zwar ernst, aber statt damit belastet zu sein, eine Vision zu entdecken und an den Mann und die Frau bringen zu müssen, haben wir ein Umfeld geschaffen, wo kreative Menschen sich einbringen und zusammenarbeiten können. Ein Umfeld, in dem Menschen erleben können, wie neue Ideen unter der Führung von Jesus Frucht bringen.

Wie sich die Visionsfindung zu Pfingsten änderte

Gewöhnlich wird Visionsfindung in der Gemeinde folgendermaßen gelehrt und praktiziert: Der Pastor bekommt durch Gebet, Bibellese und die neuste Gemeindeleitungskonferenz eine Vision für seine Gemeinde. Oft ist diese an bezifferbare Ziele geknüpft: »Zehn neue Hausgruppen starten« oder »Dieses Jahr doppelt so viele Menschen zu Jesus führen wie im letzten Jahr«. Danach ...

... zeichnet der Pastor durch seine Predigt die Vision vor.

... stellen sich die Gemeindeleitung und -mitglieder hinter diese Vision.

... wird die Vision regelmäßig unterstützt, gepredigt und wiederholt.

Doch diese Vorgehensweise finde ich nicht im Neuen Testament. Sicher, ich könnte vielleicht einige Belegtexte aus der Bibel zusammensuchen, die diesen Eindruck erwecken. Aber wenn ich das Neue Testament mit frischen Augen lese, statt nach Bestätigung meiner vorgefassten Meinung zum Thema Gemeindeleitung zu suchen, ergibt sich für mich nicht das oben skizzierte Bild von Leitung und Visionsfindung.

Zu Pfingsten wurden all die vorgefassten Meinungen über Gott, über sein Volk und darüber, wie er zu seinem Volk spricht und Leiter beruft, auf den Kopf gestellt.

Das Folgende ist mein Versuch zu veranschaulichen, was passierte, als der Heilige Geist am Pfingsttag auf die Jünger herabkam.

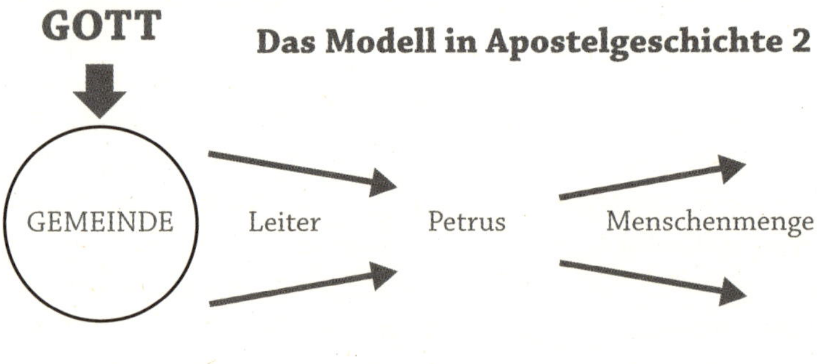

In Apostelgeschichte 2 lesen wir, wie der Heilige Geist auf die versammelten Jünger fiel. Das war die Geburtsstunde der Gemeinde. In jedem Gemeindemitglied lebte fortan die dritte Person der Dreieinigkeit. Dadurch wurden sie sein Leib, eine Familie, ein königliches Priestertum und noch so vieles mehr.

Bis ich mir diese Bibelpassage vor einigen Jahren näher ansah, hätte ich sie so nacherzählt, dass Petrus als Nächstes aufstand und sich an die versammelte Menschenmenge wandte, der er die erste Predigt hielt und vor der er zum ersten Mal zur Bekehrung zu Jesus aufrief. Doch Lukas' Bericht deutet darauf hin, dass es noch einen Schritt zwischen dem Kommen des Heiligen Geistes und der Predigt von Petrus gab.

In Apostelgeschichte 2,14 lesen wir: »Da erhob sich Petrus *mit den anderen elf Aposteln* und rief der Menge zu ...« Mit anderen Worten, Petrus sprang (ausnahmsweise mal) nicht einfach auf und plapperte drauflos. Vom Heiligen Geist erfüllt und inspiriert, stand Petrus *zusammen mit den anderen elf Aposteln auf* und sprach dann zur Menge. Das heißt, bevor Petrus das Wort führte, wurden die Leitungsrollen in der Gemeinde geregelt.

Wie sah das aus? Wurde mit zusammengesteckten Köpfen diskutiert, was als Nächstes geschehen sollte? Sahen die anderen etwas in Petrus, was sie alle veranlasste zu sagen: »Nur los, Petrus! Wir stehen hinter dir«? Wir wissen es nicht. Aber wie genau es auch geschah, Apostelgeschichte 2,14 sagt uns, dass Gott selbst in dem göttlich geordneten Tumult des Pfingsttages die Gemeindeleiter auf eine Weise gebrauchte, die anderen auffiel und die später für uns schriftlich festgehalten wurde.

Dieses Beispiel zeigt, dass der Heilige Geist nicht nur zu einer einzigen Person sprach, sondern zur gesamten Gemeindeversammlung. Dann, nachdem die Leitungsfrage auf eine bestimmte Art und Weise geklärt war, stand Petrus als Wortführer auf, um zur Menschenmenge zu sprechen, die staunend zusah.

Man sollte sich unbedingt bewusst machen, wie die Leitung an jenem Tag vonstattenging. Zu Pfingsten kam das Wort Gottes durch die Leiter und ihren Sprecher nicht *für* Gottes Volk, sondern *von* Gottes Volk.

Das ist eine bedeutende Verlagerung.

Allzu oft wird uns gelehrt, dass Visionsfindung in der Gemeinde eher wie in dem folgenden Schaubild aussieht:

Das alttestamentliche /prophetische Modell

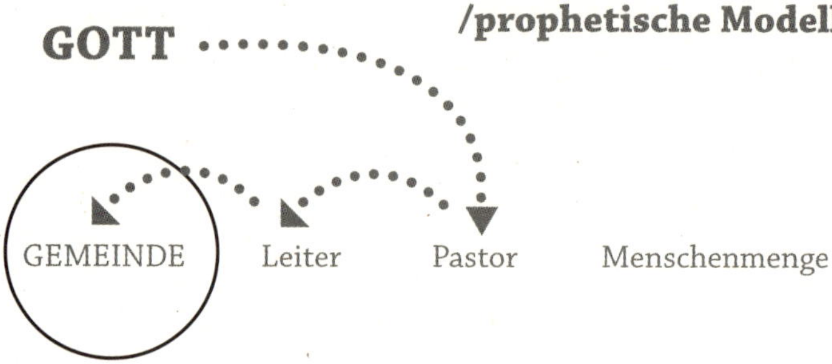

In diesem Schaubild gibt Gott die Vision dem Pastor, der daraufhin die anderen Gemeindeleiter (Mitarbeiter, Älteste/Diakone, Leiter von Arbeitsbereichen und so weiter) mit an Bord holt. Diesen wiederum wird die wenig beneidenswerte Aufgabe gegeben, den Rest der Gemeinde von der Vision zu überzeugen, die Gott dem Pastor gegeben hat.

Dieses Modell hat viele Nachteile, angefangen damit, dass es im Neuen Testament nicht zu finden ist. Außerdem wird eine wichtige Gruppe ausgelassen. Gerade die Außenstehenden, die wir eigentlich erreichen sollen, werden außen vor gelassen, weil wir so viel Zeit damit verbringen, in unseren Gemeinden Visionsfindung zu betreiben und Gemeindemitglieder zu drängen, sich der Vision anzuschließen.

Dieses Modell funktioniert in kleinen Gemeinden deshalb nicht, weil es nicht damit zusammenpasst, wie die meisten Gemeinden von Gott hören, wie der Austausch untereinander stattfindet und wie Außenstehende erreicht werden.

Genauer gesagt fallen mir nur vier Fälle ein, bei denen das alttestamentliche/prophetische Modell in heutigen Gemeinden seine Berechtigung hat:

1. wenn eine Gemeinde in einer Krise steckt
2. wenn eine Gemeinde Schuld auf sich geladen hat
3. wenn eine Gemeinde in eine ganz neue, andere Phase übergeht
4. wenn eine Gemeinde so groß ist, dass es einer schriftlichen Umfrage bedarf, um Input von den Gemeindemitgliedern zu bekommen

In allen anderen Fällen kann und sollte eine gesunde Gemeinde offen dafür sein, Gottes Stimme durch die unterschiedlichen Mitglieder zu hören. Wenn wir die Priesterschaft aller Gläubigen ernst nehmen, dann ist eine gesunde kleine Gemeinde der ideale Ort, um diese Priesterschaft einzuüben.

Wenn wir die Priesterschaft aller Gläubigen ernst nehmen, dann ist eine gesunde kleine Gemeinde der ideale Ort, um diese Priesterschaft einzuüben.

Das alttestamentliche Modell

Leider neigen Menschen eher dazu, wieder auf altbekannte Wege zurückzukehren, statt sich an die neuen Wege zu halten, auf denen Gott uns führen möchte. Trotz des neuen Modells zu Pfingsten, trotz dieser wunderbaren neuen Möglichkeit, von Gott zu hören, die Gemeinde zu leiten und Außenstehende zu erreichen, gibt es weiterhin zahlreiche Lehren über Visionsfindung und Leitung, die dem Alten Testament viel näher sind als dem Neuen.

Das folgende Schaubild zeigt die Ähnlichkeiten zwischen dem alttestamentlichen und dem typischen heutigen Visionsfindungsmodell:

Das alttestamentliche/ prophetische Modell	**Heutiges Visionsfindungsmodell**
GOTT	**GOTT**
↓	↓
Prophet	**Pastor**
↓	↓
Priester	**Leitungsteam**
↓	↓
Volk	**Gemeindemitglieder**

Links sehen wir das Modell der alttestamentlichen Propheten. Hier spricht Gott durch einen Propheten wie Mose, Elia oder Micha, gewöhnlich an die Priester gewandt.

Zu der Zeit von Mose wurde die prophetische Botschaft durch Aaron und die Leviten ans Volk weitergegeben. Zu anderen Zeiten wies Gott die Priester durch die Propheten zurecht, weil sie Gottes Volk in die Irre geführt hatten. Es kam häufig vor, von Samuels Söhnen angefangen bis hin zu den Propheten vor der babylonischen Gefangenschaft, dass Gott die Priesterschaft inständig bat, das Volk nicht zu verleiten. Er forderte sie auf, mit ihm ins Reine zu kommen und dann das Volk wieder zu ihm zurückzuführen.

Dieses alttestamentliche »hierarchische« Modell der Propheten änderte sich am Pfingsttag. Immer wieder sehen wir, wie die neutestamentlichen Gläubigen sich versammeln, um gemeinsam von Gott zu hören und dann ein Team zu ernennen, das sich einer bestimmten Aufgabe widmen soll mit einer Person als Hauptleiter des Teams. Der offenkundigste Fall befindet sich in Apostelgeschichte 6, wo die sieben Diakone ernannt werden. Die zwölf Apostel bitten die Gemeinde, nach sieben Männern mit gutem Ruf zu suchen, »die ihr Leben ganz vom Heiligen Geist bestimmen lassen und sich durch ihre Weisheit auszeichnen.« (V. 3)

Wenn wir von Visionsfindung sprechen, benutzen wir tendenziell eher alttestamentliche Bilder und Geschichten: Mose, der allein auf den Berg geht und wieder herunterkommt; Hesekiel im Tal der ausgetrockneten Knochen; oder Elia und das leise Säuseln Gottes. Natürlich darf man auch gerne aus dem Alten Testament predigen, aber es bietet nicht das beste Modell dafür, wie Christen Richtungsweisungen von Gott erhalten. Der Pfingsttag änderte das »hierarchische« Modell. Einzelgängerische Propheten sind nicht Gottes bevorzugtes Kommunikationsmittel für seine Gemeinde.

In Apostelgeschichte 2 hört Petrus nicht ganz allein von Gott und präsentiert den anderen Jüngern dann seine Vision. Nein, das ist nicht das Bild, das vermittelt wird. Vielmehr kommt der Heilige Geist auf die gesamte Gemeinde herab und Petrus wird zum Wortführer, um den Außenstehenden zu erklären, was die gesamte Gemeinde erlebt hat.

Was ist an einer »Top-Down«-Visionsfindung auszusetzen?

Im Kern kommt jede Vision »von oben nach unten« herab, nämlich von Gott zu uns. Gerade deshalb muss eine gesunde kleine Gemeinde nicht von einem einzigen Leiter abhängig sein, der von Gott hört und seinen Willen ausführt, denn *wir alle* können Gottes Willen lesen und erkennen. Dennoch beharren viele Gemeinden darauf, das Visionen vom Leiter vorgezeichnet werden sollen, obwohl es oft Probleme mit sich bringt.

Erstes, wie schon erwähnt, entspricht es eher dem Alten als dem Neuen Testament.

Zweitens sind selbst die am häufigsten zitierten alttestamentlichen Bibelstellen bestenfalls zweideutig, schlimmstenfalls werden sie falsch ausgelegt. Dies sind die beiden Stellen, auf die wir tendenziell zurückgreifen, um eine »Top-Down«-Visionsfindung zu rechtfertigen:

1. »Wo keine Offenbarung ist, wird das Volk wild und wüst« (Sprüche 29,18).
2. »Was ich dir in dieser Vision sage, das schreibe in deutlicher Schrift auf Tafeln nieder! Jeder, der vorübergeht, soll es lesen können« (Habakuk 2,2).

Der erste Vers wird fast immer aus dem Zusammenhang gerissen. Das obige Zitat ist noch nicht einmal der ganze Vers! Der vollständige Vers besagt: »Wo keine Offenbarung ist, wird das Volk wild und wüst; aber wohl dem, der auf das Gesetz achtet!« Außerdem wird selbst in der Elberfelder Bibel das Wort »Vision« nur als alternative Übersetzungsmöglichkeit angegeben. Die meisten Bibelübersetzungen sprechen hier überhaupt nicht von Vision.

Wenn wir Bibelübersetzungen vergleichen und die zweite Hälfte des Verses mit einschließen (das absolute Minimum ernst zu nehmender Bibelauslegung), wird klar, dass es hier um die Befolgung von Gottes Gesetz geht, nicht darum, dass ein Leiter eine Vision vorgibt. Und der Vers in Habakuk besagt höchstens, dass es wichtig ist, Dinge aufzuschreiben, wenn man eine Botschaft kommunizieren will. Er hat wenig – wenn überhaupt etwas – damit zu tun, dass ein Pastor seiner Gemeinde eine Vision vorgeben soll. Die Auslegung dieser beiden Bibelverse bildet eine ziemlich schwache Grundlage für etwas, was doch – so wird uns gesagt – die Grundlage für alle Gemeindeaktionen bilden soll.

Ein gründlich recherchierter Artikel des kanadischen Pastors und Autors Tim Challies behandelt den Vers aus Sprüche 29. Er schreibt: »Der Sinn des Textes und die Wortwahl stellen klar, dass dieser Vers nichts darüber aussagt, ob es wichtig ist, dass eine Gemeinde von einer Vision beziehungsweise einem Visionär geleitet wird.«[32]

Eine »Top-Down«-Visionsfindung belastet den Gemeindeleiter unnötig. Sie lädt ihm mehr Verantwortung und Autorität auf, als er eigentlich tragen sollte. Wie wir gesehen haben, war Petrus nicht der einzige Empfänger, Ausleger oder Kommunikator der Vision in Apostelgeschichte 2. Er sprach im Dabeisein der anderen elf Apostel (siehe Vers 14), basierend auf der Offenbarung des Heiligen Geistes, die die gesamte Gemeinde zusammen empfing.

Der Apostel Paulus schreibt, dass die Berufung eines Pastors (wie auch eines Apostels, Propheten, Evangelisten und Lehrers) darin besteht, die Christen für ihren Dienst auszurüsten, »damit die Gemeinde, der Leib von Christus, aufgebaut und vollendet wird« (Epheser 4,12). Das ist eine Bibelstelle, die weder zweideutig noch aus dem Zusammenhang gerissen ist.

Wie viele Pastoren sind gestresst und ausgebrannt, weil sie eine Last tragen, die sie nie hätten allein tragen sollen? Mehr noch, wenn ein Pastor die ganze Last und Autorität einer Vision allein trägt, berauben wir die Gemeinde ihres Beitrags. Eine »Top-Down«-Gemeindevision schließt nicht die Träume, Visionen und Berufungen der einzelnen Gemeindemitglieder mit ein. Ein Leiter sollte Menschen nicht dazu bringen, seine Bedürfnisse zu erfüllen; ein Leiter sollte sich stattdessen um die Bedürfnisse der ihm anvertrauten Menschen kümmern.

Wenn ich beispielsweise auf eine Gemeindeleitungskonferenz gehe, dann nicht deshalb, damit ich die Vision des Leiters herausfinden und ihm helfen kann, sie zu erfüllen. Ich gehe dort hin, um Werkzeuge an die Hand zu bekommen, mit denen ich den von Gott gegebenen Auftrag für mein Leben und meine Arbeit erfüllen kann. Ich glaube, viele

Menschen würden zu unseren Gemeinden kommen, wenn sie bei uns diese Hilfe für ihr Leben erhielten.

Das mag einer der Hauptgründe dafür sein, warum New-Age-Gedanken und »Finde deine innere Vision«-Bücher auch von christlichen Lesern verschlungen werden. Sie wollen wissen, wie sie ihre gottgegebenen Träume und Visionen ausprobieren können. Apostelgeschichte 2,17 spricht von den Visionen junger Menschen, die aber leider in unseren Gemeinden selten gefördert werden. Gewöhnlich hören sie dort nur: »Du bist hier, um mir, dem Pastor, zu helfen, meine Vision für diese Gruppe zu erfüllen.« Entsprechend ordnen sie sich entweder der Linie unter und geben ihre eigene Berufung auf oder sie suchen außerhalb der Gemeinde nach Orientierung und bekommen unbiblische Ratschläge, wie sie ihre Träume erfüllen können.

Die Realität ist: Wenn wir als Gemeindeleiter unsere Rolle darin sehen, anderen Menschen dabei zu helfen, Gottes Visionen und Ziele für ihr Leben zu entdecken und zu erfüllen, dann setzen sie ihr Leben auch für uns ein, wenn wir ihre Hilfe brauchen. Kleine Gemeinden sind besonders gut dafür geeignet. Eine Gemeinschaft, die erleben will, wie Gott die Visionen der verschiedenen Mitglieder auf eine Weise miteinander verbindet, wie nur er es vermag, muss klein genug sein, und der Pastor muss flexibel genug sein.

Die Gläubigen, die am Pfingsttag zusammen waren, hatten wahrscheinlich eher die Größe einer kleinen Gemeinde als einer großen. Doch als sie auf den Heiligen Geist hörten, erhielten sie eine wahrhaft riesige Auswirkung, sodass an einem einzigen Tag mehr als dreitausend Menschen gerettet wurden.

Solche Entwicklungen ergeben sich aus einem Zusammenspiel zwischen Gott, den Leitern und der Gemeinde. Dieses Zusammenwirken wird besonders deutlich, wenn man einmal das Visionsfindungsmodell von Jesus beleuchtet.

Das Modell von Jesus: gemeinschaftliche Leitung

Das Modell für Menschenführung, das Jesus vorlebte, war schockierend gemeinschaftlich. Genau genommen könnte man leicht argumentieren, dass sich die gesamte Arbeit von Jesus um Teamaufbau drehte. Von der Auswahl der zwölf über die Aussendung der 72, den »Geht und tut«-Aufrufen in seinen Lehren, bis hin zu seiner Anordnung, auf das Kommen des Heiligen Geistes zu warten – alles, was Jesus tat, war gemeinschaftlich orientiert. Seine Jünger sollten zusammenarbeiten, um gemeinsam die Welt zu verändern.

Selbst wenn der Apostel Paulus seinen Griffel anspitzte und seine scharfsinnigen Worte aufschrieb, um den verschiedenen Gemeinden Richtlinien für ein gottgefälliges Leben an die Hand zu geben, tat er das fast immer in Teamarbeit mit anderen. Solange er nicht gerade mitten in der Nacht durch ein Loch in der Mauer aus der Stadt fliehen musste, tat Paulus nichts allein. Normalerweise reiste, diente und schrieb er sogar seine Briefe immer zusammen mit anderen.

Trotzdem wird uns beigebracht, in einer gesunden Gemeinde müsse die Vision von oben vorgegeben werden. Das ist oft sehr frustrierend für Pastoren kleiner Gemeinden. Schlagworte wie: »Wenn es nicht unmöglich ist, kommt es nicht von Gott«, »Füge deinem Zahlenziel noch eine Null hinzu« oder »Deine Vision entspricht nicht Gottes Vorstellungen, wenn sie dir keine Angst einjagt«, sollen uns ermutigen und inspirieren. Doch viele Pastoren werden dadurch nur noch mehr entmutigt. Wir fühlen uns wie Versager, wenn eine große Vision, die angeblich »Gottes Vorstellungen« entsprach, verpufft – wieder einmal.

Wir mögen noch so sehr beten, noch so hart arbeiten, noch so beflissen forschen und uns den Erfolg noch so sehr herbeisehnen – viele Pastoren erleben nie den »Aha-Moment«, der uns doch garantiert wurde, wenn wir Gott nur intensiv genug um eine Vision bitten, die allein er erfüllen kann. Nein, ein solches Denken ist für die Gesundheit einer Gemeinde und die pastorale Arbeit nicht hilfreich.

Wie kann man als Pastor nun eine Version des Modells umsetzen, das wir in Apostelgeschichte 2 finden? Wie kann die eigene Gemeinde als Ganzes von Gott hören?

Vielleicht regen sich bei Ihnen nun Bedenken, denn es könnte doch sein, dass eine solche Vorgehensweise denen in ihrer Gemeinde eine zu laute Stimme verleiht, die zu übermäßiger Kontrolle neigen. Das wäre dann aber keine von Gott inspirierte Leitung, sondern es würde nur Chaos verursachen. Auf der anderen Seite wollen wir auch nicht jede neue Initiative einer leidenschaftstötenden Gemeindeabstimmung unterwerfen.

Gott sei Dank sind das nicht unsere einzigen beiden Optionen.

Gemeinsam auf Gott hören

In einer typischen Gemeinde gibt es hauptsächlich drei »Player«: Gott, den Pastor und die Gemeinde. Ohne das Zusammenwirken aller drei können wir eine ungesunde Gemeinde nicht zu einer gesunden machen (dabei habe ich vollste Hochachtung für Gemeindemodelle, in denen Mitglieder pastorale Aufgaben ausüben, ohne dass es eine feste Pastorenrolle gibt).

Den Bereich zu kennen und zu erweitern, in dem die Herzen des Pastors und der Gemeinde mit dem Herzen Gottes zusammentreffen, ist unerlässlich für eine gesunde Gemeinde und ganz besonders für eine kleine Gemeinde. In einer großen Gemeinde wird von den Mitgliedern erwartet, der Vision zu folgen, die der Pastor ihnen vorlegt. Eine kleine Gemeinde aber hat eine eigene Persönlichkeit und einen eigenen Willen, basierend auf ihrer Geschichte und ihren Beziehungen. Es gibt nichts Besseres, als wenn sich die Herzen aller drei begegnen und überschneiden (siehe Zone 1 im Diagramm).

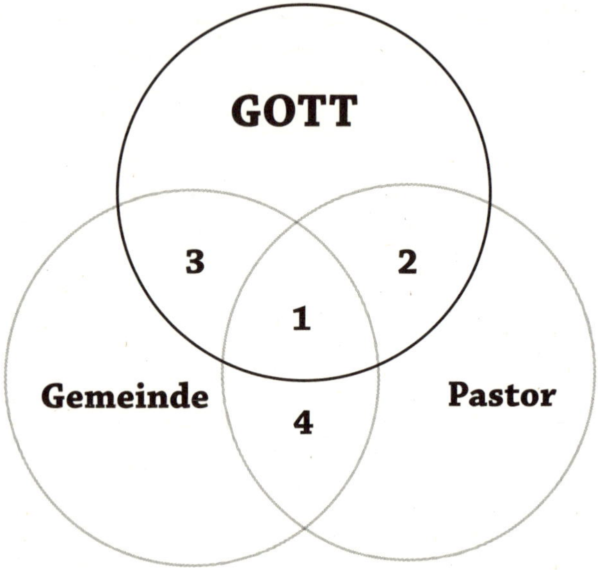

Schauen wir uns einmal alle vier Bereiche an, einen nach dem anderen.

Zone 1: Der optimale Punkt – wo das Herz Gottes, der Gemeinde und des Pastors zusammenkommen

Das ist der Bereich, den wir immer zu vergrößern versuchen sollten, der Punkt, wo der Pastor innerhalb seiner Begabung agiert, wo die Gemeinde gestärkt und in ihren Gaben freigesetzt wird und wo Gottes Wille geschieht.

Wir sollten jedoch nicht naiv sein. Diese Zone verschiebt sich immer wieder und wir werden selten beständig darin sein. Es ist etwas, was wir im Auge behalten müssen, worüber wir beten und was wir nie als gegeben voraussetzen dürfen.

In einer ungesunden Gemeinde kann diese Überschneidung so klein sein, dass sie schwer auszumachen ist. Ist eine Gemeinde in ganz schlechter Verfassung, kann die Zone sogar gänzlich verschwunden sein. Da ist es unabdingbar zu wissen, was man mit den Zonen 2 bis 4 tun soll. Wir schauen sie uns zunächst an und kommen dann auf Zone 1 zurück.

Zone 2: Die Standardeinstellung – wo das Herz Gottes und des Pastors zusammenkommen, aber nicht das der Gemeinde

Dort fangen die meisten Pastoren an. Wir wollen der Vision und Mission Gottes folgen, wir wollen das Richtige tun. Also bauen wir unsere Predigten darauf auf, wir lehren, drängen und planen, und dann kommt Frust auf, wenn nichts geschieht. Denn wir meinen doch zu wissen, wie es in Gottes Herzen aussieht. Aber die Gemeinde ... sie sieht es einfach nicht! Noch nicht.

So vieles kann hier danebengehen, wenn wir nicht aufpassen. Es ist möglich, das Richtige zu kennen und das Richtige zu tun, es aber auf die falsche Weise zu tun. Es gibt keinen Bereich, wo diese Gefahr größer ist als in dieser Standardeinstellung. Besonders wenn Sie neu in einer Gemeinde sind, fangen Sie nicht hier an. Fangen Sie in der nächsten Zone an.

Zone 3: Der Platz des Zuhörens – wo sich Gottes Herz mit dem Herz der Gemeinde trifft, aber nicht mit dem des Pastors

Pastoren sind nicht die einzigen Personen, die Gottes Willen für eine Gemeinde erkennen können. Ein reifer, gesunder Pastor ist sich darüber im Klaren.

Zu viele Pastoren beginnen und beenden den Visionsfindungsprozess, indem sie versuchen, die Gemeinde in die Standardeinstellung zu bringen (Zone 2). Dort überschneidet sich ja Gottes Wille mit dem Herzen des Pastors, und die Gemeinde muss bloß hinterherkommen, oder?

Doch was ist mit den Stellen, an denen die Gemeinde dem Herzen Gottes entspricht und der Pastor derjenige ist, der hinterherkommen muss? Da heißt es, mehr zuzuhören, als zu reden, besonders, wenn wir neu in einer Gemeinde sind. Wir müssen uns die Zeit nehmen, den gemeinsamen Herzschlag Gottes und der Gemeinde wahrzunehmen. Es ist immerhin *seine* Gemeinde. Wenn wir zuerst auf Gott und die Gemeinde hören und unser eigenes Herz dann von Gott dorthin ziehen lassen, wo sein Herz und das Herz der Gemeinde sich begegnen, können wir schließlich den optimalen Punkt erweitern.

Die Gemeinde darf den Pastor nicht bloß als jemanden sehen, der sie in Zone 2 zu ziehen versucht, sondern als jemanden, der den Bereich versteht, wo Gott und der Rest der Gemeinde sich bereits begegnen (Zone 3). Wenn der Pastor die Gemeinde dann einlädt, mit ihm in Zone 2 zu kommen, ist sie eher aufnahmebereit, weil er ihren Herzen bereits Gehör geschenkt hat.

Zone 4: Die Gefahrenzone – wo die Gemeinde und der Pastor übereinstimmen, aber nicht Gott

Diese Zone ist so gefährlich, weil sie sich so richtig anfühlt! Die Gemeinde und der Pastor kommen gut miteinander aus; sie haben ein gemeinsames Ziel; alles sollte funktionieren. Doch die Gefahr entsteht gerade, wenn alles funktioniert. Und warum sollte es auch nicht funktionieren? Offenbar ist doch alles in bester Ordnung. Die Leute verstehen sich. Die Organisation läuft wie am Schnürchen.

Es gibt nichts, was dem Teufel besser gefällt, als eine Gemeinde, die sich selbst gut findet, aber geistlich gesehen absolut nichts erreicht. Die Gemeinde kommt geistlich nicht weiter, selbst wenn sie zahlenmäßig zunimmt. Sie befindet sich in einer Krise, ohne es überhaupt zu wissen, deshalb unternimmt sie auch nichts dagegen und es kann jahrelang so weitergehen. Wenn sie zahlenmäßig weiterhin wächst, kann sie sogar eingeladen werden, anderen Gemeinden ihr Erfolgsgeheimnis zu verraten, doch innerlich stirbt sie langsam ab.

Das ist die Zone, in der verschlossene Türen oft der größte Segen Gottes sind. Eines meiner regelmäßigen Gebete als Pastor lautet: »Herr, wenn wir ein gemeinsames Ziel sehen, das jedoch nicht *dein* Ziel für uns ist, dann halte uns bitte auf.« Es gibt nichts Gefährlicheres für eine Gemeinde, als wenn ihre eigenen Pläne einen wahnsinnigen Erfolg erzielen, sie jedoch nicht mit Gottes Plänen in Einklang stehen.

Versuchen Sie nicht, Gott die Ideen von Zone 4 aufzuschwatzen. Auch Gott hat einen gewissen Starrsinn; eine Idee mag uns noch so gut erscheinen, er drückt ihr nicht so ohne Weiteres seinen Genehmigungsstempel auf. Wir müssen zuallererst Gottes Herz berücksichtigen.

Das Ziel – den optimalen Punkt erweitern

Schließen wir dort, wo wir angefangen haben, mit Zone 1, dem optimalen Punkt.

Um diesen Bereich zu erweitern, müssen wir Zone 4 gänzlich meiden und in ständiger Kommunikation mit Gott und einander sein, während wir an den Zonen 2 und 3 arbeiten. Jedes Mal, wenn der Pastor etwas über Gottes Willen von der Gemeinde lernt und die Gemeinde etwas über Gottes Willen vom Pastor lernt, vergrößert sich der optimale Bereich und die Gemeinde kann ihren Auftrag besser ausfüllen.

Das oberste – und ein herausforderndes – Ziel für jede gesunde Gemeinde besteht darin, gemeinsam mehr von Gottes Herzen zu entdecken und die Bereiche zu reduzieren, in denen sich unsere Wünsche von Gottes Wünschen unterscheiden.

Was ist mit Fünfjahresplänen und Leitbildern?

In den 1990ern und 2000ern war in Gemeindewachstumskreisen womöglich keine Regel so weit verbreitet wie die Vorstellung, dass jede Gemeinde ein Leitbild braucht, ein »Mission Statement«, ein Selbstverständnis. Das wurde auf Seminaren gelehrt, in Büchern beschrieben und in einigen Konfessionen gefordert.

Ich erinnere mich an eine überkonfessionelle Organisation, die eine Umfrage startete, indem sie Gemeinden anrief und dem, der den Anruf entgegennahm, zwei Fragen stellte. Die erste Frage: »Hat Ihre Gemeinde eine schriftliche Missions- oder Visionsaussage?« Zweite Frage: »Können Sie uns sagen, was sie besagt, ohne sie nachlesen zu müssen?«

Das Ergebnis solcher Umfragen unterstrich, was alle bereits erwarteten: Große, wachsende Gemeinde haben schriftliche Leitbilder, die sich auch dem Gedächtnis eines durchschnittlichen Gemeindemitglieds einprägen. Kleinere, um ihre Existenz kämpfende Gemeinden hingegen haben oft keine schriftlichen Leitbilder, und wenn doch, dann kann sie meist niemand aus dem Kopf aufsagen.

Die Schlussfolgerung lautete, dass einprägsame schriftlich niedergelegte Leitbilder bzw. Visionen ein unerlässlicher Schlüssel für das Gemeindewachstum seien, und der Mangel an solchen sei ein Grund, warum Gemeinden nicht wachsen. Deshalb machten sich viele eifrig daran, ein *Mission Statement* zu formulieren. Aber es blieb oft schwer, von den Befürwortern solcher Leitbilder zu erfahren, was genau damit gemeint war oder was sie bewirken sollten. Es gab sogar eine große Debatte über die Unterschiede zwischen einem *Mission Statement*, einer Vision, einer Absichtserklärung und einem Slogan. Um auf Nummer sicher zu gehen, schrieben einige Gemeinden alle vier.

In unseren Gemeinden geht es um Jüngerschaft, nicht um einprägsame Leitbild-Formunlierungen.

Sollte Ihre Gemeinde kein schriftlich niedergelegtes Leitbild oder *Mission Statement* besitzen, oder sollten Sie nicht mehr daran gedacht haben, seit Sie es vor langer Zeit zu den Akten gelegt haben, müssen Sie keine »Visions-Notfallversammlung« einberufen, um alle daran zu erinnern, dass sie »lieben, lernen & leben« müssen oder »Jesus Christus mit ganzer Hingabe nachfolgen« sollen oder wie auch immer Ihr schriftliches Leitbild lautete. Gemeindemitglieder müssen derartige Slogans nicht unbedingt aufsagen können. Menschen folgen Christus nicht mit ganzer Hingabe nach, indem sie die Worte eines Leitbildes auswendig können, sondern indem sie dem Mensch gewordenen Wort folgen. In unseren Gemeinden geht es um Jüngerschaft, nicht um einprägsame Leitbild-Formulierungen.

Das Problem mit unserer Leitbildbesessenheit

Leitbilder sind nicht schlecht. Auch meine Gemeinde hat eines. Es lautet »Die Wahrheit des Wortes Gottes erforschen, ausleben & weitergeben«. Die meisten Gemeindemitglieder könnten es jedoch nicht aufsagen, obwohl es jede Woche auf der Vorderseite unseres Mitteilungsblattes steht.

Gut formulierte *Mission Statements* bzw. Leitbilder schaffen keine guten Gemeinden; wir müssen den Auftrag, den Gott uns gegeben hat, zuallererst auch *tun*. Das heißt, am besten fassen wir so etwas erst in Worte, nachdem wir es bereits in der Praxis ausleben, denn eine Gemeinde kann nur dem Leitbild treu bleiben, das zu ihrer gelebten Wirklichkeit passt.

Das sollte christliche Leiter eigentlich nicht überraschen. Jakobus

1,22 sagt uns, dass es nicht genügt, ein Wort bloß zu hören, wir müssen auch entsprechend handeln: »Seid aber Täter des Worts und nicht Hörer allein; sonst betrügt ihr euch selbst.« Das ist eine aussagekräftige, mitunter erschreckende Wahrheit. Wenn wir Worte aufsagen können, aber nicht nach ihnen handeln, betrügen wir uns selbst. In dem Vers geht es natürlich um Gottes Wort, nicht um unsere selbst geschriebenen Leitwerte, aber das Grundprinzip ist dasselbe. Ein Leitbild zu haben, nach dem man nicht lebt, ist eine Form des Selbstbetrugs.

Der Apostel Paulus hat uns gesagt: »Denn Gottes Reich gründet sich nicht auf Worte, sondern auf seine Kraft« (1. Korinther 4,20). Wir sehen diese Wahrheit im Leben und Wirken von Jesus. Ja, Jesus war der größte Wortschöpfer, der je gelebt hat, und doch war er zuallererst ein »Macher«. Ein gutes Beispiel sind die »Mission Statements« von Jesus. Wir kennen sie als den Missionsbefehl und das Liebesgebot. Manchmal stelle ich mir vor, was wohl der Rat eines Unternehmensberaters an Jesus gewesen wäre, vielleicht: »Zwei Leitbilder sind verwirrend. Nimm eines von beiden und kürze es auf weniger als zehn Worte.« Wäre Jesus der heutigen Gemeindeleitungsweisheit gefolgt, hätte er diese Aussagen auf kleine Schriftrollen oder Steine geschrieben und sie jedem Jünger ausgehändigt, und er hätte die Jünger mit unangekündigten Tests überrascht, um sicherzugehen, dass sie die Worte auswendig können.

Stattdessen waren die Umstände, die zum Liebesgebot führten, nicht einmal von Jesus initiiert worden. Er ermittelte dieses Leitbild nicht mithilfe einer Arbeitsgruppe oder während einer Leitungstagung bzw. Zukunftswerkstatt mit seinen Jüngern. Nein, es war eine spontane Antwort auf eine Frage, durch die ein Gesetzeslehrer ihn aufs Glatteis führen wollte. Wie fast alles, was er sagte, so erwuchsen auch diese maßgeblichen Worte seinem missionsorientierten Leben, auf der Straße, unter seinen Freunden und Feinden. Zuerst kam immer die Aktion. Die Aussagen von Jesus waren ein natürliches Nebenprodukt seines Wirkens, nicht dessen Quelle.

Genauso wenig hämmerte er seinen Jüngern bei jeder Gelegenheit den Missionsbefehl ein. Dieser war zwar wichtig genug, dass er in der einen oder anderen Form in allen vier Evangelien und der Apostelgeschichte auftaucht, aber Jesus scheint ihn nur ein einziges Mal explizit geäußert zu haben, nämlich am Ende seines irdischen Wirkens, direkt vor der Himmelfahrt. Wie schafften Jesus und seine Jünger es, überhaupt irgendetwas zu erreichen, ohne ständig diese Worte vor Augen zu haben? Offensichtlich glaubte Jesus, dass das Handeln solchen Formulierungen vorausgeht.

Mein Punkt ist nicht, dass wir nie ein Leitbild formulieren sollten, sondern dass es keinen unangemessenen Platz einnehmen sollte. Wenn wir auf den Heiligen Geist hören, bewegt er uns dazu, die Gemeindearbeit auch tatsächlich zu *tun*, statt nur zu *sagen*, dass wir sie tun. In den meisten kleinen Gemeinden sollte die genaue Formulierung der Mission der letzte Schritt sein, nicht der erste.

In einem früheren Kapitel habe ich darüber gesprochen, wie wichtig es ist herauszufinden, was Ihre Gemeinde gut kann. Nachdem Sie sich darüber im Klaren sind, können Sie – wenn Sie meinen, Gott regt Sie dazu an – daraus ihr *Mission Statement* formulieren.

So geht's: Schreiben Sie das auf, was Ihre Gemeinde bereits tut. Drücken Sie es so klar und einfach wie möglich aus, und weisen Sie auf Ihr Ziel hin. Versuchen Sie nicht, es allzu kreativ und griffig zu beschreiben; zerbrechen Sie sich nicht den Kopf über Reime oder Alliterationen. Lesen Sie kein Buch darüber, wie man Leitbilder schreibt. Schreiben Sie einfach: »Wir tun das und das und wir wollen das und das tun.« Dann machen Sie sich daran, es auch wirklich zu *tun*, jeden Tag mit mehr Leidenschaft und Zielgerichtetheit.

In seinem Aufsatz zum Thema »Leitung und Gemeindegröße: Wie Strategien sich mit dem Wachstum verändern« hat Tim Keller Folgendes über Gemeindegröße und das Bedürfnis nach einem schriftlichen Leitbild zu sagen:

> Je größer eine Gemeinde, desto wichtiger wird eine kennzeichnende Vision für ihre Mitglieder. Die Grundlage einer kleineren Gemeinde bilden die Beziehungen. ... je größer die Gemeinde, desto mehr müssen leitende Mitarbeiter auf ihre Übereinstimmung mit der Vision der Arbeit überprüft werden, nicht nur auf ihre Übereinstimmung mit biblischen Werten hinsichtlich Glaube und Lebensführung. In kleineren Gemeinden qualifizieren sich Menschen

für Leitungsrollen aufgrund der Länge und Treue ihrer Mitgliedschaft.[33]

Keller zufolge haben kleine Gemeinden schriftliche Leitbilder nicht so nötig wie große Gemeinden, weil die Menschen in kleinen Gemeinden sich gut kennen und aufgrund ihrer langjährigen Beziehungen wissen können, was zu tun ist. In größeren Gemeinden kennen sich die meisten Menschen nicht gut, also braucht es vorformulierte Glaubenssätze und Strategien, um alle auf Kurs zu halten und zusammenzubinden. Das ist nicht unbedingt falsch; es ist nur ein weiterer Unterschied in den Vorgehensweisen kleiner und großer Gemeinden.

Keller und ich sind mit unserer Ansicht nicht allein. Mittlerweile gibt es vermehrt die Meinung, dass das Leitbildfieber zu weit gegangen ist. In seinem Artikel »Müssen Gemeinden ein Leitbild formulieren?« stellt der Methodistenpastor Allan R. Bevere infrage, ob Gemeinden *jeder* Größenordnung ihre Mission überhaupt in einer Kurzaussage formulieren müssen: »Ich weiß, dass Gemeinden, die Missionsaussagen formulieren, es gut meinen, aber deuten sie damit nicht unbewusst an, dass der Missionsauftrag, den Jesus der Gemeinde vor zweitausend Jahren gegeben hat, noch besser formuliert werden kann?«[34]

Jesus hat bereits das beste Leitbild formuliert, das es gibt. Orientieren Sie sich doch lieber an seinem Leitbild.

Anders gesagt, Jesus hat bereits das beste Leitbild formuliert, das es gibt. Orientieren Sie sich doch lieber an *seinem* Leitbild. Wenn die Art, wie Ihre Gemeinde das konkret umsetzt, sich jedoch so deutlich von anderen Gemeinden unterscheidet, dass es Neulingen erklärt werden muss – nur zu, dann schreiben Sie es gerne auf. Bis dahin schauen Sie sich um: Lieben die Menschen in Ihrer Gemeinde Gott und einander? Bringen Sie diese Liebe auch ihrer Ortschaft und der Welt entgegen? Wenn ja, genügt das völlig, ohne dass Sie extra an einem eigenen *Mission Statement* herumbasteln müssen. Und wenn in Ihrer Gemeinde ein Liebesmangel herrscht, ist ein eigenes Leitbild auch nicht die Lösung. Führen Sie die Gemeinde lieber zurück zu Jesus. Er gibt Menschen eine Mission, und das hat Aussagekraft.

Teil 4

Zu einer kleinen Gemeinde werden, die Großes bewirkt

KAPITEL 13

EINE GASTFREUNDLICHE KLEINE GEMEINDE

Inzwischen haben wir gesehen, dass auch kleine Gemeinden eine große Auswirkung haben können, und wir haben einige Punkte angesprochen, wie kleine Gemeinden neu belebt werden können. Nun wollen wir uns einige praktische Werkzeuge anschauen, die jeder gesunden kleinen Gemeinde helfen können, ihre Effektivität zu steigern, damit sie tatsächlich eine große Auswirkung hat.

In diesem Sinne können auch kleine Gemeinden »groß« sein. Es folgen einige Grundlagen für wahre Größe. Wir fangen mit der Außenwirkung unserer Gemeinde auf Gäste an, gehen zu Jüngerschaft und Leitung über, und schließen den Kreis mit nach außen gerichtetem Engagement.

Der Freundlichkeitsfaktor

Freundlichkeit ist für kleine Gemeinden wichtiger als für große.

Sie ist in kleinen Gemeinden zwar nicht wahrscheinlicher, spielt aber eine viel größere Rolle, sowohl für die Gemeinde als auch für Gäste, die zum ersten Mal da sind. Der Grund ist folgender: Jeder von uns hat nur eine begrenzte Kapazität dafür, Beziehungen zu pflegen. Deshalb verhalten wir uns in einer großen Menschenmenge anders als in einer kleinen Gruppe. Wenn wir uns in einem Saal mit mehreren Hundert oder Tausend Zuschauern befinden, zählen wir uns selbst zum Publikum und verhalten uns entsprechend. Selbst die Gegenwart von nur wenigen Dutzend Menschen lässt uns schon in die Rolle eines passiven Zuschauers rutschen, statt ein aktiver Teilnehmer zu sein.

Das heißt nicht, dass große Menschenmengen schlecht sind, nur dass sie ein passiveres Verhalten in uns erzeugen, auch in einer Gemeinde. In einer kleineren Gruppe jedoch ist es anders. Wir erwarten, dass die Teilnehmer sich begrüßen; wir hoffen auf Verbindungen; wir wollen Teil des Austauschs sein.

Große Gemeinden sind sich gewöhnlich der Gruppendynamik bewusst, also steuern sie dem Sog zur Anonymität entgegen, besonders bei Besuchern und neuen Mitgliedern. Viele bewerkstelligen das gut und schaffen eine sehr freundliche Atmosphäre; ihre Freundlichkeit kann mit ein Grund sein, warum sie so groß geworden sind. Trotzdem erwarten Menschen in einer großen Gemeinde weiterhin ein Stück Anonymität. Wenn sie sich ein bisschen einsam fühlen, ist das nicht so schlimm; das ist eben der Preis für die Größe, also setzen sie eine verbindliche Miene auf, die zu der Situation passt. Ein Neuankömmling kann sich auf diese Weise gut durch die Menge bewegen.

In einer kleinen Gemeinde ist es anders. Wer zum ersten Mal eine kleine Gemeinde besucht, kann sich ziemlich schutzlos vorkommen, denn man kann sich ja nirgendwo verstecken. Menschen kommen zu kleinen Gemeinden in der Hoffnung, persönliche Beziehungen zu finden. Teilweise sehnen sie sich so sehr danach, dass es schon starke Gefühle der Angst und Verletzlichkeit in ihnen hervorruft, wenn sie sich auch nur dem Gemeindehaus nähern. Fühlt sich jemand in einer großen Gemeinde ignoriert, kann es ihm einen Stich versetzen, aber fühlt sich jemand in einer kleinen Gemeinde ignoriert, kann es ihn niederschmettern und tiefe seelische Wunden hinterlassen.

Gehen Sie nicht davon aus, dass Ihre Gemeinde freundlich ist, nur weil Sie die regelmäßigen Teilnehmer regelrecht aus der Tür treiben müssen, damit Sie endlich abschließen und nach Hause gehen können. Freundlichkeit, Wärme und Verbundenheit entstehen in keiner Gemeinde automatisch. Wir müssen daran arbeiten, es Menschen antrainieren und immer wieder neu darauf achten. Kleine Gemeinden müssen genauso ernsthaft an Freundlichkeit, Wärme und Verbundenheit arbeiten wie unsere großen Gegenstücke – vielleicht sogar noch ernsthafter, weil Freundlichkeit in einer kleineren Gruppe mehr erwartet und gebraucht wird.

Es kann schwierig und entmutigend sein, wenn wir den »Freundlichkeitsfaktor« der eigenen Gemeinde einmal ehrlich unter die Lupe nehmen. Sosehr wir uns in diesem Bereich in meiner Gemeinde auch bemühen, ab und zu kommt mir eine Geschichte zu Ohren, die mir bewusst macht, dass wir doch nicht ganz so freundlich sind, wie ich dachte.

Jedenfalls müssen wir aufhören, Freundlichkeit als gegeben vorauszusetzen, und ihr einen hohen Stellenwert einräumen. Diese Eigenschaft kann zu den Hauptgründen gehören, warum Menschen, die geistlich auf der Suche sind, gerade Ihre Gemeinde aufsuchen ... und wiederkommen. Allerdings geht es bei Gastfreundschaft um viel mehr als nur darum, Menschen auf die Sitzplätze unserer Gemeinde zu locken und sie dort zu halten. Eine wahrhaft freundliche kleine Gemeinde kann ein wichtiger erster Schritt sein, wunde Herzen zu heilen, Menschen neu (oder zum ersten Mal) für Gott zu begeistern und ihnen Ewigkeitshoffnung zu vermitteln.

B-schenkt – die vier Bs für eine freundlichere Gemeinde

In einigen gesellschaftlichen Umfeldern ist es schwerer als in anderen, Freundlichkeit und Verbundenheit intensiv zu leben, was sie jedoch gerade umso wichtiger macht. Wo ich lebe, ist die Bevölkerung so vielfältig, so mobil und so beschäftigt, dass Beziehungen sich nicht von selbst entwickeln, sondern ganz bewusst aufgebaut werden müssen. Auch in der Gemeinde. Gäste kommen gewöhnlich zur Gemeinde, weil ein Freund sie eingeladen hat, und sie bleiben oft in der Gemeinde, weil sie dort Freundschaften geschlossen haben.

Eine Gemeinde zu finden, in der es gute biblische Lehre, tiefgehenden Lobpreis und eine ausgezeichnete Kinderbetreuung gibt, kann leichter sein, als eine Gemeinde zu finden, in der man echte, beständige Freundschaften aufbauen kann. Das ist ein Grund, warum echte Freundschaften seltener sind und dadurch von vielen mehr geschätzt werden als sonst irgendein Aspekt des modernen Gemeindelebens.[35]

Unsere Gemeinde befolgt eine simple Richtlinie, die ich »B-schenkt« nenne – vier Bs, die unserer Gemeinde geholfen haben, (gast-)freundlicher zu werden. Die vier Bs stehen für begrüßen, bekannt machen, auf A auch B folgen lassen und bedanken. Jede Woche ermutigen wir unsere Mitglieder – und besonders unsere Leiter –, zumindest einen der folgenden Schritte zu praktizieren:

Gäste B-grüßen
Wagen Sie sich aus Ihrer Wohlfühlzone heraus. Finden Sie jemanden, dessen Namen Sie noch nicht kennen, und prägen Sie sich ihn ein. Wenn derjenige schon mehrfach in der Gemeinde war, Sie nur noch nie mit ihm gesprochen haben, heißen Sie ihn noch einmal willkommen. Falls er allein gekommen ist, setzen Sie sich im Gottesdienst auch gerne neben ihn.

Menschen miteinander B-kannt machen
Nachdem Sie jemanden kennengelernt haben, sorgen Sie dafür, dass er auch noch andere kennenlernt. Bringen Sie Menschen zusammen, die etwas gemeinsam haben. Machen Sie einen neuen Gast mit dem Pastor bekannt, eine junge Person mit dem Jugendleiter oder Kinder und ihre Eltern mit dem Leiter der Kinderarbeit.

Auf A auch B folgen lassen
Gehen Sie zu demjenigen, den Sie vor ein oder zwei Wochen zum ersten Mal kennengelernt haben, und begrüßen Sie ihn erneut. Nennen Sie ihn beim Namen. Vertiefen Sie das Gespräch. Schließen Sie ihn in Ihren Freundeskreis mit ein.

Sich bei jemandem für seine Dienste B-danken
Jede Gemeinde hat Menschen, die sich freiwillig engagieren, ohne dafür große (wenn überhaupt welche) Wertschätzung zu erhalten. Diese kann aber oft ganz einfach ausgedrückt werden. Vielleicht sagen Sie dem Techniker im Vorbeigehen »Toll gemacht!« oder »Danke schön« zu den Mitarbeitern des Kindergottesdienstes, die Ihren Kindern den Glauben an Gott nahebringen.

In den wöchentlichen Treffen unseres Leitungsteams gehört zu den ersten Fragen auf unserer Tagesordnung: »Wen hast du diese Woche B-schenkt?«

Wir erzählen einander, wen wir begrüßt und miteinander bekannt gemacht haben und so weiter. Auf diese Weise stellen wir sicher, dass wir als Leitungsteam das B-schenken auch wirklich selbst praktizieren. Außerdem erfahren wir durch diesen Austausch mehr über Gemeindemitglieder und Gäste. (»Oh ja, die habe ich auch kennengelernt. Sie hat mir gesagt, dass sie gerne bei der Kleinkinder-Betreuung mithelfen würde und hat mir ihre Handynummer gegeben.«)

Wir haben das B-schenken auch unserer Gemeinde beigebracht. Das hat unseren Gemeindemitgliedern geholfen, mehr aus ihren Schneckenhäusern herauszukommen, ihre Herzen ein bisschen weiter zu öffnen und dadurch einige neue Freunde zu gewinnen. Wir erwarten nicht, dass Gemeindemitglieder jede Woche alle vier B's durchgehen. Die meisten stellen fest, dass sie ein oder zwei davon gut hinbekommen. Ist jemand an einem Sonntag einmal so beschäftigt, dass er es vergisst, ist es auch nicht so schlimm. Wir wollen deshalb niemandem Schuldgefühle einreden.

Ich mache mir keine Illusionen darüber, dass unsere vier Bs automatisch zu beständigen Freundschaften innerhalb der Gemeinde führen. Aber stellen Sie sich eine Gemeinde vor, in der jeder (oder zumindest jeder Leiter und die meisten regelmäßigen Gottesdienstteilnehmer) an jedem Sonntag jemanden begrüßt oder Menschen miteinander bekannt macht, auf A auch B folgen lässt und Beziehungen vertieft oder sich bei jemandem bedankt. Das würde Ihre Gäste und Ihre gesamte Gemeinde wahrhaft B-schenken.

Den »Schaukasten« einladend gestalten

Vor mehreren Jahren hatte ich das Vorrecht, auf einer Reise einen herrlichen Gottesdienst besuchen zu dürfen. Die Menschen waren freundlich, die Musik dynamisch, die Predigt biblisch und gewinnend, und die Gegenwart Gottes war spürbar anwesend.

Als ich von der Gemeinde wegfuhr, dachte ich: »Was für eine wunderbare Gemeinde! Ich fühle mich erfrischt und bereit, die neue Woche in Angriff zu nehmen! Schade nur, dass die Gemeinde – wenn sie weiterhin alles so macht wie gehabt – keine so große Auswirkung auf ihre Umgebung hat, wie sie haben könnte.«

Warum dachte ich das, wo der Gottesdienst doch so herrlich gewesen war? Weil alles, was ich in der Gemeinde erlebte, nach innen ausgerichtet war, nicht nach außen.

Die Gemeinde machte zwar halbwegs alles richtig, aber eben nur zu der Hälfte, die die Insider betraf: Sie wurden erfrischt und ihr Glaube gefördert. Die Gemeinde befolgte unter den Mitgliedern das Liebesgebot, ließ jedoch den Missionsbefehl außer Acht. Sie unterließ es, ihre Ortschaft zu erreichen, die doch das brauchte, was die Gemeinde anzubieten hatte. Mehr noch, nicht nur gab es keinen Hinweis darauf, dass sie ihre Ortschaft zu erreichen versuchte; sie erschwerte es sogar jedem Gast, mit ihr in Kontakt zu treten.

Zunächst einmal gab es keine klare Wegweisung zum Gemeindegebäude, weil die Gemeinde keinerlei Webpräsenz hatte – keine Website, keine Facebook-Seite, nichts. Obwohl ich eine Adresse hatte, fuhr ich zweimal an dem Gemeindegebäude vorbei, ohne es zu sehen. Es verbarg sich hinter einem Wäldchen und an der Straße befand sich nur ein unscheinbarer, ungepflegter Schaukasten. Als ich mich danach erkundigte, wurde mir gesagt: »Jeder weiß, wo wir zu finden sind.«

Jetzt stellen wir uns einmal vor, ein kirchenferner Mensch hätte die gleiche Erfahrung mit dieser Gemeinde gemacht wie ich:

Diese Woche hat mir jemand aus dieser Gemeinde von seinem Glauben erzählt, und ich spüre, wie ich unruhig werde. Vielleicht ist es tatsächlich Gott, der mein Herz anrührt. Am Sonntagmorgen wache ich auf und beschließe, diese Gemeinde aufzusuchen, weil ich mehr über Jesus erfahren will. Ich suche online nach der Gemeinde, kann nach mehreren frustrierenden Minuten aber nichts finden.

An diesem Punkt würden viele potenzielle neue Gottesdienstbesucher bereits aufgeben, vielleicht die Hälfte. Aber angenommen, dieser kirchenferne Mensch gehört zur beharrlichen Hälfte …

Ich erinnere mich, dass das Gemeindemitglied, das mir von seinem Glauben erzählt hat, auch erwähnte, dass die Gemeinde »Christengemeinde Hessmannstraße« heißt, also wohl an der Hessmannstraße am Nordende des Ortes liegen muss. In der Hessmannstraße angekommen, fahre ich zunächst zweimal an der Einfahrt zur Gemeinde vorbei, weil ich den nichtssagenden Schaukasten übersehe.

Wie viele Menschen würden nun aufgeben? Die Hälfte der verbleibenden Hälfe? Bestimmt. Bevor sie überhaupt einen Fuß auf das Gemeindegrundstück setzen, sind drei Viertel der potenziellen Gäste bereits von der Gemeinde abgeschreckt worden.

Jetzt stellen Sie sich vor, ich finde das Gemeindegrundstück doch noch, fahre in die Einfahrt und biege beim Gemeindegrundstück rechts ab statt links. Ist das hier der Parkplatz? Aber ich bemerke eine große Tür, also parke ich, steige aus und gehe zur Tür, nur um festzustellen, dass sie verschlossen ist.

Wie viele Gäste hat die Gemeinde nun verloren? Weitere 10 bis 15 Prozent? Inzwischen sind von denen, die an dem Morgen mit dem Vorsatz aufwachten, die Gemeinde zu besuchen, nur noch 15 bis 20 Prozent übrig.

Fest entschlossen, die Sache durchzuziehen, gehe ich einmal ganz ums Gebäude herum und finde dort den Hauptparkplatz, wo andere Autos geparkt sind. Ich gehe auf die große Tür zu, wo mehrere Menschen beisammenstehen. Niemand begrüßt mich an der Tür. Stattdessen muss ich mich an den Menschen vorbeidrängen, die mir keine Beachtung schenken, weil sie mit Freunden plaudern.

Wie viele machen an diesem Punkt kehrt? Weitere 10 bis 20 Prozent? Jetzt hat die Gemeinde bereits bis zu 90 Prozent der neuen Menschen verloren, die eigentlich kommen wollten, und der Gottesdienst hat noch nicht einmal begonnen!

Ich habe es ins Gebäude geschafft, finde den Gottesdienst aber verwirrend. Das, was ich sehe, scheint aufrichtig und qualitativ hochwertig zu sein, bringt mich aber auch in Verlegenheit, weil ich nicht weiß, ob ich sitzen, aufstehen, die Hände heben oder zum Abendmahl nach vorne kommen soll.

Wie viele der potenziellen Gäste werden also zurückkommen? Wahrscheinlich weniger als fünf Prozent.

Das ist wirklich schade, denn der Lobpreis, die Predigt und die Gemeinschaft nach dem Gottesdienst waren wirklich gut. Aber der Neuankömmling wird andere nicht dazu einladen, den logistischen Hindernislauf auf sich zu nehmen, und er hat den Gemeindejargon nicht gut genug entschlüsseln können, um sich wohlzufühlen und wiederzukommen.

Die Gemeinde hat so vieles im Gottesdienst gut gemacht, aber ihr hat ein wesentliches Element gefehlt, nämlich der niederschwellige, leichte Zugang.

Wenn christliche Autoren und Konferenzredner von Veränderung, Anpassung und Innovation in Gemeinden sprechen, zielt es genau auf solche Dinge ab. Wir fordern Gemeinden nicht auf, ihre Glaubensgrundsätze oder ihre wesentlichen Glaubenspraktiken zu ändern, sondern bloß dazu, dem »vernachlässigten Schaukasten« mehr Beachtung zu schenken: Gestalten sie ihn bzw. ihre Webpräsenz kreativ und ansprechend. Streichen Sie das Gebäude an, fügen Sie Beschilderungen hinzu und begrüßen Sie Ihre Gäste an der Tür (oder bevor sie die Tür erreichen). Erklären Sie die Teile Ihres Gottesdienstes, die andere merkwürdig oder verwirrend finden könnten. Gehen Sie in die Nachbarschaft hinaus; wecken Sie das Interesse Ihrer Kommune. Vermitteln Sie den Menschen an Ihrem Ort, dass sie Ihnen wichtig sind, wichtig genug, dass Sie in ihre Welt treten, statt sich zu fragen, warum die Menschen nicht zu Ihnen kommen, obwohl Sie noch nicht einmal »sichtbar« geworden sind.

Menschen werden nicht durch ein Gemeindehaus für Jesus gewonnen, aber sie können von einer Gemeinde, deren Türen nicht für sie offen stehen, von Jesus abgehalten werden.

Menschen werden nicht durch ein Gemeindehaus für Jesus gewonnen, aber sie können von einer Gemeinde, deren Türen nicht für sie offen stehen, von Jesus abgehalten werden.

Das von mir beschriebene Szenario ist nicht weit hergeholt; ich habe es ja selbst erlebt, und es wiederholt sich jeden Sonntag in Tausenden Gemeinden. Menschen, die zur Gemeinde kommen wollen, die einen Gottesdienst feiern wollen, die mehr über Jesus erfahren wollen, treten nie über die Türschwelle oder treten kein zweites Mal über die Türschwelle, weil die Gemeindeinsider nicht genug Rücksicht auf Neuankömmlinge nehmen.

Aber stellen Sie sich dasselbe Szenario vor, nachdem ein paar simple Veränderungen vorgenommen wurden:

Ein potenzieller Gottesdienstbesucher fährt die Hessmannstraße entlang und sieht einen älteren, aber gut gepflegten Schaukasten für die Christengemeinde Hessmannstraße, der offensichtlich regelmäßig aktuell und einladend gestaltet wird. Am Ende der Einfahrt befindet sich ein klarer Pfeil nach links mit einem Parkplatzzeichen. Nachdem der Gast dem Zeichen gefolgt ist, erkennt er sofort den Haupteingang, weil darüber deutlich lesbar der Name der Gemeinde steht. Als er auf die Tür zugeht, öffnet sie jemand für ihn, begrüßt ihn lächelnd, händigt ihm ein Mitteilungsblatt aus und fragt ihn, ob er ihm noch irgendwie behilflich sein könne.

Wie viele Menschen gibt es in diesem Szenario, die nicht nur über die Schwelle treten, sondern dabei auch noch mit einer positiven Erwartungshaltung? Geht man beim ersten Szenario von 95 Prozent vermasselter Chancen aus – also dass man von 100 potenziellen Menschen nur fünf erreicht hat –, sind es in diesem zweiten Szenario 20-mal so viele Menschen.

Deshalb müssen wir unsere Gemeindegebäude zugänglich und gastfreundlich gestalten. Es geht dabei nicht darum, dem Gebäude einen besonderen Status zu verleihen und einen Haufen Geld auszugeben. Auch nicht unbedingt darum, den Sonntagsgottesdienst als Mittel zur Evangelisation zu nutzen. Es geht darum, dass Menschen, die zur Gemeinde kommen wollen, auch tatsächlich zu uns gelangen können. Dadurch kommen sie Jesus hoffentlich einen Schritt näher.

Warum wir keine Zuschauer-Events mehr veranstalten – und was wir stattdessen tun

Viele Gemeinden haben Erfolg und Wachstum, indem sie große Zuschauer-Events veranstalten, wie etwa an Feiertagen.

Selbst wenn die Choralkantaten zu Weihnachten und Ostern durch eine anschauliche Botschaft samt Bühnenbildern, Beleuchtung und Video ersetzt worden sind, die Grundidee ist dieselbe, nämlich Zuschauer anzulocken, damit man ihnen das Evangelium präsentieren kann. Solche Events mögen an einigen Orten immer noch »funktionieren«, aber viele Gemeindeleiter stellen fest, dass sie weniger funktionieren als früher oder weniger als erwartet.

In seinem Artikel »9 Dinge, die vor einem Jahrzehnt in der Gemeinde Frucht brachten, aber es heute nicht mehr tun« argumentiert der Pastor und Autor Carey Nieuwhof, dass aufwendige Zuschauer-Events zu den überholten Taktiken gehören. »Wenn man das ›Der nächste Sonntag wird noch besser als dieser‹-Spiel spielt, verliert man schließlich. Außerdem ist es eine Lüge, weil die endlose Steigerung unmöglich ist.« Stattdessen, sagt er, »haben wir unsere Gottesdienste vereinfacht und besinnen uns wieder aufs Wesentliche: das Evangelium, gewinnende Momente und gewinnende Botschaften. Das können wir aufrechterhalten. Gut gemachte Basics gewinnen Menschen. Warum? Weil Jesus – wenn wir ihn den Gottesdienstbesuchern authentisch und klar vorstellen – Menschen für sich gewinnt.«[36]

Vor einem Jahrzehnt hörte unsere Gemeinde damit auf, an Feiertagen wie etwa Weihnachten und Ostern aufwendige Gottesdienste auf die Beine zu stellen, und dann haben wir mit aufwendigen Zuschauer-Events ganz aufgehört. Solche Events ermuntern nur zur Passivität. Die erste Begegnung einer Person mit einer Gemeinde bereitet den Weg für alles, was darauf folgt. Die Person macht sich ein Bild davon, was der Gemeinde am wichtigsten ist. Wird bei dieser ersten Begegnung vermittelt: »Genießen Sie die Show, die wir für Sie auf die Bühne bringen«, haben sie allen Grund zur Annahme, dass es das ist, worum es bei uns geht: eine Wochenshow für passive Religionskonsumenten. Die Haltung »Lehnen Sie sich zurück, entspannen Sie sich und genießen Sie den Gottesdienst« schadet wahrscheinlich mehr Gemeinden, als dass sie hilft, selbst wenn Menschenmengen größer werden.

Davon abgesehen kosten sie mehr, als sie wert sind. Ich war schon als freiwilliger und vollzeitlicher Mitarbeiter in Gemeinden beteiligt, wo es drei bis vier Monate lang vor Weihnachten und Ostern eine »Alle Mann an Deck«-Parole gab, um ein spektakuläres Musical zu veranstalten. Oft war es auch tatsächlich relativ eindrucksvoll, und es machte mir sogar Spaß, aber kein einziges Mal sagten wir nach dem Event: »Wow! So viele Menschen sind zu Jesus gekommen! Das war all die Zeit, die Energie und das Geld total wert!« Meist waren wir bloß ein Zwischenstopp für Christen, die sich zur Weihnachtszeit gerne mehrere Shows darbieten lassen. Das kostete uns noch mehr als die viele Zeit, das viele Geld und die viele Energie; es verstärkte die Mauern, hinter denen wir Christen uns allzu häufig verkriechen.

Ich lebe und arbeite in Orange County, Kalifornien. Nicht nur befinden wir uns bloß 12 Kilometer von Disneyland und 65 Kilometer von Hollywood entfernt, unsere Gemeinde ist auch weniger als eine halbe Stunde Fahrt entfernt von den Gründungsgemeinden der Vineyard- und Calvary-Chapel-Bewegungen, ganz zu schweigen von Saddleback, Mosaic, Hillsong L.A. und anderen großen Namen. Jahrzehntelang bot die Crystal Cathedral in Garden Grove zu Ostern und Weihnachten große aufwendige Musicals an, zu denen auch Menschen aus aller Welt angereist kamen, und das kaum mehr als zehn Kilometer von uns entfernt.

Unseren Gemeindemitgliedern in einem solchen Umfeld falsche Bärte anzukleben, sie in Bettlaken zu kleiden und in dieser Verkleidung Weihnachtslieder vortragen oder die Auferstehung nachspielen zu lassen – das würde niemanden in den Bann ziehen. Sowieso sollten wir nicht mit anderen Gemeinden – oder Hollywood – um das mitreißendste Entertainment konkurrieren. Wenn wir versuchen, mit Netflix, YouTube oder dem Sportkanal zu konkurrieren, verlieren wir.

Die gute Nachricht ist, wenn die Gemeinde das tut, was nur die Gemeinde tun kann, sind wir wahrlich konkurrenzlos.

Alternativen zu »Kommt und schaut zu«

Wenn sich ein kirchenferner Mensch entscheidet, zum ersten Mal zu einer Gemeinde zu gehen, dann nicht deshalb, weil er sich eine eindrucksvolle religiöse Bühnenshow erhofft. Viel wahrscheinlicher ist, dass er kommt, weil er sich etwas Authentisches, Anwendbares oder Herausforderndes für sein Leben erhofft.

Als kleine Gemeinden sollten wir uns lieber in die Dinge hineinknien, die wir gut machen können, und das ist keine bessere Show, sondern es sind authentische Beziehungen, lebensnahe Lehren und eine herausfordernde Mission. So etwas wird den Kirchenfernen oder Neuankömmlingen nicht durch aufwendige »Kommt und schaut zu«-Events geboten, aber es gibt Dinge, die ihnen das bieten.

Kommt und helft

Kleine Gemeinden sind bestens dafür geeignet, Menschen in ihrem unmittelbaren Umfeld zu helfen. Das fällt den Bewohnern positiv auf und kann sogar dazu führen, dass sie mitmachen wollen. Das nächste Mal, wenn Ihre Gemeinde das Grundstück eines Nachbarn aufräumt, die Wohnung in einer Unterkunft für misshandelte Frauen renoviert oder Schulbedarf für alleinerziehende Eltern beschafft, laden Sie alle ein einschließlich Ihre kirchenfernen Nachbarn. Jeder, der will, sollte mithelfen dürfen.

Wenn jemand unsere Gemeinde zum ersten Mal dadurch kennenlernt, dass er mit uns zusammen anderen Menschen hilft, bekommt er ein Bild davon, dass es in unserer Gemeinde nicht um passive Mitgliedschaft geht, sondern darum, anderen ganz praktisch unseren Glauben nahezubringen.

Kommt und gebt

Jedes Jahr packt unsere Gemeinde Geburtstagsgeschenke für Pflegekinder, bringt verarmten Kindern in Mexiko Weihnachtspäckchen, füllt Babyflaschen mit Geld für unsere örtliche *Pro-Life*-Klinik (die auch Elternkurse, Babyzubehör sowie Hilfe bei der Unterkunfts- und Arbeitssuche anbietet) und anderes mehr.

Bei diesen Projekten ermuntern wir alle zum Geben, seien es Gemeindemitglieder, Gäste oder gänzlich Kirchenferne.

Wenn kirchenferne Menschen mit uns zusammen für gute Zwecke spenden, mit denen nicht die Taschen der Gemeinde gefüllt werden, bauen sie Vertrauen zu uns auf. Und dadurch kann sich bei ihnen auch Vertrauen zu Jesus aufbauen.

Kommt und habt Spaß

Sei es das Basteln von Weihnachtsschmuck für unseren Heiligabend-Gottesdienst oder die Kinderspiele und das gemeinsame Essen nach unseren Taufgottesdiensten, ein Essen, bei dem jeder etwas mitbringt – wir feiern besondere Ereignisse im Gemeindeleben auf sichtbare Weise.

An Sonntagen, bei denen wir mehr Gäste erwarten als gewöhnlich, werden die Gäste mit einbezogen, statt sie nach dem Gottesdienst sofort nach Hause fahren zu lassen. Indem sie noch etwas verweilen, bekommen sie eine Verbindung zur Gemeinde, und aufgrund dieser Verbindung kommen sie vielleicht wieder und erfahren mehr über Jesus.

Kommt und lernt

Biblische Prinzipien für das persönliche Leben funktionieren – selbst bei Nichtchristen. Die Gemeinde kann praktische Lebenslösungen für den Alltag anbieten mit der Bibel als Quelle. Das kann durch Elternkurse oder Finanzplanungsseminare geschehen.

Wir sollten allerdings darauf achten, die Erlösungsbotschaft nicht durch Selbsthilfe oder Wohlfühllösungen zu ersetzen. Wenn wir Menschen nur dabei helfen, es sich in ihrer Gottesferne einzurichten, haben wir ihnen nicht geholfen, sondern geschadet.

Deshalb ist der nächste Punkt der wichtigste von allen.

Kommt und betet mit uns an

Man kann nicht wirklich einen Gott anbeten, zu dem man noch keine Beziehung hat, aber man kann die Gegenwart des Heiligen Geistes erfahren, wenn man sich unter anbetenden Christen befindet.

Zu Heiligabend, am Karfreitag, Ostersonntag und an anderen besonderen Tagen veranstalten wir keine aufwendige Bühnenshow. Wir feiern unseren Gottesdienst im Grunde so wie immer, tun es aber mit einem stärkeren Bewusstsein, dass wir mehr Gäste in unserer Mitte haben als gewöhnlich.

Wir haben auch besondere Sonntage der offenen Tür. An solchen Tagen halten wir ebenfalls im Grunde unseren normalen Gottesdienst ab, richten aber alles auf neue Gäste aus. Die Lieder sind leicht mitzusingen, unsere Ordner sind darauf eingestellt, den Weg zu den WCs zu zeigen oder Eltern zur Kleinkinderbetreuung zu führen, und die Predigt ist nicht für reife Christen gedacht, sondern für die Kirchenfernen – ein klarer, simpler, leicht verständlicher Vortrag über die Heilsgeschichte.

Wir sollten unseren Gottesdienst nie verwässern, nur weil Gäste in unserer Mitte sind. Die Tiefe unseres Glaubens muss zur Geltung kommen; es darf keine verflachte Glaubensversion sein, die nicht genug Gewicht hat, um etwas zu bewirken. Aber wir sollten unsere Gäste bei allem, was wir tun, mit berücksichtigen.

Falls Ihre Gemeinde aufwendige Zuschauer-Events gut macht und sie weiterhin »funktionieren«, bitte, machen Sie damit weiter. Beispielsweise in kleinen Orten sind solche Veranstaltungen eine langjährige Tradition, auf die sich alle freuen. Sollten sie bei Ihnen jedoch nicht (mehr) fruchten – wie bei uns –, gibt es effektivere Mittel, wie Sie Kontakte zu Menschen aufbauen und damit einen niederschwelligen Zugang zum Evangelium anbieten können.

KAPITEL 14

MENTORING UND JÜNGERSCHAFT IN EINER KLEINEN GEMEINDE

Wenn Sie wie die meisten Gemeindeleiter sind, haben Sie wahrscheinlich das Gefühl, dass es mit der Schulung Ihrer Mitglieder nicht so gut klappt wie gewünscht. Vielleicht haben sie nach den richtigen Schulungsprogrammen gesucht und haben einige stark empfohlene Programme ausprobiert, die in den großen Gemeinden, die Sie bewundern, gut funktioniert haben.

Eine große Gemeinde kann Jahr um Jahr das gleiche Programm benutzen, weil der Menschenstrom, der sie durchläuft, groß genug ist. Doch in einer kleinen Gemeinde dauert es nicht lange, bis alle, die an einem bestimmten Schulungsprogramm interessiert sind, es durchlaufen haben. Es kommen nicht jedes Jahr genügend Leute hinzu, um die Reihen beim nächsten Durchgang neu aufzufüllen. Das merkten wir in den 1990ern, als wir den Basisplan aus Rick Warrens *Kirche mit Vision* übernahmen. Wir führten ihn ein Jahr lang durch, und es lief gut. Viele Leute nahmen an den Unterrichtsstunden teil, also erwarteten wir im Folgejahr eine ähnlich zahlreiche Teilnahme, doch es zeigte sich … gähnende Leere.

Bei den meisten kleinen Gemeinden fassen solche Programme auf Dauer offenbar nicht Fuß. Schuld daran haben weder die Lehrpläne noch die kleinen Gemeinden. Vielmehr liegt es daran, dass dies ein weiterer Unterschied zwischen kleinen und großen Gemeinden ist.

Meinen Sie es mit dem Thema »Nachfolge« ernst? Mentoring ist besser als Programme

Programme und Lehrpläne sind nicht der beste Weg, Menschen in die Nachfolge Jesu zu führen. Ja, es gibt richtig gute Materialien, und ich bin dankbar für jeden Christen und jede Gemeinde, denen sie geholfen haben. Doch in den meisten Gemeinden sind sie nicht die ideale Schulung, und zwar aus einem ganz einfach Grund: Die meisten Gemeinden sind klein. Nicht jeder lernt gut in einem klassenzimmerartigen Unterricht. Doch es gibt eine Lernmethode, die bei allen funktioniert. Nicht nur ist das die älteste Lernmethode, die es gibt, sondern es ist auch die Methode, durch die wir vom frühesten Kindesalter an so ziemlich alles lernen: Wir sehen, wie jemand etwas tut, und dann machen wir es ihm nach. Das nennt man Mentoring.

Mentoring ist die Methode, mit der Jesus, Paulus und die frühen Gemeinden die Neubekehrten schulten, denn sie wussten, dass es bei Nachfolge und Jüngerschaft nicht hauptsächlich um theologisches Wissen oder auswendig gelernte Bibelverse geht. So wichtig das auch ist, im Wesen geht es bei Jüngerschaft darum, einem Vorbild zu folgen. Wie Paulus sagte: »Folgt meinem Beispiel, so wie ich dem Vorbild folge, das Christus uns gegeben hat«. (1. Korinther 11,1)

Im Großteil der westlichen Gemeindewelt haben wir das Mentoring zugunsten lehrplanmäßiger Programme nahezu aufgegeben. Einige Kritiker sagen uns, das liege daran, dass Firmen mehr Geld damit verdienen können, uns Unterrichtsmaterialien zu verkaufen; mit Mentoring könne man in kleinen Gemeinden hingegen kein Geld machen. Zwar ist es nie weise, die Rolle, die Geld bei vielen unserer schlechten Entscheidungen spielt, herunterspielen, doch ich halte es in diesem Fall für allzu simpel und zynisch, das ganze Problem aufs Gewinnmotiv zu schieben.

Der eigentliche Grund ist viel banaler: Alte Gewohnheiten lassen sich nur schwer überwinden. Durch unsere Erziehung sind wir so daran gewöhnt, in einem Klassenzimmer zu lernen, dass wir uns nur schwer einen ganz anderen Rahmen vorstellen können. In den Tagen von Jesus hatte die jüdische Kultur eine solche Tendenz zum Klassenzimmer nicht. Menschen lernten, weil ein Mentor einen Lehrling unter seine Fittiche nahm, und sie lebten und arbeiteten zusammen. Der Mentor zeigte dem

Lehrling, wie eine Aufgabe zu tun war, bis dieser es eigenständig konnte und selbst zum Mentor anderer wurde. In vielen nicht westlichen Kulturen läuft das auch heute noch so, aber auch die traditionelle Lehrlingsausbildung in Deutschland beruht noch auf diesem Konzept.

Zusätzlich zur gesellschaftlichen Vorliebe für Klassenzimmer sind Gemeinden aufgrund ihrer Größe auf lehrplanmäßige Programme umgestiegen. Erreicht eine Gemeinde – oder überhaupt irgendeine Gruppe – eine bestimmte Größe, wird das Mentoring unpraktisch, sogar unmöglich. Doch solange wir klein bleiben, ist das Mentoring als Methode, Menschen in der Nachfolge Jesu anzuleiten, vorzuziehen. Lehrpläne können allerdings recht effektiv als Ergänzung – nicht als Ersatz – benutzt werden. So können sie beispielsweise theologische und methodologische Schutzplanken bilden, die vor dem Abgleiten in Extreme schützen. Fragen Sie einzelne Christen nach dem größten geistlichen Einfluss auf ihr Leben; sie werden höchstwahrscheinlich keinen Lehrplan nennen. Was nennen die meisten? Einen Lehrer, einen Pastor, eine Mutter oder einen Vater, einen Freund. Mit anderen Worten, einen Mentor. Lehrpläne verbinden uns nicht mit dem Leib Christi. Es sind Menschen, die uns verbinden, Menschen, die Jesus lieben und uns zeigen, wie auch wir ihn lieben können, Menschen, die uns so sehr lieben, dass sie ihre Zeit in uns investieren.

Die meisten von uns praktizieren Mentoring bereits unbewusst, weil wir in Beziehungen leben. Nur handhaben wir das Mentoring nicht optimal, weil wir es selten so bewusst tun, wie es nötig ist. Wie bei dem Bogenschützen, der Pfeile an die Scheunenwand schießt, läuft Mentoring in den meisten Gemeinden ganz natürlich, aber unplanmäßig. Also wollen wir Zielscheiben um die Pfeile malen und Menschen bewusst durch Mentoring schulen.

Ich frage mich, ob vielleicht ein Mentorenmangel dazu beiträgt, dass derzeit eine Welle von Menschen – besonders jüngerer Menschen – die Gemeinde in Rekordzahlen verlässt.[37] Diese mögliche Ursache ist erwägenswert. Spricht man mit 100 Personen, die der Gemeinde den Rücken zugekehrt haben oder diesen Schritt in Betracht ziehen, bezweifle ich, dass man unter ihnen zehn findet, die eine lebendige Beziehung zu einem Mentor in ihrer Gemeinde haben.

Uns zu stark auf Lehrpläne zu verlassen, kann uns den falschen

Eindruck vermitteln, wir würden Menschen in die Nachfolge Jesu führen, wo wir sie in Wirklichkeit doch bloß zu Kursabsolventen machen. Kurse können gut sein, aber sie führen nicht unbedingt dazu, Menschen zu Jüngern Jesu zu machen.

Falls Sie Mentoring noch nie bewusst praktiziert haben, mag es schwer klingen. In einer kleinen Gemeinde, die einen bereits überlasteten und vielleicht nur nebenberuflichen Pastor hat, kann sich das wie eine unzumutbare Last anhören. Die meisten von uns haben kaum Zeit für die Grundaufgaben des Pastorenamts, und dann sollen wir den Gemeindemitgliedern auch noch als Mentoren dienen? Viele Jahre dachte ich dasselbe. Doch beim Mentoring geht es nicht darum, dass eine einzige Person – auch nicht der Pastor – die gesamte Jüngerschaftsschulung der Gemeinde übernimmt. Das Schöne am Mentoring ist, dass es nicht nur Christen schult, sondern diese Christen selbst zu Mentoren macht.

Jüngerschaft durch Mentoring, ohne Leiter zu überlasten

Wir müssen unsere Mentalität ändern und dem Mentoring einen viel höheren Wert beimessen. Kleine Gemeinden *müssen* kein Mentoring praktizieren, sie *dürfen* es! Es ist ein Vorrecht.

Es war nicht die bevorzugte Schulungsmethode von Jesus, große Menschenmengen zu unterrichten. Genauer gesagt schulte er große Gruppen überhaupt nicht, er belehrte sie nur gelegentlich. Die größte Gruppe, in die Jesus mehr Zeit investierte, hatte 72 Mitglieder. Hauptsächlich konzentrierte er sich jedoch auf seinen zwölfköpfigen Kreis, und selbst unter diesen zwölf nahm er häufig drei Jünger zur Seite. Jesus sprach zu größeren Menschenmengen, hatte sie lieb und hatte Mitgefühl mit ihnen. Aber er schulte nur die Jünger. Er bestritt den Alltag mit ihnen. Er erklärte ihnen das Warum seines Handelns. Das ist Mentoring.

Jesus hat uns kein Mentoring-Programm überliefert. Das musste er auch gar nicht, weil so eine Liste bereits ungefähr eineinhalb Jahrtausende vor seiner Geburt aufgestellt worden war von einem Mann namens Jitro, Moses Schwiegervater.

1. Mit einer Einzelperson anfangen

Als Moses Schwiegervater Jitro sah, wie Mose die kleinen und großen Streitereien eines ganzen Volkes persönlich zu regeln versuchte, meinte er zu ihm: »So wie du es machst, ist es nicht gut! Die Aufgabe ist für dich allein viel zu groß. Du reibst dich nur auf, und auch die Leute sind überfordert« (2. Mose 18,17-18).

Also schlug Jitro einen genialen Plan vor. Mose sollte sich nach Leuten umsehen, die vier Charaktermerkmale aufwiesen – Zuverlässigkeit, Ehrfurcht vor Gott, Wahrheitsliebe und Unbestechlichkeit –, und ihnen die Verantwortung für jeweils 1.000, 100, 50 und zehn Personen übertragen. Sie sollten die alltäglichen Streitfälle schlichten und zu Mose nur mit den größeren Fällen kommen (siehe 2. Mose 18,17-26).

In einer Nation von vielleicht zwei Millionen Menschen (600.000 Männer plus Frauen und Kinder) hieß das, dass es 2.000 Leiter gab, die Mose unterstellt waren. Das ist immer noch eine beträchtliche Last, aber es war erheblich leichter, als sich um die Belange von zwei Millionen Menschen persönlich kümmern zu müssen.

Auf diesen Plan beziehen sich häufig Megakirchen-Pastoren, wenn sie darüber sprechen, eine Gemeinde im großen Stil zu organisieren – wie der Besitzer einer riesigen Rinderfarm. Aber wir Leiter kleiner Gemeinden sind keine Rinderfarmer, wir sind Hirten. Wir brauchen keine Leiter, die die Verantwortung für 1.000 Gemeindemitglieder übernehmen, und viele unserer Gemeinden brauchen auch keine Leiter für 100 oder 50 Mitglieder.

Aber jede Gemeinde braucht einzelne Mitarbeiter, denen man die Verantwortung für zehn Gemeindemitglieder überträgt. Also fangen Sie dort an mit einem einzigen Mitarbeiter. Finden Sie eine Person mit Potenzial, fünf bis zehn Menschen zu leiten. Vielleicht hat sich diese Person in der Familie bereits als fähiger Leiter erwiesen (immerhin befinden sich Familien ja auf einer ähnlichen Ebene wie Jitros Zehnergruppen). Oder vielleicht gibt es in Ihrer Gemeinde einen Teenager, dem die anderen Teenager folgen. Auch ein Teenager kann zum Mentor von fünf bis zehn anderen Teenagern werden.

Lassen Sie sich nicht davon entmutigen, wenn Sie keine Leiter haben, die für 50 oder 100 Personen zuständig sind; in einer Gemeinde, die 25 Mitglieder hat, brauchen Sie solche Personen nicht. Fangen Sie mit einer Person an, der Sie Verantwortung für bis zu zehn Menschen übertragen können.

Davon gibt es in jeder Gemeinde einen, selbst in Ihrer.

2. Einen Menschen finden, der dienstbereit ist

Schauen wir uns noch einmal die Charaktermerkmale an, die Jitro für die potenziellen Leiter empfahl:

- Zuverlässigkeit
- Ehrfurcht vor Gott
- Wahrheitsliebe
- Unbestechlichkeit

Wenn ich diese Liste lese, denke ich an Dienstbereitschaft. Lassen Sie sich bei Ihrer Suche nach Leitern nicht vom Knalleffekt gewisser Führungsqualitäten beeindrucken, von denen viele gefesselt sind. Suchen Sie lieber jemanden, der von Demut geprägt ist, bereitwillig dient, zur Lösung von Problemen beiträgt, statt sich über sie zu beklagen, und dazulernen möchte.

Wer eine Leitungsposition innehaben möchte, um einen Titel zu bekommen oder mehr Kontrolle zu gewinnen, wird mehr Probleme erzeugen als lösen. Aber Sie können nichts falsch machen, wenn Sie mit jemandem beginnen, der das Herz eines Dieners hat.

Einer meiner Lieblingsbeispiele für einen dienstbereiten Menschen in der Bibel ist Barnabas in der Apostelgeschichte. Wir wissen zwar nur wenig über ihn, aber das, was wir wissen, ist außergewöhnlich, und es zeigt seine dienstbereite Einstellung. Wir hören zum ersten Mal von Barnabas, als er ein Feld verkauft, um den gesamten Erlös den Aposteln zu Füßen zu legen (siehe Apostelgeschichte 4,36-37). Als er dann von der Jerusalemer Gemeinde nach Antiochien geschickt wurde, um dort nach der nicht jüdischen Gemeinde zu schauen, »ermutigte [er] die Gläubigen, fest und entschlossen in ihrem Glauben an den Herrn zu bleiben. Er war ein vorbildlicher Mann, erfüllt vom Heiligen Geist und stark im Glauben.« Durch seinen Einfluss »begannen damals viele Menschen Jesus, dem Herrn, zu vertrauen« (siehe Kapitel 11,22-26).

Seine Dienstbereitschaft spiegelte sich sogar in seinem Namen wider. Obwohl er eigentlich Josef hieß, nannten ihn die Apostel Barnabas, was übersetzt heißt: »der anderen Mut macht« (siehe Kapitel 4,36-37).

Stellen Sie sich vor, wie anders die Geschichte der ersten Gemeinden hätte verlaufen können, hätte es nicht die Dienstbereitschaft dieses Mannes gegeben, der keinerlei Titel forderte und doch einen weitreichenden Einfluss hatte.

3. Menschen begleiten, die neu zum Glauben gefunden haben

Pastoren großer Gemeinden können sich natürlich nicht persönlich mit jedem treffen, der neu zum Glauben gefunden hat. Das ist einer der Vorzüge des Pastorenamts in einer kleinen Gemeinde – die persönliche Note.

Vor Jahren traf ich mich mit einem jungen Gläubigen, der absolut kein Bibelwissen hatte. Nach einem kurzen Gespräch kam ich zu dem Schluss, dass er am besten erst einmal das Johannesevangelium lesen sollte, das würde seinem neu gefundenen Glauben einen ersten Wachstumsschub geben. Ich empfahl ihm, jeden Tag ein Kapitel zu lesen und über das Gelesene nachzudenken. Sollte er am nächsten Tag dasselbe Kapitel noch einmal lesen wollen, könne er das gerne tun. Ja, er könne es so viele Male wiederholen, bis er zum nächsten Kapitel übergehen wolle.

Als ich ungefähr zehn Tage später an einem Sonntagmorgen bei ihm nachfragte, wie es lief, war er erst bei Johannes 5. »Ich blieb einige Tage bei Johannes 3 hängen«, erzählte er mir mit großer Freude. »Das Gespräch zwischen Jesus und Nikodemus ist fantastisch!«

Ich lächelte. Gottes Wort tat sein Werk!

Danach sprachen wir in regelmäßigen Abständen über seine Fortschritte. Er las die Apostelgeschichte auf die gleiche Weise, dann ging er Römer durch. Ich beantwortete Fragen, wenn er Hilfe brauchte. Ich bin noch nie jemand anderem begegnet, bei dem ich diese Jüngerschaftsmethode empfehlen würde, aber bei ihm war das ziemlich lange genau das Richtige.

Menschen lernen und wachsen im Glauben auf verschiedene Weise. Lasst uns den Vorteil der persönlichen Beziehung nutzen, um Menschen so in ihrem geistlichen Wachstum zu begleiten, wie es am besten zu ihnen passt.

Beim ersten Gespräch mit einem Menschen, der gerade erst zum Glauben gefunden hat, stelle ich Fragen wie diese:

- Wie hast du deine Familie als Kind und als Jugendlicher erlebt?
- Wie hat dir die Schule gefallen?
- Liest du gerne?
- Bekommst du beim Lernen gerne viel Hilfestellung oder lernst du lieber eigenständig?
- Wie beziehungsorientiert bist du?
- Was machst du gerne in deiner Freizeit?
- Welches war deine beste Lernerfahrung in der Vergangenheit? Und deine schlimmste?
- Wer war dein Lieblingslehrer und warum?

Kurzum, ich bleibe neugierig, bis ich mir ein gutes Bild von der Person gemacht habe, dann mache ich ihr ein, zwei Vorschläge und frage sie, ob das vielleicht das Richtige für sie sein könnte. Ich biete ihr auch einen Ausweg ohne schlechtes Gewissen an. Passt die ausgewählte Lernmethode doch nicht, kann die Person jederzeit zu mir kommen und wir suchen einen anderen Weg.

4. Zuhören – und zwar ganz viel

Jemandem zu helfen, Jesus ähnlicher zu werden, fängt nicht damit an, ihn zuzutexten, sondern ihm zuzuhören. Überlegen Sie mal, wie viele Gespräche Jesus hatte. Wenn es je jemanden gab, der berechtigt gewesen wäre zu sagen: »Ich muss mir nicht anhören, was die Leute wollen, ich habe die Antworten«, dann Jesus. Doch das tat er nie. Jesus ging so vor, wie auch wir vorgehen sollten. Er führte Gespräche, bei denen er sich die Ideen, Vorlieben, Ängste und Hoffnungen der Menschen anhörte.

Durchs Zuhören erfahren wir, welche Begabungen, Fertigkeiten und Persönlichkeitsmerkmale Gott den Menschen gegeben hat. Danach können wir einen der Hauptvorteile nutzen, die das Mentoring gegenüber einem vorgeschriebenen Lehrplan hat, nämlich die persönliche Note.

5. Die Gemeindearbeit *mit* Menschen tun, nicht nur *für* sie

Mentoren verbringen nicht viel Zeit allein. Falls Sie introvertiert veranlagt sind, ist Ihnen beim letzten Satz vermutlich gerade ein kalter Schauer den Rücken hinabgelaufen. Mir auch. Ich brauche intensive Zeit allein, um funktionsfähig zu bleiben, aber selbst Introvertierte wie wir können das schaffen.

Jesus hat es uns vorgelebt. Nachdem er der Menschenmenge Gleichnisse erzählt hatte, scharte er seine Jünger um sich, beantwortete ihre Fragen und wies auf tiefere Wahrheiten hin. Er erklärte ihnen, warum er so und nicht anders gelehrt hatte. Dann suchte er sich einen stillen Platz, um Zeit mit seinem Vater zu verbringen.

Beim Mentoring gibt es keine Abkürzungen. Es erfordert Beziehungen, und Beziehungen erfordern Zeit – gemeinsame Zeit.

6. Das Warum erklären

Wenn wir nichts weiter wollen, als Menschen zu sagen, was sie wissen sollten, können wir uns auf Predigten und Unterricht beschränken. Doch wenn wir Menschen zu Jüngern Jesu machen wollen, reicht es nicht, ihnen bloß zu sagen, *wie* man etwas tut; wir müssen ihnen auch das *Warum* zeigen.

»Gott hat es gesagt, ich glaube es und damit ist die Sache erledigt« reicht nicht mehr, und es hat noch nie gereicht. Wir sollten es nicht als Ungehorsam, Eigensinn oder übertriebene Neugier abtun, wenn Menschen von uns wissen wollen, warum wir das tun, was wir tun, oder warum wir das glauben, was wir glauben. Das ist ein Ausdruck von Weisheit. Mehr noch, wenn ich als Mentor jemanden unter meine Fittiche nehme und derjenige mir blind folgt, ohne je nach dem Warum zu fragen, dann frage ich mich, ob ich die richtige Person gewählt habe. Denken Sie daran: Wir wollen Jünger von Jesus schulen, nicht Klone von uns selbst »erschaffen«.

Solange Menschen nicht wissen, warum sie bestimmte Dinge tun, können sie diese Dinge auch nicht anpassen oder verbessern, wenn es nötig ist. Dabei braucht die Gemeinde doch genau das: viele, viele Jünger und Jüngerinnen Jesu, die sich weiterentwickeln und es besser machen können, als wir es gemacht haben.

7. Menschen zutrauen, dass sie selbstständig im Glauben wachsen

An irgendeinem Punkt des Mentoring-Prozesses – und zwar nicht zu spät – müssen wir unsere Schützlinge auf den Weg schicken. Das erfordert Vertrauen. Vertrauen in das Mentoring. Vertrauen auf Gott. Vertrauen darauf, dass sie es auch ohne uns »können«, obwohl sie es nicht genauso tun werden wie wir. Das sollen sie auch gar nicht.

Doch das Mentoring hört an diesem Punkt nicht auf. Zu glauben, damit sei das Mentoring vorbei, ist ein Trugschluss. Vielmehr sollten wir das tun, was Jesus tat, nämlich unsere Schützlinge auf den Weg schicken, damit sie für Schritt 8 zurückkommen können.

8. Feedback geben

Jesus sandte die 72 in Zweiergruppen aus, aber dabei beließ er es nicht. Sie sollten ihm Bericht erstatten und dann gab er ihnen weitere Anweisungen, wie sie es das nächste Mal besser machen könnten (siehe Lukas 10).

Das ist leichter, als man vorher vielleicht meint. Wann immer wir in unserer Gemeinde mit einer Gruppe auf eine Konferenz, eine Freizeit oder eine Missionsreise fahren, nehmen wir uns hinterher die Zeit, von den Erlebnissen der Teilnehmer zu hören. Wir freuen uns gemeinsam über Positives und heben die Lektionen hervor, die wir gelernt haben. Auf der Busfahrt nach Hause findet häufig genauso viel Mentoring und Jüngerschaftsschulung statt wie während des Events selbst.

9. Menschen in einen Dienst integrieren, wo ihre Gaben zum Tragen kommen

Das ist der am häufigsten vernachlässigte Schritt bei den meisten Mentoring-Beziehungen. Wir füllen die Köpfe der Leute mit Bibelwissen, warten aber zu lange, bis das Gelernte in der realen Welt aktiviert wird. Das schadet dem Schützling genauso wie der Gemeinde.

Je länger ich als Pastor arbeite, desto überzeugter bin ich, dass einer der Hauptgründe für den pastoralen Stress von all den Gemeindemitgliedern herrührt, die zwar eine Menge Bibelwissen ansammeln und die Kirchenbank aufwärmen, aber wenig – wenn überhaupt einen – praktischen Dienst außerhalb der Gemeindewände tun.

Der Apostel Paulus hat uns gelehrt, dass die richtige Erkenntnis allein nur zu Hochmut führt. »Liebe dagegen baut die Gemeinde auf« (1. Korinther 8,1). Wenn wir Bibelinformationen in die Köpfe der Leute stopfen, ohne ihnen dazu zu verhelfen, es auch mit ihren Händen und Füßen zu aktivieren, verleihen wir ihnen nur ein falsches Gefühl der Wichtigkeit. Es sind nie die Menschen, die gerade zum Glauben gefunden haben, die den Pastor in den Burn-out treiben. Es sind eher die langjährigen Christen, die ihr Wissen nicht in die Tat umsetzen.

10. Menschen zu Mentoren machen

Bei jedem Schritt dieses Prozesses sollte der Schützling daran erinnert werden, dass er am Ende selbst zum Mentor anderer werden soll. Dieses Wissen motiviert ihn nicht nur, sich auf sein Training zu konzentrieren, sondern bringt ihn auch dazu, die Augen für den nächsten potenziellen Schützling offen zu halten.

Schieben Sie es nicht auf. Wir müssen Jünger auch zu Mentoren machen, teilweise schon inmitten ihres eigenen Jüngerschaftsprozesses. Erst wenn Jünger auch ihrerseits Menschen zum Glauben führen, weiß man, dass das Mentoring Frucht gebracht hat.

KAPITEL 15

DEN ERFOLG EINER KLEINEN GEMEINDE PLANEN

Wir haben eine Reihe von Praktiken erörtert, die nötig sind, um zu einer kleinen Gemeinde zu werden, die eine große Auswirkung hat. Das schloss mit ein, die Stärken der Gemeinde zu entdecken, chronische Probleme in Angriff zu nehmen, eine Vision zu finden sowie Mentoring zu praktizieren. Planung ist eine weitere jener Praktiken, die eine kleine Gemeinde zu einer kleinen Gemeinde macht, die eine große Auswirkung hat. Mangelnde Planung trägt erheblich dazu bei, dass sich viele Pastoren kleiner Gemeinden ausgelaugt fühlen und warum viele an sich gesunde kleine Gemeinden zu stagnieren scheinen. Planung ist ein wesentlicher Bestandteil der Fertigkeiten eines jeden Leiters.

Zu den vielen Vorteilen besserer Gemeindeplanung gehören:

- besser auf Ereignisse vorbereitet sein
- mehr Zeit zur Vorbereitung auf die Sonntagspredigt
- optimalere Nutzung der Zeit ehrenamtlicher Mitarbeiter
- weniger Stress für alle, die an der Leitung beteiligt sind
- mehr Beständigkeit, was Leitung, Terminplanung und anderes betrifft
- Kapazität für Ideenentwicklung
- Herausfilterung schlechter Ideen, bevor sie umgesetzt werden
- und vieles mehr

Die meisten Lehren über langfristige Gemeindeplanung behandeln Fünf- bis Zehnjahresziele. Die meisten kleinen Gemeinden hingegen haben vielleicht gerade mal einen Plan für nächsten Sonntag. Wir wissen, dass wir das besser machen sollten. Es gibt einen derart großen Graben zwischen »Worüber soll ich diesen Sonntag predigen?« und »Was sind unsere Pläne für das nächste Jahrzehnt?«, dass die meisten Pastoren kleiner Gemeinden die langfristige Planung ganz aufgeben.

So muss es nicht sein. Es gibt einen gesunden Mittelweg, der für Pastoren kleiner Gemeinden gut funktioniert. Planung in kleinen Gemeinden ist nämlich – das sollte uns inzwischen nicht mehr überraschen – anders als in großen Gemeinden.

Warum Planung wichtig ist

Stellen Sie sich vor, es ist Januar (sollten Sie dies gerade im Januar lesen, müssen Sie es sich natürlich nicht extra vorstellen). In der großen Gemeinde zwei Straßen weiter wurde der Jahresplan schon vor vielen Monaten ausgearbeitet. Für die Predigtreihe dieses Monats wurde im Dezember jede Woche geworben, um den Zulauf der Weihnachtszeit zu nutzen. Das Jahresbudget wurde vor Monaten abgesegnet und braucht nur noch geringfügige Anpassungen an die Fünfjahresvision des Pastors.

In den meisten kleinen Gemeinden schlägt sich der Pastor währenddessen wieder den Samstagabend um die Ohren, um noch schnell eine Predigt vorzubereiten, nachdem er die ganze Woche seinen säkularen Beruf ausgeübt hat. Der Weihnachtszulauf? Das war ein Flop, und das Einzige, was wir übers Jahresbudget wissen, ist, dass wir dieses Jahr mit weniger auskommen müssen als im letzten Jahr.

Ist dieser Planungsmangel der Grund, warum viele kleine Gemeinden klein bleiben? Oder geht hier etwas anderes vor? Sicher, es gibt Gemeinden, die aufgrund inkompetenter Planung und Ausführung klein bleiben, doch das ist bei den meisten kleinen Gemeinden nicht der Fall.

Langfristiges Planen ist aus mehreren Gründen in kleinen Gemeinden schwerer als in großen. Da sich große Menschenmengen vorhersagbarer benehmen als kleine Gruppen, kann man sich auch besser im Voraus auf ihre Bedürfnisse und Reaktionen einstellen und mit relativ hoher Sicherheit das kommende Jahr planen. Je kleiner aber die

Gemeinde ist, desto weniger vorhersagbar verhält sie sich und desto schwerer ist das Vorausplanen.

Und: Je kleiner die Gemeinde ist, desto größer sind die Folgen selbst kleiner Ereignisse. Beispielsweise sollte jede Gemeinde ein Jahresbudget haben. Doch dieses Budget wird hinfällig, wenn ein oder zwei Spender ihren Arbeitsplatz verlieren oder berufsbedingt umziehen müssen. Oder wenn eine Wasserleitung platzt.

Dasselbe kann mit der Kinderarbeit, dem Lobpreis-Team, der Jugendgruppe und so weiter passieren. In einer großen Gemeinde kommen und gehen Leute, ohne dadurch bei der Gemeinde als Ganzes große Wellen zu schlagen. In einer kleinen Gemeinde kann der Zuwachs, der Verlust oder die Planänderung einer einzigen Person oder Familie eine so gewaltige Welle in der Gemeinde schlagen, dass man sich nie angemessen darauf vorbereiten kann.

Außerdem: Je kleiner die Gemeinde ist, desto weniger Wert scheint Planung zu haben. Wenn fast jede kleine Wetteränderung alles aus dem Gleichgewicht bringen kann, erscheint es sinnlos, über das nächste Wochenende hinaus zu planen. Doch wie wir alle wissen (und das ist eine allgemeingültige Wahrheit): Wer versäumt zu planen, der plant zu scheitern.

Jede Gemeinde sollte sich die Zeit für situationsgerechtes Planen nehmen, und die Situation schließt die Gemeindegröße mit ein. Wenn wir nicht planen, kostet es uns langfristig viel mehr.

Das ist etwas, was jeder kompetente Militärstratege weiß. Wer planlos in den Kampf zieht, verliert die Schlacht. Sobald der Kampf beginnt, muss der Plan entsprechend der Situation am Boden umgeändert werden. Warum also überhaupt planen? Weil man sich im Klaren darüber sein muss, wo man hinwill, auch wenn sich der Weg dorthin unterwegs ändert. Ohne Plan, den man anpassen kann, weiß man überhaupt nicht, wohin es geht.

Planen erfordert natürlich Zeit, wovon viele Pastoren kleiner Gemeinden (besonders meine nebenberuflichen Kollegen) herzlich wenig haben. Deshalb ist es für uns oft leichter und schneller, spontan zu agieren. Wir wissen, wir sollten uns besser vorbereiten, aber *jetzt* Zeit zu finden, damit wir *später* mehr Zeit haben, kann fast unmöglich erscheinen. Das Dringliche setzt sich oft gegen das Langfristige durch.

Nachdem schließlich die Planungen abgeschlossen sind, muss sie auch jemand umsetzen. Dieser »Jemand« ist gewöhnlich der Pastor. Aber: Wenn ich es am Ende sowieso selbst erledigen muss, warum sollten wir dann überhaupt planen? Wir wissen zwar, dass es langfristig besser ist, Mitarbeiter zu schulen, aber der langfristige Vorteil erfordert jetzt gerade zu viel Zeit und Energie.

Beispielsweise habe ich schon großartige Vorschläge gelesen, wie man Treffen der hauptamtlichen Mitarbeiter organisieren kann oder sich eine mehrtägige oder sogar mehrwöchige Auszeit abseits der Gemeinde nehmen sollte, um den jährlichen Predigtplan zu erstellen. Doch eine durchschnittliche kleine Gemeinde hat gar keine hauptamtlichen Mitarbeiter. Und der Vorschlag, zur Predigtvorbereitung mehrere Tage irgendwohin zu reisen? Ich kann meine Pastorenkollegen kleiner Gemeinden lachen hören, besonders die nebenberuflichen.

Was langfristiges Planen betrifft, brauchen Pastoren kleiner Gemeinden Vorschläge, die auf kleine Gemeinden zugeschnitten sind. Das bringt uns zur guten Nachricht: Trotz der herausfordernden Realitäten *können* kleine Gemeinden die Jahresplanung besser hinbekommen. Hier sind einige Schritte, die Dinge ins Rollen zu bringen ...

Planungsschritt 1: JETZT die jährlichen Ereignisse auf den Kalender schreiben

Weihnachten kommt auch dieses Jahr wieder. Heiligabend ist immer am 24. Dezember und der erste Weihnachtstag am 25. Das habe ich überprüft. Das genaue Osterdatum ändert sich von Jahr zu Jahr, aber es ist nicht schwer, es im Voraus nachzuschauen. Dasselbe gilt für jedes andere jährliche Ereignis. Warum also sollten wir uns von ihnen überraschen lassen, so, als würden sie sich an uns anschleichen?

Fangen Sie Ihre Jahresplanung damit an, dass Sie die jährlichen Ereignisse gut sichtbar auf dem Kalender oder der Planungs-App platzieren. Dann zählen Sie drei Monate zurück und markieren in Rot: »Planungsstart für Event X.« (Schreiben Sie zum Beispiel beim 24. September: »Planungsstart für Heiligabend.«) So einfach ist das. Fangen Sie mit dem an, was Sie mit Sicherheit wissen.

(Dies ist für Gemeinden geschrieben, die nicht unbedingt sowieso schon ganz eng angelehnt an das Kirchenjahr arbeiten und sich an die Leseordnung ihrer Konfessionen halten.)

Planungsschritt 2: Das 3-2-1-System für einen besseren Vierteljahresplan

Einige Pastoren großer Gemeinden nehmen sich einen Monat frei (gewöhnlich im Sommer), um zu planen, zu beten und zu organisieren. Einige schreiben in dieser Zeit sogar einen ganzen Jahresvorrat an Predigten. Das würde ich *liebend* gerne auch können! Doch das kommt in keiner mir bekannten kleinen Gemeinde infrage, besonders nicht für Pastoren, die ganztags als Büroleiter oder Maler oder ... (fügen Sie den Beruf Ihrer Wahl ein) beschäftigt sind.

Stellen Sie sich vor, es könnte tatsächlich einen Weg geben, wie wir das jedes Jahr hinbekommen. Ein Monat bestehend aus 40-Stunden-Wochen ergibt 160 Stunden, um zu planen, zu beten, zu organisieren, Predigten zu schreiben und neue Arbeitsstrategien zu entwickeln. Nun, es gibt einen Weg, wie fast jeder Pastor – selbst meine nebenberuflichen Kollegen – das schaffen können.

Ich nenne das mein 3-2-1-System. Jede Woche nehme ich mir drei konzentrierte Stunden, in denen ich mich ganz dem Nachdenken, Planen, Beten und Schreiben widme, und zwar in der folgenden Reihenfolge:

Das 3-2-1-Planungssystem

ZWEI MONATE IM VORAUS:	DREI MONATE IM VORAUS:	EINEN MONAT IM VORAUS:
Nehmen Sie sich eine Stunde, um über die Ereignisse nachzudenken und zu beten, die zwei Monate in der Zukunft	Nehmen Sie sich eine Stunde, um über die Ereignisse nachzudenken und zu beten, die drei Monate in der Zu-	Nehmen Sie sich eine Stunde, um über die Ereignisse nachzudenken und zu beten, die einen Monat in der Zu-

liegen. Diese Ideen sind über die Was-wäre-wenn-Stufe hinausgegangen und haben grünes Licht bekommen. Termine wurden festgelegt, also überlegen Sie sich nun, wie Sie für die Sache Werbung machen und Mitarbeiter gewinnen wollen und so weiter.

kunft liegen. Dazu gehören Predigtreihen, große Events, Gastredner und die Prinzipien, auf die man bauen will. In dieser Stunde kommen oft erste Ideen, Was-wäre-wenn-Fragen und verrückte Träume.

kunft liegen. Jetzt wird es ganz konkret. Machen Sie Werbung, überlegen Sie sich die Sketche, Videoclips, besondere Liedvorträge oder Predigtillustrationen, das Aufbauen, Abbauen und mehr.

Ich bin kein Effizienzexperte. Aber diese Praxis hat mir tatsächlich *mehr als 150 zusätzliche Planungsstunden* (drei Stunden die Woche, mehr als 50 Wochen im Jahr) gegeben, für die ich meinte, keine Zeit zu haben.

Es ist nicht leicht, besonders zu Anfang nicht. Doch selbst ein nebenberuflicher Pastor kann diese drei Stunden pro Woche schaffen, beispielsweise auf dem Arbeitsweg, während der Mittagspause oder nachdem die Kinder im Bett sind. Es erfordert nur eine bewusste Entscheidung und die Selbstbeherrschung, es durchzuziehen. Langfristig wird dadurch alles besser, leichter und effektiver.

Planungsschritt 3: Eine Checkliste für effektivere Leitungstreffen

Obwohl ich stark an Planung glaube, bin ich kein Fan von Planungstreffen. Doch Planung erfordert auch Treffen. Was ist also die Lösung? Effektiver zu planen, indem man effektivere (das heißt weniger!) Treffen hat. So etwas nenne ich eine Win-win-Situation.

Wiederum, es ist bereits viel über effektive Planungstreffen aus der Perspektive großer Gemeinden geschrieben worden, aber wenig unter Berücksichtigung der besonderen Herausforderungen kleiner

Gemeinden. Zum Beispiel gehen die meisten Ratschläge für Gemeindeplanung davon aus, dass alle problemlos zum Planungstreffen kommen können, weil die Beteiligten bezahlte Mitarbeiter sind. Das ist in kleinen Gemeinden jedoch nicht der Fall. Da die allermeisten Teilnehmer unbezahlt sind, mitunter auch der Pastor, ist diese erste Grundannahme gleich schon hinfällig.

In einer kleinen Gemeinde ist es schwerer, Termine für Planungstreffen zu finden. Deshalb ist es umso wichtiger, jedes Treffen maximal zu nutzen. Bei den Planungstreffen in unserer Gemeinde achte ich darauf, dass sie jedes Kriterium auf meiner Checkliste erfüllen.

Leitungstreffen in kleinen Gemeinden müssen Folgendes sein:

- ☐ **regelmäßig.** Ob ein Treffen nun wöchentlich oder monatlich stattfindet, wenn die Beteiligten wissen, dass es an dem und dem Tag ist, können sie sich darauf einstellen. Es ist hilfreich, wenn es bereits im Kalender eingetragen ist, bevor anderes hinzukommt.

- ☐ **zielorientiert.** Der Unterschied zwischen Teams und Gremien besteht oft darin, dass Gremien über Dinge reden, während Teams Dinge tun. Einige Gremien wie z. B. ein Vorstand mögen für die Gemeindeordnung oder aus gesetzlichen Gründen erforderlich sein, aber davon abgesehen empfehle ich zielorientierte Teams, keine Gremien.

- ☐ **auf Lösungen ausgerichtet, nicht auf Probleme.** Effektive Leiter verhindern, dass Treffen in Nörgelrunden abrutschen. Das macht man, indem man die Unterhaltung immer wieder auf Lösungen lenkt. Die Unterhaltung sollte sich nie um Schuldzuweisungen drehen. Allerdings würde ich sehr empfehlen, die populäre »Sprich kein Problem an, bevor du keine Lösung hast«-Regel aus dem Fenster zu werfen. Diese falsche Regel ist oft ein Grund, warum viele wichtige Angelegenheiten nie zur Sprache kommen.

- ☐ **kurz.** Außer wenn die Gemeinde gerade einen Notfall hat oder eine große Veränderung durchmacht, sollten die meisten gut geplanten Treffen höchstens eine Stunde dauern. Menschen, die am liebsten anpacken, sitzen nicht gerne in langen Treffen, und Menschen, die lange Treffen lieben, sind eher keine Anpacker.

- ☐ **geplant.** Wenn das Treffen kurz bleiben soll, nutzen Sie eine geschriebene Tagesordnung und halten sich daran. Sicher, es kann in letzter Minute noch etwas hinzukommen, doch das sollte die Ausnahme sein, nicht die Regel. Alle Hauptthemen sollten schon im Voraus auf der Tagesordnung stehen.

- ☐ **Folgetermine zusammen ausmachen.** Schließen Sie nie ein Treffen ab, ohne vorher den Termin für das nächste Treffen zu bestätigen. Tun Sie es, während alle noch im Raum sind, sonst wird es später so gut wie unmöglich.

- ☐ **effektiv.** Falls solche Treffen nichts mehr bringen, hören Sie damit auf. Der Wert und die Effektivität eines jeden Planungsteams sollte regelmäßig neu beurteilt werden.

- ☐ **inklusiv.** Die Punkte auf der Tagesordnung sollten für die ganze oder fast die ganze Gemeinde von Belang sein. Wenn eine Angelegenheit auftaucht, die nur ein paar Leute in der Gemeinde betrifft, dann machen Sie ein Treffen mit nur diesen Leuten aus. Nichts ist so zermürbend, wie einen Punkt nach dem anderen durchsitzen zu müssen, der einige wenige der Anwesenden betrifft, aber die meisten ausschließt.

- ☐ **passend.** Setzen Sie die Termine zu einer Zeit an, die für die größte Anzahl der Teammitglieder passt. In unserer Gemeinde ist das oft nach dem Sonntaggottesdienst, während alle Teammitglieder sowieso schon im Gebäude sind. Teamtreffen können auch während des Kinderprogramms an einem Wochentag stattfinden. Auf diese Weise können sich Eltern einen Babysitter sparen.

☐ **kooperativ.** Wir sind alle im gleichen Team. Wenn Treffen in Streitereien darüber ausarten, wer den größeren Teil des Budgets, des Gebäudes oder des Terminkalenders bekommt, dann ist Planung das kleinste Problem der Gemeinde. Die Mission in den Mittelpunkt zu stellen, ist der beste Weg, dass aus Kollaboration kein Konkurrenzkampf wird. Apropos …

☐ **missionsorientiert.** Von der eigentlichen Mission abzukommen, ist eine ständige Gefahr. Wenn wir nicht aufpassen, bekommen die Treffen eine höhere Priorität als die Mission, der sie dienen sollen. Die Hauptaufgabe des Leiters besteht darin, die Augen des Teams immer wieder neu auf den Grund zu lenken, warum die Treffen überhaupt stattfinden.

☐ **feierlich.** Sorgen Sie für eine positive Atmosphäre. Arbeiten Sie nicht nur an Problemlösungen, sondern nehmen Sie sich bei jedem Treffen auch eine besondere Zeit, in der man fragen kann: »Was läuft gut?« – und dann freuen Sie sich zusammen darüber.

☐ **auf den nächsten Schritt ausgerichtet.** Teammitglieder sollten mit mehr Antworten und besser ausgerüstet das Treffen verlassen, als es zuvor der Fall gewesen ist. Sie sollten wissen, was sie als Nächstes tun können, was ihnen dafür zur Verfügung steht und was sie für das nächste Treffen brauchen.

KAPITEL 16

DIE ARBEIT *VON* DER GEMEINDE AUS TUN, NICHT NUR *IN* DER GEMEINDE

Ich sprach einmal mit dem Pastor einer kleinen Gemeinde, der über seine Gemeindemitglieder verärgert war. »Ich habe mehrere Gemeindemitglieder, die überall mithelfen, nur in der Gemeinde nicht. Sie engagieren sich im ganzen Ort einschließlich in der Schule, was mich besonders verärgert.«

»Und warum?«, fragte ich.

»Nun, wir haben keine Jugendgruppe. An Jugendabenden kommen nur zwei, drei Jugendliche. Manchmal gar keine. Dieses eine Gemeindemitglied z. B. engagiert sich mit seiner Frau in der Schule und veranstaltet oft Grillpartys bei sich zu Hause, und die halbe Schule kommt! Aber unsere Gemeinde hat keine Jugendgruppe.«

»Also, für mich klingt das so, als ob deine Gemeinde sehr wohl eine Jugendgruppe hat«, sagte ich ihm. »Im Garten des Ehepaares.«

Die Jugendgruppe im Garten

»Du verstehst mich nicht richtig«, erwiderte der Pastor. »Diese Jugendlichen kommen nicht zu unserer Gemeinde, nur zu den Grillpartys.«

»Doch, das habe ich schon verstanden«, antwortete ich so sanft wie möglich. »Aber vielleicht verstehst du mich nicht ganz richtig. Melde dich doch bei dem Ehepaar und biete an, bei der nächsten Grillparty mitzuhelfen. Aber gib dich den anderen auf der Party nicht gleich als Pastor zu erkennen. Es ist ein kleiner Ort. Alle wissen, wer du bist. Hilf mit, die Würstchen umzudrehen und spiel mit den Jugendlichen ein bisschen Ball.«

Ich erklärte diesem Pastor weiter, dass er dadurch im Laufe der Zeit das Vertrauen der Schüler gewinnen würde. Eines Tages würde ihn einer der Jungs dann vielleicht zur Seite ziehen und ihm anvertrauen, dass seine Eltern sich scheiden lassen wollen, oder ein Mädchen würde ihm sein Herz ausschütten, dass sie sich die Arme mit Rasierklingen ritzt.

Diesem Pastor bot sich die Chance, Jugendliche, die sonst nie zur Gemeinde kommen würden, kennenzulernen und ihnen zu helfen, »Ärgere dich darüber nicht, nutze die Chance!«, riet ich ihm. »Zwinge deinen Gemeindemitgliedern nicht deine eigenen Dienstmethoden auf. Hilf ihnen lieber bei dem Dienst, den sie bereits mit Leidenschaft tun.«

Leider verstand dieser Pastor nie, was ich ihm sagen wollte. Für ihn zählte nur der Dienst, der innerhalb der Gemeindemauern stattfand. Ich wünschte, das wäre nur ein Einzelfall, aber wir alle wissen, dass dem nicht so ist. Es gibt viel zu viele Pastoren und Gemeinden, die etwas nicht als christlichen Dienst erachten, solange es nicht auf dem Gemeindegrundstück stattfindet. Dabei hat Jesus uns doch nie dazu aufgerufen, Menschen in ein Gebäude zu bringen. Im Gegenteil, er hat uns beauftragt, zu den Menschen hinzugehen – auf die Straße, den Markplatz und ja, auch zu Grillpartys im Garten.

Wollen wir die nächste Generation erreichen? Dann müssen wir viel besser darin werden, den Dienst von unserer Gemeinde aus zu tun, nicht nur in der Gemeinde.

Wollen wir die nächste Generation erreichen? Dann müssen wir viel besser darin werden, den Dienst *von* unserer Gemeinde aus zu tun, nicht nur *in* der Gemeinde. Halten Sie Ihre Augen und Ohren offen für das, was durch Ihre Gemeindemitglieder bereits an Ihrem Ort geschieht, und dann greifen Sie ihnen unter die Arme.

Generationenlang bildeten die christlichen Gemeinden den Mittelpunkt vieler Ortschaften. Sie waren Orte der Hoffnung, in denen Menschen sich willkommen fühlten. Heutige Gemeinden werden nicht mehr so gesehen, weil wir das Vertrauen der Menschen verloren haben. Durch einen Skandal nach dem anderen und einem politischen Kampf nach dem anderen haben wir die reine, einfache Botschaft des Evangeliums in Misskredit gebracht. Immer mehr Menschen sehen die Kirche immer weniger als mögliche Anlaufstelle, wo sie Hilfe, Heilung oder Antworten auf ihre Fragen erhalten können.

Zusätzlich dazu, *unsere* Türen offen zu halten, müssen wir auch danach schauen, wo *ihre* Türen offen sind, damit wir neue Beziehungen bauen und Freundschaften pflegen können, dort, wo die Menschen sind, statt darauf zu bestehen, dass sie zu uns kommen. Wir müssen wieder ihr Vertrauen erlangen. Dabei geht es nicht darum, sie dazu zu bringen, einer Institution zu vertrauen. Ganz ehrlich gesagt, mir ist es egal, ob Menschen, die sich an einer christlichen Institution die Finger verbrannt haben, ihr je wieder vertrauen. Sie müssen nur wissen, dass sie *Jesus* vertrauen können ... und denjenigen, die ihm aufrichtig nachfolgen.

Für einige Menschen kann dieses Vertrauen nur außerhalb, nicht innerhalb der physischen und institutionellen Gemeindemauern aufgebaut werden. Das ist auch völlig in Ordnung. Mehr noch, es ist gut, weil es uns zwingt, unsere wahre Mission und unseren eigentlichen Zweck wiederzuentdecken. Auch Jesus tat seine beste Arbeit doch außerhalb der Mauern. Warum sollten diejenigen, die ihm folgen, es anders handhaben wollen?

Ihre Mission ist größer als Ihr Gebäude

Wenn Ihre Gemeinde mit einem eigenen Gebäude gesegnet ist, vermittelt alles, was Sie damit – und außerhalb von ihm – tun, etwas über die Prioritäten Ihrer Gemeinde. Ein Beispiel. Neulich war ich mit einem Gemeindemitglied bei Starbucks, und er stellte mich einem Bekannten vor, der in der Schlange vor uns stand.

> Der Bekannte fragte mich: »Sie sind Pastor? Von welcher Gemeinde denn?«
> Ich: »Cornerstone.”
> Er: »Welche ist das?«

Ein Fremder hinter uns in der Schlange: »Die mit den Skateboard-Rampen.«

Kein Witz, dieser Austausch hat wirklich so stattgefunden. Warum ist unsere Gemeinde als »die mit den Skateboard-Rampen« bekannt? Weil für uns die Arbeit mit den Jugendlichen unseres Ortes eine hohe Priorität hat. Es gibt viele Skateboarder in unserem Ort, aber keine andere Skateboard-Anlage.

Unser Gemeindegebäude ist zu klein, um dort die ganze Arbeit zu tun, die der Herr für uns vorgesehen hat. Jedes Gemeindegebäude ist zu klein, aber ganz besonders trifft das auf Gemeinden mit kleinen Gebäuden oder gar keinem Gebäude zu.

Würden Sie unsere Gemeinde besuchen und sich in die letzte Reihe setzen, gäbe es vor Ihnen nicht mehr als fünf Reihen, selbst wenn alle Stühle aufgestellt sind. Es ist ein kleiner Saal. Jahrelang rannte ich mit dem Kopf gegen eine Wand in dem Versuch, ein größeres Gebäude für unsere Gemeinde zu bekommen. Wir leben in einem teuren Ort. Für unser Gemeindegrundstück, das weniger als 4.000 Quadratmeter groß ist, würden wir heute bestimmt drei Millionen Dollar bekommen. Aber es würde uns weitere drei Millionen kosten, ein doppelt so großes Grundstück zu kaufen. Und wenn wir unsere Größe verdreifachen wollten? Dafür müssten wir sechs Millionen aufbringen. Doch selbst dann hätten wir immer noch weniger als 12.000 Quadratmeter, wenn wir denn überhaupt 12.000 Quadratmeter finden würden, und das ist ein großes *Wenn*.

Also haben wir uns einige Fragen gestellt. *Wenn* wir solch eine Immobilie finden könnten und *wenn* unsere weniger als 200 Gemeindemitglieder, die zum Teil einkommensschwach sind, zum Teil ein mittleres Einkommen haben, irgendwie drei bis sechs Millionen Dollar aufbringen könnten, wäre das die beste Nutzung all der Zeit, der Energie und des Geldes? Wir beschlossen, dass dem nicht so wäre. Deshalb haben wir vor mehreren Jahren einen anderen Weg eingeschlagen. Wir wollten unsere Arbeit nicht mehr darauf beschränken, was wir *in* unserem Gemeindegebäude bewerkstelligen können. Stattdessen wollten wir von nun an immer danach Ausschau halten, was wir *von* unserem Gemeindegebäude aus tun können.

Die Größe eines Gemeindegebäudes sollte niemals die Auswirkung einer Gemeinde beschränken, besonders nicht außerhalb der Gemeindemauern. Die meisten Träume, die wir für unsere Gemeinden haben, sind zu klein, weil zu viele von ihnen an unseren Gemeindetüren enden. Das ist wahr unabhängig davon, wie groß die Räumlichkeiten sind oder wie viele Menschen zum Gottesdienst kommen. Es ist leicht zu sehen, warum die Räumlichkeiten (oder ihr gänzlicher Mangel) einer bestimmten Gemeinde zu klein für Gottes Auftrag sind. Doch die Wahrheit ist, dass *jedes* Gemeindegebäude – und mag es noch so gewaltig sein – zu klein für den Auftrag ist, den Gott seiner Gemeinde gegeben hat.

Die meisten Träume, die wir für unsere Gemeinden haben, sind zu klein, weil zu viele von ihnen an unseren Gemeindetüren enden.

Ich war schon zu Dutzenden von Gelegenheiten auf dem Gelände der *Saddleback Church*, der Gemeinde von Rick Warren. Sie ist wie eine Stadt innerhalb einer Stadt. Dort gibt es keinen Kinderraum, es gibt gleich ein ganzes Kinder*dorf*. Das Gelände liegt dort, wo sich Saddleback Parkway und Purpose Drive kreuzen, denn wenn man eigene Straßen baut, darf man sie auch benennen. Aber trotz dieser Riesengröße sind die Räumlichkeiten der Gemeinde zu klein, viel zu klein für die Mission, die Gott ihr oder mir oder Ihnen aufgetragen hat.

Vermutlich ist Ihre Gemeinde eher in einer Position wie die Gemeinde, der ich als Pastor diene, weniger in der Position einer Gemeinde wie *Saddleback*. Unabhängig davon ist das Mandat für uns alle gleich. Der Missionsbefehl ist ein Mandat, das nicht erfüllt werden kann, solange wir sie auf die Größe unserer Träume, Vorstellungen oder Gemeinderäumlichkeiten beschränken. Obwohl dem so ist, bleiben die Gemeinden an vielen Orten gebäudeversessen. Für viel zu viele Menschen, einschließlich (besonders?) Pastoren, *ist* die Gemeinde das Gebäude, und die Gebäudegröße ist zu eng mit unserer Identität, unserem Status und unserem Selbstwertgefühl verbunden. Das ist nicht gesund.

Den Dienst *von* der Gemeinde aus zu tun, kann diesen Teufelskreis durchbrechen, weil es uns daran erinnert, dass die *Menschen* und nicht das *Gebäude* die eigentliche Gemeinde sind; dennoch lassen wir uns weiter von Räumlichkeiten vereinnahmen. Wir sollten die Umstände sorgsam bedenken, bevor wir dem Bau größerer Räumlichkeiten das Jawort geben, nur weil wir das können. Wie viele von Ihnen wissen, kann ein großes Gebäude genauso eine Last wie ein Segen sein.

Hier sind einige Fragen, die ich mir stellen würde, bevor man – wie Jesus es ausdrückte – größere »Scheunen« baut:

1. Können wir die angedachten Dienste auch ohne ein Gebäude tun?
2. Werden wir das Gebäude wirklich ausnutzen? Nicht nur am Wochenende, sondern an mehreren Wochentagen für viele verschiedene Arbeiten?
3. Können wir das Gebäude instand halten, ohne dass es uns zu viel Geld kostet?
4. Werden wir auch weiterhin außerhalb des Gebäudes Dienste tun, statt die größeren Räumlichkeiten als Ausrede zu benutzen, alles hinter unseren Wänden abzuhalten?

Wenn wir unsere Arbeit nur innerhalb der Gemeinderäumlichkeiten ausüben, bleibt unser Dienst immer sehr klein, ganz gleich, wie groß das Gebäude ist. Wenn wir unsere Arbeit hingegen *vom* Gemeindegebäude aus tun, ist unser Dienst unbeschränkt.

Gemeindegebäude sollten Menschen dienen, nicht andersherum

Unsere Gemeinde trifft sich in einem Gebäude, das nicht für die Arbeit konzipiert war, zu der Gott uns heute berufen hat.

In den 1960ern, als die Räumlichkeiten gebaut wurden, kamen die meisten Gottesdienstbesucher in Dreier- oder Vierergruppen mit dem Auto. Sie trugen Anzüge oder Kleider. Sie saßen brav auf der Chorempore oder den Kirchenbänken und sangen aus Kirchengesangbüchern, begleitet von einer Orgel und einem Klavier. Mittwoch war Familienabend. Mama und Papa saßen im Saal und lauschten einer Bibelstudie, während die Kinder in den hinteren Räumen verschwanden, um mithilfe von Filzfiguren Geschichten aus der Bibel zu hören. Und die Jugendlichen lernten Bibelverse für den Bibelquizwettbewerb auswendig. Am Donnerstagmorgen trafen sich die Frauen, um Steppdecken zu nähen, die an Missionare verschickt wurden. Samstagmorgen trafen sich die Männer zu einem Gebetsfrühstück.

So ist es nicht mehr. Jetzt sitzen in einem Auto meist nur ein oder zwei; einige kommen auf Fahrrädern oder Skateboards. Alle sind leger gekleidet. Sie bringen Kaffeebecher mit in den Saal und singen Lobpreislieder in Begleitung einer Band mit Schlagzeug und Gitarren, während sie die Liedtexte von einer Leinwand ablesen. Bei der Predigt lesen sie in der Bibel auf ihrem Smartphone oder iPad mit und tweeten oder »facebooken« dabei Predigtpunkte. Gemeindemitglieder, die krank oder unterwegs sind, können per Livestream mit dabei sein. Viele Menschen von anderswo sind noch nie in unseren Räumlichkeiten gewesen, hören sich die Predigten aber als Podcast an.

Das Heute ist anders. Das Heute ist besser, weil das Gestern vorbei ist und das Heute jetzt gerade stattfindet. Das heißt nicht, dass unser Heute keine Herausforderungen hat. Im Gegenteil, wir haben Herausforderungen, die sich meine Vorgänger nie hätten vorstellen können, als sie unser winziges, von anderen Grundstücken eingeschlossenes Gebäude bauten. Unserer Gemeinde ist es nicht leichtgefallen, sich auf diese kulturellen Verschiebungen einzustellen. Einige Veränderungen haben eine Menge Zeit, Geduld und auch ein paar Tränen gekostet. Doch inzwischen haben sich die meisten unserer Leute umgestellt. Aber unser Gebäude? Das ist eine andere Geschichte. Da unser Gebäude nicht für das gebaut wurde, was wir von ihm fordern, mussten wir einige gravierende Anpassungen vornehmen.

Ich nenne das »Steinblöcke in einen VW Käfer laden«.

Steinblöcke in einen VW Käfer laden

Stellen Sie sich vor, Sie müssten eine große Ladung Steinblöcke transportieren, hätten dafür aber nur einen VW Käfer zur Verfügung. Da haben Sie zwei Möglichkeiten:

Die erste Möglichkeit ist, die Sitze abzudecken, damit sie nicht beschmutzt und beschädigt werden, dann legen Sie die Gesteinsbrocken so vorsichtig wie möglich auf die Sitze und transportieren die große Ladung Stück für Stück, nicht zu viel auf einmal, damit das Gewicht die Aufhängung nicht kaputt macht.

Die zweite Möglichkeit ist, das Dach abzunehmen, die Hintersitze herauszureißen und sie durch eine Ladefläche aus Sperrholz oder Blech zu ersetzen. Dann die Aufhängung verstärken, so viel Gestein hineinkippen wie hineinpasst und dann los.

Das ist es im Grunde, was unsere Gemeinde mit unserem Gemeindegebäude tut; unsere Aufgabe ist es, Gestein zu transportieren. Also bauen wir unseren VW Käfer entsprechend um, denn dass unser Gebäude den Menschen dient, ist uns wichtiger, als dass die Menschen unserem Gebäude dienen. Die Mission hat Vorrang.

Wie genau sieht das bei uns aus? Hier sind ein paar wenige Beispiele:

Unser Saal ist unser einziger größerer Raum, also haben wir keine Kirchenbänke mehr, die fest im Fußboden verankert sind. Stattdessen benutzen wir stapelbare Stühle, die in einer normalen Woche acht bis zehn Mal aufgestellt und wieder übereinandergestapelt werden. Sie werden für den Gottesdienst am Sonntag aufgestellt, dann für den Kindergarten unserer Gemeinde, der von Montag bis Freitag geöffnet ist, wieder aufeinandergestapelt. Für die Jugendgruppe am Dienstagabend und die Kindergruppe am Mittwochabend werden die Stühle wieder aufgestellt. Donnerstags haben wir das Lobpreis-Team und die Frauenarbeit, und am Samstagmorgen läuft ein Gesundheits- und Wellnesskurs. Das alles im Gemeindesaal. Alles erfordert Auf- und Abbau. Während der Woche dient unser Korridor auch als Lagerbereich für all die Gegenstände, die wir am Sonntag im Saal verwenden und die sonst nirgendwohin passen.

Draußen haben wir, wie bereits erwähnt, die einzige Skateboard-Anlage unseres Ortes, die uns mehrere unserer bereits ohnehin schon beschränkten Parkplätze kostet. Doch der Jugend zu dienen, ist uns wichtiger, als Autos zu parken. In den letzten Jahren haben wir die Baum- und Rasenfläche der Gemeinde durch eine Veranda ersetzt, auf der wir unter anderem eine Küche im Freien haben. Wir haben den echten Rasen unseres Kindergartenspielplatzes durch Kunstrasen ersetzt, weil wir in der kalifornischen Trockenzeit das Gras nicht grün halten konnten.

Warum erzähle ich Ihnen das alles? Um anzugeben? Um mich zu beklagen? Weil ich will, dass Sie alles genauso machen wie wir? Nichts dergleichen. Ich erzähle es Ihnen, weil wir den Auftrag haben, Gott zu lieben und den Menschen unseres Ortes zu dienen, und so sieht die Erfüllung dieser Mission eben in unserer Gemeinde aus. In Ihrer Gemeinde und an Ihrem Ort wird es anders aussehen, aber vielleicht kann unser Beispiel andere Gemeinden inspirieren, wie es aussehen kann, wenn man den Menschen einen höheren Stellenwert einräumt als dem Gebäude.

Wir müssen aufpassen, dass unsere Gemeindegebäude nicht zum »Grab« unserer Gemeinden werden. Allzu oft lassen wir uns von unseren Gebäuden einschränken, wenn wir sie als Heiligtümer behandeln. Möglicherweise wird diese Aussage bei vielen anecken, aber Gemeindegebäude sind nicht heilig, zumindest nicht auf die Weise, wie viele von uns sie behandeln. Im Alten Testament gab es heilige Orte – buchstäbliche Heiligtümer –, aber nicht im Neuen Testament. Selbst der Tempel war keiner. In Matthäus 24,1-2 sagte Jesus die Zerstörung des Tempels voraus, weil er nicht mehr nötig sein würde. Seit dem Pfingsttag sind wir der Tempel des Heiligen Geistes. Menschen, nicht Gebäude, bilden den Wohnort Gottes.

Selbst wenn Sie mit mir beim Punkt der Heiligkeit von Gemeindegebäuden nicht übereinstimmen, müssen wir möglicherweise noch einmal überdenken, was Heiligkeit bedeutet. Ist ein Heiligtum dafür da, dass es unter allen Umständen in tadellosem Zustand gehalten wird oder wird es durch die Anbetung, die Gemeinschaft und den christlichen Dienst geheiligt? Jesus lieben und Menschen lieben – darum geht es doch. Ganz gleich, welche Theologie Sie in Bezug auf Heiligtümer haben, wir alle sollten darin übereinstimmen, dass die Gemeinde nicht dazu da ist, um Räumlichkeiten zu bauen und zu unterhalten, und mögen einige von ihnen noch so schön sein. Die Räumlichkeiten sind dazu da, der Gemeinde zu dienen, und die Gemeinde, das sind die Menschen.

Räumlichkeiten sollten Raum schaffen. Das heißt, sie sollten einem übergeordneten Zweck dienen. Die Form sollte der Funktion folgen, nicht umgekehrt. Gemeindegebäude haben einen geistlichen Wert nur in dem Maße, wie sie die Anbetung von Jesus und den Dienst an Menschen fördern. Andernfalls sollte man die hässlichen lieber zu Geschäften und die hübschen zu Museen machen. Das mag hart klingen, aber Geschäfte und Museen erfüllen zumindest den Zweck, den sie angeben.

Dahingegen gibt es kaum etwas Schöneres als Gemeinderäumlichkeiten, deren Türen immer für den Dienst an Menschen offen stehen und in denen Jesus gemeinsam angebetet werden kann. Diese Art von Schönheit hängt nicht von der Architektur ab. Wie es in einer alten Werbung für den VW Käfer hieß: »Er ist hässlich, aber er bringt Sie ans Ziel.«[38]

Mit säkularen Gruppen zusammenarbeiten

Im Zusammenhang mit Elvis Presleys Konzerten gibt es den bekannten Satz: »Elvis hat das Gebäude verlassen.« Genauso sollte von uns gesagt werden können: »Die Gemeinde hat das Gebäude verlassen.«

Nun, da wir darüber gesprochen haben, unsere Türen zu öffnen, wollen wir uns einmal anschauen, wie die Gemeindearbeit außerhalb ihrer Mauern aussehen kann. Früher hat unsere Gemeinde ausschließlich mit anderen christlichen Organisationen zusammengearbeitet bei allem, von Missionsarbeit bis hin zu gemeinnütziger Arbeit. Noch früher hatten wir nur mit Organisationen unserer eigenen Konfession zusammengearbeitet. Heute ist fast die Hälfte der Gruppen, mit denen wir für gemeinnützige Aktionen vor Ort zusammenarbeiten, nicht speziell christlich. Nein, wir haben unsere Treue zum Evangelium nicht aufs Spiel gesetzt, und wir haben Maßstäbe dafür, mit wem wir zusammenarbeiten und mit wem nicht. Aber in den letzten Jahren sind wir zu dem Schluss gelangt, dass wir auch mit säkularen Gruppen und Organisationen zusammenarbeiten wollen. Bei den meisten, vielleicht sogar bei allen, gibt es Christen in Schlüsselpositionen, doch das ist nicht der Grund, warum wir mit ihnen zusammenarbeiten.

Es fing alles mit einem einfachen, herzzerreißenden Vorfall an, der mir zeigte, wie schädlich es ist, wenn Gemeinden sich von ihrer Stadt oder ihrem Dorf isolieren, die sie doch eigentlich für Gott erreichen sollen. Vor mehreren Jahren tat unsere Gemeinde dank des Engagements meiner Frau etwas, was die öffentlichen Schulen unseres Ortes total überraschte. Und zwar sammelten die Schulen Geld für die Reparatur ihrer Musikinstrumente. Da die Kinder und Jugendlichen unserer Gemeinde auf diese Schulen gingen, sammelten auch wir bei uns eine Spende zu diesem Zweck ein. Unsere kleine Gemeinde gab großzügig, und es kamen 2.500 Dollar zusammen. Wir reichten die Spende an die Schulen weiter und dachten nicht weiter darüber nach.

Am Ende des Schuljahres veranstalteten die Schulen eine kleine Zeremonie, um den Organisationen zu danken, die mehr als 1.000 Dollar gespendet hatten. Als unser Gemeindename verkündet wurde, schnappten die Angestellten der Schulen nach Luft und brachen in Beifall aus. Im Anschluss an die Zeremonie wurde ich förmlich von Leuten überfallen, die mir die Hand schütteln und unserer Gemeinde danken wollten. Mehrere der Lehrer waren so überwältigt von der Unterstützung unserer Gemeinde, dass sie den Tränen nahe waren. Mir fiel auf, dass auf der anderen Seite des Raumes der Vertreter einer Firma, die 50.000 Dollar gespendet hatte, ganz allein stand.

Ich war verdutzt. Als ich danach fragte, warum sie das so tief berührte, sagte mir einer der Lehrer: »Weil es von einer christlichen Gemeinde kommt, und wir sind das staatliche Schulsystem. Ich bin ebenfalls Christ, aber das ist das erste Mal in meinen zwei Jahrzenten als Lehrer, dass ich von einer örtlichen Christengemeinde etwas anders gehört habe als Beschwerden. Wir hätten uns nie träumen lassen, dass eine Gemeinde eine Kollekte einsammelt, um uns zu helfen. Wir dachten, Sie mögen uns nicht.«

Wir dachten, Sie mögen uns nicht. O Herr, hilf! Wie sollen wir die Menschen an unserem Ort erreichen, wenn sie keine Vorstellung davon haben, dass wir sie lieben? Und wie sollen sie wissen, dass wir sie lieben, wenn wir ihnen nicht zur Seite stehen? Seitdem halten wir nach Möglichkeiten Ausschau, uns bei gemeinnützigen Arbeiten einzuklinken, ohne unsere Botschaft zu verwässern. Wir haben dabei sehr herzliche Annahme und sehr gute Dienstmöglichkeiten gefunden.

Es wird mehr gute Arbeit von Gemeinden als von irgendeiner anderen Gruppe auf der Welt getan. Leider wissen das viele Leute außerhalb der Gemeinde nicht, weil wir uns dabei oft von anderen abgrenzen. Wie können wir ein Licht in der Finsternis sein, wenn wir nur mit anderen Kerzen zusammen sind? Genau das ist der Fall, wenn Gemeinden nur mit anderen Gemeinden oder christlichen Organisationen zusammenarbeiten.

Ich nenne Ihnen ein weiteres Beispiel dafür, was man erleben kann, wenn man sich über die christlichen Kreise hinauswagt. Wir leben nicht im *Bible Belt* im Süden der USA, in dem Kirche und Staat enger miteinander verwoben sind. Die meisten Lokalverwaltungen bei uns in Kalifornien würden nie daran denken, mit örtlichen christlichen Gemeinden zusammenzuarbeiten. Sie führen nicht existierende Einschränkungen an, die angeblich auf der Trennung von Kirche und Staat beruhen. So war das auch an unserem Ort, ist es aber heute nicht mehr.

Da unsere Gemeinde den Ruf bekommen hat, mit wohlwollenden Menschen zusammenzuarbeiten und die Liebe von Jesus ohne Hintergedanken auszuleben, ruft die Stadtverwaltung uns an, wenn Menschen in unserer Nachbarschaft Hilfe brauchen. Ja, die Stadt ruft uns an! Dadurch können wir heute eine positive Auswirkung auf Menschen in unserem Umfeld haben, die noch vor wenigen Jahren unmöglich gewesen wäre. Jedes Mal, wenn wir mit anderen zusammenarbeiten, um uns Anliegen zu widmen, die uns alle etwas angehen – Nachbarn helfen oder den Park aufräumen zum Beispiel –, wächst unser Einfluss, und Jesus hat mehr Möglichkeiten, Menschen zu berühren.

Aus der Kuschelecke herauskommen

Seien wir doch ehrlich. Die meisten Christen bleiben in ihren Gemeinden, statt sich in der Welt für Gottes Sache zu engagieren, weil die Gemeinde ihre Wohlfühlzone ist.

So geht es mir auch. Ich fühle mich in der Gemeinde wohl. Aber diese Wohlfühlzone ist auch verlockend gefährlich. Es sich mit anderen Gläubigen kuschelig zu machen, ist leicht. Zu leicht. Die Kuschelecke macht mich faul.

Wenn wir Seite an Seite mit nicht christlichen Organisationen arbeiten, müssen wir bewusster darauf achten, was wir sagen, wie wir uns verhalten und wie wir ihnen Jesus vorleben. Wir mögen sogar ins Gespräch mit Menschen kommen, die Gedanken zum Ausdruck bringen, die wir in der Gemeinde nicht hören, und möglicherweise müssen wir mehr zuhören als reden. Für einen Pastor, der ans Predigen gewöhnt ist, kann das am Unbehaglichsten sein. Doch es ist gerade diese Unbehaglichkeit, die uns den Anreiz geben kann, Jesus ähnlicher und zu einem besseren Vorbild zu werden. Das ist definitiv besser, als uns über Menschen auf Facebook aufzuregen, die mit uns nicht einer Meinung sind.

Eine der Organisationen, mit denen unsere Gemeinde zusammenarbeitet, hat ein Heim für misshandelte Frauen und Kinder. Einige von ihnen wurden von Männern missbraucht, die behauptet haben, Christen zu sein. Solche Frauen suchen keine Hilfe bei einer christlichen Gemeinde, aber wenn wir bei ihrem nicht christlichen Heim auftauchen, um ihre bescheidenen Lebensbedingungen durch Reinigungs-, Reparatur- und Renovierungsarbeiten zu verbessern, können wir Menschen die Liebe von Jesus erweisen, die sie sonst nie erleben würden.

Wir haben durch unser Engagement keinen anderen »Verdienst« als die Freude des Dienens. Dadurch erleben die Menschen, denen wir dienen, die Liebe von Jesus pur, eine Liebe frei von Eigeninteresse.

Warum erfolgreiche Gemeinden die Welt nicht auf den Kopf stellen – aber die Außenseiter könnten es

Jesus war der größte Betreiber des Wandels, der je gelebt hat. Er hat die Kultur seiner Zeit herausgefordert und mit der Tradition gebrochen. Warum sind wir als seine Nachfolger so langweilig geworden?

Will man innovativen, gesellschaftlich relevanten positiven Einfluss? Die Gemeinde ist der letzte Ort, an dem Menschen damit rechnen. Will man muffige, alte Traditionen und Vorstellungen? Das ist in den Köpfen vieler Menschen heute leider die Definition von Kirche.

Das ist ein Problem, ein großes Problem. Und es ist unsere Schuld.

Wir haben die lebens- und gesellschaftsverwandelnde Botschaft von Jesus genommen und daraus etwas anderes gemacht, nämlich ein bloßes Erfolgsrezept. Der Versuch, diesen Erfolg aufrechtzuerhalten, hat dazu geführt, dass wir vor allem auf Sicherheit bedacht sind. Und wo Sicherheit an oberster Stelle steht, da wird es schnell eintönig.

Wenn ich mich unter den großen Leitern der heutigen weltweiten Gemeinde umschaue, sehe ich viele sehr gute, sehr nette Menschen – Menschen, die Jesus lieben und ihr Möglichstes tun, etwas für ihn zu bewirken. Viele von ihnen bewirken auch tatsächlich etwas auf einer viel größeren Skala als ich. Sie füllen große Gemeinden und sogar Stadien. Sie führen Menschen zum Glauben an Jesus, und nichts, absolut nichts, kann wichtiger sein.

Ist es dann falsch, dass es mir so vorkommt, als fehle etwas? Wo sind die christlichen Innovatoren, die eine »gefährliche« Leidenschaft für Jesus über den Erfolg ihrer jeweiligen Arbeit stellen? Ich nehme die Situation niemandem übel. Ich wünsche mir nur mehr.

Ich bete für göttliche Betreiber des Wandels, die nicht nur Gemeindeinstitutionen verwandeln, sondern die Welt verändern und aufhorchen lassen. Das geschieht nicht, indem wir auf Facebook über die neueste Sünde meckern, die diese Woche gerade in Mode ist. Das hatten wir schon zur Genüge. Das haben wir weiter zur Genüge.

Als Martin Luther King jr. sich gegen die Sünde des Rassismus stellte, jagte er nicht den Schlagzeilen hinterher. Vielmehr ließ er ein so helles Licht auf das Thema fallen, dass er daraus die Schlagzeilen *machte*. Er jagte nicht den Themen hinterher; er gab den Ton an. Er lief nicht den Menschenmengen hinterher; die Menschenmengen kamen zu ihm gelaufen. Und die Kultur folgte so, wie sie zweitausend Jahre zuvor Jesus gefolgt war. Nein, Dr. King war nicht vollkommen – ganz und gar nicht. Aber niemand von uns ist vollkommen. Wenn wir erst vollkommen sein müssten, würde niemand von uns auch nur einen Finger für Jesus rühren können, geschweige denn die Welt verändern.

Ich bete für eine neue Sorte christlicher Leiter und für Christen, die eine derart große Auswirkung auf die Missstände der Gesellschaft haben, dass die gesamte Kultur gar nicht anders kann, als aufzuhorchen und Notiz zu nehmen.

Wo sind in unseren Gemeinden die Leiter, die zumindest versuchen, das zu tun, was ...

... Martin Luther für den Glauben getan hat?
... Kafka für die Schriftstellerei getan hat?
... Leonardo da Vinci für die Kunst getan hat?
... Anne Sullivan und Helen Keller für unser Verständnis von Menschen mit Behinderung getan haben?
... Albert Einstein für die Wissenschaft getan hat?
... die Beatles für die Musik getan haben?
... ein Haufen Geeks im Silicon Valley und in Seattle für die Technik getan haben?

Was haben all diese Menschen gemeinsam? Sie waren alle zuerst Außenseiter, bevor sie zu Helden wurden. Sie waren Künstler und Innovatoren, die etwas anders machten als andere. Im Moment braucht die Gemeinde statt Manager eher Künstler und Propheten.

Dieser lebens- und gesellschaftsverwandelnde Einfluss kann auch wieder durch die Gemeinde geschehen. Aber ich befürchte, dass wir so eine erfolgsorientierte christliche Kultur geschaffen haben, dass wir einen derartigen Wandel nicht nur verpassen, sondern ihn wahrscheinlich auch durch Predigten und Blog-Einträge anprangern werden.

Wie soll eine Not leidende Welt Heilung hinter den Türen einer Gemeinde finden, deren Leiter von Fragen besessen sind wie: »Wie sollen wir den Erfolg unseres letzten Events messen?« oder: »Wie kommt das bei unseren größten Spendern an?«.

Die Leiter, die dem Ruf von Jesus folgen, werden damit zurechtkommen müssen, eine Menge Menschen auf die Palme zu bringen, auch Menschen – oder vielleicht besonders solche – in der Gemeinde. Nicht weil sie Menschen absichtlich verärgern wollen, sondern weil sie sich so leidenschaftlich der Aufgabe von Jesus widmen, dass sie vielleicht gar nicht bemerken, wie das bei denen ankommt, die lieber den gewohnten Weg gehen.

Die Gemeinde braucht mehr Außenseiter und »Nerds«.

Deshalb bin ich so ein starker Befürworter kleiner Gemeinden: weil echte Weltveränderung nicht von oben nach unten geschieht. Diejenigen, die weiter erfolgreich sind, haben keinen Anreiz, etwas verändern zu wollen. Jede lebensnahe, weltverändernde, geistbeflügelte, kulturprägende, paradigmenwechselnde, wundenheilende Bewegung kommt daher, wo sie schon immer hergekommen ist: von den Machtlosen, von den Außenseitern und Sonderlingen.

Wahre Visionäre und Weltveränderer geben sich meist nicht als Visionäre und Weltveränderer aus (hüten Sie sich vor denen, die es tun), also sind Sie auch nicht leicht auszumachen. Genauer gesagt ist es sogar wahrscheinlich, dass sie abstreiten, etwas dergleichen zu sein. Sie widmen sich einfach ihren Aufgaben.

Da Erneuerer sich nicht ankündigen, halte ich meine Augen und Ohren auf kleine, eigentümliche Gemeinden und Randerscheinungen christlicher Dienste gerichtet, weil ich die nächsten großen Gemeindeleiter erkennen will, wenn sie mit ihrer Arbeit beginnen. Dann möchte ich ein Kaleb für den nächsten Josua der Gemeinde sein, ein Barnabas für unseren zukünftigen Apostel Paulus.

Ich bete um Leiter, die eine solch unstillbare Leidenschaft für Jesus und eine solche Liebe für Not leidende Menschen haben, dass es ihnen egal ist, wie viele Christen des Establishments sie vor den Kopf stoßen. Und ich bete, dass das noch zu meinen Lebzeiten geschieht, denn ich möchte sie gerne anfeuern.

KAPITEL 17

IHRE GEMEINDE IST GROSS GENUG

Sind Sie ein Pastor, der das Gefühl hat, dass Ihre Stimme missachtet wird, weil Ihre Gemeinde klein ist? Dann befinden Sie sich in guter Gesellschaft. Einer der vielen unbesungenen Helden des Zweiten Weltkriegs hatte ein ähnliches »kleines« Problem.

Andrew Jackson Higgins war ein Bootsbauer aus New Orleans, der etwas Kleines sah, was niemand sonst sah – etwas Kleines von größter Wichtigkeit. Durch Higgins Voraussicht, harte Arbeit und sture Beharrlichkeit gegenüber denen, die nicht einsehen wollten, wie sehr sie seine Hilfe brauchten, trug er buchstäblich zur Rettung der Welt bei.

Dies ist seine Geschichte.

Der Mann, der die Welt veränderte, indem er sich auf das Kleine spezialisierte

Es gibt eine Handvoll Dreh- und Angelpunkte in der Weltgeschichte, Tage, an denen sich alles entweder zum Guten oder Schlechten wendet. Der 6. Juni 1944 war ein solcher Punkt. An dem Tag standen die Machtverhältnisse des Zweiten Weltkrieges auf dem Spiel ... und das Schicksal der Welt.

Einer der größtenteils unbekannten Helden des »D-Days« war ein Mann, der niemals einen Fuß auf einen Strand in der Normandie setzte, der nie eine einzige Truppe befehligte und nie auch nur eine Uniform trug.

In seinem Buch *D-Day: The Climactic Battle of World War II* (»D-Day:

Die entscheidende Schlacht des Zweiten Weltkrieges«) gibt Stephen Ambrose ein Gespräch wieder, das er mit Dwight Eisenhower 1964 geführt hatte.[39]

Eisenhower wusste, dass Ambrose in New Orleans gelehrt hatte, also fragte er ihn, ob er je Andrew Jackson Higgins begegnet sei. Ambrose antwortete, dass er Higgins leider nie kennengelernt habe, weil dieser zum Zeitpunkt von Ambroses Umzug nach New Orleans leider schon verstorben gewesen sei. »Das ist schade«, erwiderte Eisenhower. »Er ist der Mann, der den Krieg für uns gewonnen hat.«

Higgins war der Mann, der die sogenannten LCVPs entworfen und gebaut hatte, die Landungsboote für Fahrzeuge und Personal, die am D-Day die Truppen an die französische Küste beförderten. (Falls Sie schon mal einen Film über den D-Day gesehen haben, wissen Sie, wie die LCVPs konstruiert waren, nämlich mit flachen Böden und hohen Seiten, was den Truppen ermöglichte, direkt am Strand abgesetzt zu werden – direkt an der feindlichen Front.) Hätte Higgins nicht die Voraussicht gehabt, einen Bedarf an solchen Booten zu erkennen, und hätte er sie nicht entworfen und gebaut – so Eisenhower gegenüber Ambrose –, »wäre die gesamte Kriegsstrategie anders gewesen«.

Sogar noch erstaunlicher: Higgins tat das alles ohne irgendwelche Hilfe vom Militär. Da Higgins ein Hitzkopf war, wollte die Navy nichts mit ihm oder seinem Boot zu tun haben, nicht einmal, als sie den Bedarf an kleineren Landungsbooten erkannte. Die Navy war fest entschlossen, ihre eigenen Landungsboote zu bauen. Doch Higgins zufolge hatte die Navy keine Ahnung, wie man kleine Boote baut.

Mehr als zwei Jahre lang kämpfte Higgins gegen die Militärbürokratie an, bis ihm widerwillig gestattet wurde, ein Angebot für seinen Entwurf abzugeben. Als die Entscheidungsträger Higgins Entwurf sahen, war die Auftragsvergabe sofort erledigt; er war in jeder Hinsicht den anderen Entwürfen überlegen.

Wir können es uns nicht leisten, jemanden auszulassen

Die Ressourcen, sowohl menschliche als auch mechanische, die für die D-Day-Schlacht nötig waren, sind schwindelerregend. Der Angriff auf die Strände der Normandie erforderte Dutzende Schlachtschiffe, zig Zerstörer und Tausende von Higgins-Booten.

Die größeren Schiffe transportierten das Personal und die Ausrüstung im Schutze der Dunkelheit über den Ärmelkanal. Dann, als Tausende von Truppen in Tausende von Higgins-Booten stiegen, beschossen die Schlachtschiffe und Zerstörer unablässig die Küste, um den Truppen Feuerschutz zu geben. Ambrose zufolge »gelangten mehr amerikanische Soldaten durch die Higgins-Boote ans Ufer als durch alle anderen Landungsboote zusammen«.[40]

Also, auf welche Wasserfahrzeuge hätten die Alliierten verzichten können? Brauchten sie wirklich *all* diese Higgins-Boote? Die Higgins-Boote konnten sich ja nicht einmal selbst über den Ärmelkanal befördern; sie mussten auf größeren Transportschiffen gebracht werden. Oder vielleicht waren die Schlachtschiffe überflüssig. Sie waren ja so groß, dass sie eine ganze Meile vor der Küste ankern mussten.

Die Antwort ist offensichtlich: Wir brauchen sie alle. Von den kleineren Wasserfahrzeugen brauchen wir besonders viele, aber wir brauchen auch die Schlagkraft der größeren, um uns Feuerschutz zu bieten. Ein größeres Fahrzeug mag viele der Aufgaben in nächster Nähe nicht erledigen können, also braucht es die Arbeit der kleineren, beweglicheren Fahrzeuge.

Es geht nicht um Groß ODER Klein, sondern um Groß UND Klein

Ich hoffe, dass die Parallelen zwischen der Gemeinde und diesem Kriegsbeispiel offensichtlich sind. Kein Glied des Leibes Christi ist überflüssig. Wir brauchen alle. Um diese Generation für Jesus zu erreichen, müssen alle ihre Funktion bestens erfüllen in einem Geist der Partnerschaft.

Große Gemeinden können es nicht allein bewältigen. Es gibt zu viele kleine Orte auf der Welt, wo sie einfach nicht hineinpassen. Auch kleine Gemeinden können es nicht allein schaffen. Es gibt oft riesige Aufgaben, die den sofortigen Einsatz vieler Menschen und Ressourcen unter einer vereinten Leitung erfordern. Wir brauchen nicht weniger große Gemeinden oder weniger kleine Gemeinden – wir brauchen mehr gesunde, aktive, leidenschaftliche Gemeinden aller Größenordnungen, die zusammenarbeiten.

Ambrose erzählt eine weitere Geschichte über den D-Day. Und zwar machten die Truppen am Strand eine Hölle auf Erden durch, die sich niemand von uns richtig vorstellen kann, und sie hatten keine Ahnung, dass sie Hilfe von den Schlachtschiffen und Zerstörern bekamen, die eine Meile vor der Küste lagen. Während die jungen Männer Zentimeter um Zentimeter am Strand vorrückten, eröffneten die größeren Schiffe ein Sperrfeuer über ihre Köpfe hinweg und zerstörten deutsche Befestigungen im Inland. Als die Strandtruppen es schließlich schafften, die anfänglich massive Abwehr zu durchbrechen, stießen sie weiter im Inland auf wenig Widerstand, weil ihre Kollegen auf den großen Schiffen vor der Küste bereits einen Weg für sie gebahnt hatten.

Am D-Day arbeiteten Klein und Groß zusammen. Jeder erfüllte eine Aufgabe, für die er am besten geeignet war, und zusammen gewannen sie die Schlacht. Mehr noch, durch ihre Zusammenarbeit gewannen sie den ganzen Krieg und sorgten für unsere Freiheit. Und durch die beinahe missachtete Vision eines Mannes namens Andrew Jackson Higgins und seinem großen Traum von kleinen Booten wurde die Welt vor etwas unvorstellbar Bösem gerettet. Er erfüllte seine Aufgabe, auch wenn erst niemand sonst ein Auge dafür hatte.

Sind Sie Pastor einer kleinen Gemeinde? Dann steuern Sie Ihr Higgins-Boot gut. Stellen Sie sich mit Gottes Hilfe dem Kampf. Zeitweise kann das bedeuten, trotz geringer Chancen zu kämpfen, zu anderen Zeiten mögen Sie Hilfe bekommen, derer Sie sich noch nicht einmal bewusst sind. Geben Sie auf jeden Fall nicht auf. Ohne Sie schaffen wir das nicht.

Ja, Ihre Gemeinde ist groß genug

Ihre Gemeinde ist groß genug. Jetzt schon, heute, mit ihrer momentanen Größe.

Ob Sie nun ein zu kleines Gebäude, gar kein Gebäude oder zu viel

Gebäude haben, Ihre Gemeinde ist groß genug, das zu tun und zu sein, wozu Jesus sie berufen hat. Ihre Gemeinde ist groß genug, ihren Mitgliedern die heilende Gnade von Jesus zu spenden, und Sie haben genügend Mitglieder, um diese Gnade durch überfließende Freude, Hoffnung und Heilung an Ihre Umgebung weiterzugeben. Einer kleinen Gemeinde mit Leidenschaft und Freude als Pastor zu dienen, bedeutet nicht, sich mit etwas Minderwertigem zu begnügen, sondern alles, was Ihnen anvertraut worden ist, bestens zu nutzen. Jetzt.

Sie müssen nicht warten, bis Ihre Gemeinde groß ist, bevor Sie mit ihr eine große Auswirkung erzielen können. Jede einzelne Gemeinde ist dazu berufen, von ganzem Herzen, mit ganzer Seele, mit ganzem Verstand und aller Kraft Gott anzubeten, Menschen zu Jüngern zu machen, Gemeinschaft zu leben, anderen zu dienen und zu evangelisieren – und die Resultate in den Händen von Jesus zu lassen. Unabhängig von Ihrer Gemeindegröße können Sie diese Dinge tun, all diese Dinge, und zwar richtig gut.

Solange wir meinen, unsere Gemeinde müsste größer sein, bevor sie eine bessere Arbeit tun kann, lassen wir uns all das Gute entgehen, das Jesus für unsere Gemeinde heute vorgesehen hat.

Solange wir meinen, unsere Gemeinde müsste größer sein, bevor sie eine bessere Arbeit tun kann, lassen wir uns all das Gute entgehen, das Jesus für unsere Gemeinde heute vorgesehen hat. Jahrelang habe ich diesen Fehler begangen. Während ich mir Stress wegen der Zahlen machte, schuf Jesus in unserer Gemeinde eine dynamische Gemeinschaft liebender Menschen. Wir bildeten und sandten Missionare aus, wir halfen bei einer Gemeindegründung mit, wir schulten Pastorenanwärter, wir brachten Familien und Ehen die heilende Wiederherstellung von Jesus, wir versorgten die Hungerleidenden, wir lehrten die Bibel, wir tauften neue Gläubige und erlebten mit, wie Menschen durch die Gnade Gottes gerettet und geheilt wurden und mehr.

Ich schmälerte den Wert all dessen, weil die Zahl der Menschen auf den Sitzplätzen nicht wie erhofft zunahm. Deshalb zählten all diese erstaunlichen Dinge für mich nicht. Doch sie zählten für Jesus, und sie zählten für all die Menschen, deren Leben verändert wurde. Und nun, da Jesus meine Einstellung verändert hat, zählen sie auch für mich. Mehr noch, die Lebensverwandlung eines Menschen nach dem anderen ist zum *Einzigen* geworden, was heute für mich zählt.

Jesus hat eine Berufung für jede Gemeinde und jeden Gemeindeleiter, und er rüstet uns mit allem aus, was wir brauchen, um diese Berufung zu erfüllen. Sie und Ihre Gemeinde brauchen kein einziges weiteres Mitglied, keinen einzigen weiteren Cent und keinen einzigen weiteren Quadratmeter an Räumlichkeiten. Ja, Sie brauchen überhaupt gar keine Räumlichkeiten, wenn Sie keine haben.

Sie können *jetzt* mit dem anfangen, wozu Jesus Ihre Gemeinde *jetzt* berufen hat. Ihre Gemeinde ist groß genug, weil unser Gott groß genug ist.

ANMERKUNGEN

Kapitel 1

1 Warren Bird und Carl F. George, *How to Break Growth Barriers: Revise Your Role, Release Your People, and Capture Overlooked Opportunities for Your Church,* S. 150. Grand Rapids: Baker Books, 2017.

2 Ebd.

3 Ebd., S. 151.

Kapitel 2

4 *Quote Investigator, Exploring the Origins of Quotations,* Beitrag vom 29. August 2014, https://quoteinvestigator.com/2014/08/29/too-crowded/.

Kapitel 3

5 Tim Keller, »How Strategy Changes with Growth«, *Leadership and Church Size Dynamics,* PDF, 1, http://seniorpastorcentral.com/wp-content/uploads/sites/2/2016/04/Tim-Keller-Size-Dynamics.pdf.

Kapitel 4

6 Keller, »How Strategy Changes with Growth«.

7 Lyle Schaller, *Activating the Passive Church: Diagnosis and Treatment,* S. 25–26. Nashville: Abingdon, 1981.

8 Business Dictionary, »Law of Large Numbers«, http://www.businessdictionary.com/definition/law-of-large-numbers.html.

Kapitel 5

9 Jim Powell, *Dirt Matters: The Foundation for a Healthy, Vibrant, and Effective Congregation,* S. 7. Bloomington, IN: WestBow Press, 2013.

10 »Apollo 13 Square Peg in Round Hole«, YouTube-Video, 1:04. Hochgeladen von »VCServiceExcellence«, 8. November 2012, https://www.youtube.com/watch?v=QETus6zBBvo&feature=youtu.be.

11 Jim Collins, »Good to Great«, Fast Company, Oktober 2001, http://www.jimcollins.com/article_topics/articles/good-to-great.html.

Kapitel 6

12 Ed Stetzer and Jon Acuff, »How to Fight Ministry Pornography«, *Church Leaders,* 26. Mai 2015, https://churchleaders.com/pastors/videos-forpastors/254859-ed-stetzer-john-acuff-fight-ministry-pornography.html.

13 Greg Laurie, »4 Dangerous Church Growth Myths«, *Church Leaders,* 3. Februar 2014, https://churchleaders.com/pastors/pastor-articles/164991- greg-laurie-4-dangerous-church-growth-myths.html.

14 Neil Cole, »Is Bigger Really Better? The Statistics Actually Say ›No‹!«, *Church Planting,* http://www.churchplanting.com/is-bigger-really-betterthe- statistics-actually-say-no/#axzz2qU0Y8eZz.

15 »The State of the Church«, Barna Group Inc., 15. September 2016, https://www.barna.com/research/state-church-2016/.

16 Gary L. McIntosh, *One Size Doesn't Fit All: Bringing Out the Best in Any Size Church,* S. 43. Grand Rapids: Revell, 1999.

17 Rick Warren, *The Purpose Driven Church,* S. 49. Grand Rapids: Zondervan, 1995. (Deutsch: *Kirche mit Vision: Gemeinde, die den Auftrag Gottes lebt.* Asslar: Gerth Medien, 2019.)

Kapitel 7

18 Cole, »Is Bigger Really Better? The Statistics Actually Say ›No‹!«

19 Jared Hecht, »Are Small Businesses Really the Backbone of the Economy?« *Inc.,* 17. Dezember 2014, https://www.inc.com/jared-hecht/aresmall-businesses-really-the-backbone-of-the-economy.html.

20 Cole, »Is Bigger Really Better? The Statistics Actually Say ›No‹!«

21 »Church Growth Confab«, *The Sin Boldly Podcast,* Nr. 61, Minuten 16–18, 27. Januar 2017, https://itunes.apple.com/us/podcast/the-sinboldly-podcast/id1018850681?mt=2&i=1000380484736.

22 Ebd., Minuten 16–17.

Kapitel 8

23 Mark D. Roberts, »God as the Leader Who Defines Reality«, *Life for Leaders,* 18. April 2015, https://lifeforleaders.depree.org/god-as-theleader-who-defines-reality/.

24 Ed Stetzer, »Trends in Big Church Buildings«, *The Exchange, Christianity Today,* 12. September 2013, http://www.christianitytoday.com/edstetzer/2013/september/trends-in-big-church-buildings.html?paging=off.

25 Justin Miller, »How Millennials Are Changing the Landscape of Nonprofit Giving«, *Forbes,* 11. Oktober 2017, https://www.forbes.com/sites/forbesnonprofitcouncil/2017/10/11/how-millennials-are-changing-thelandscape-of-nonprofit-giving/.

26 Marian Liautaud, »3 Purposeful Ways Churches Can Make Room for Millennials«, Aspen Group, 26. April 2017, http://www.aspengroup.com/blog/3-purposeful-ways-churches-can-make-room-for-millennials.

Kapitel 9

27 Andrew Low, Real Business, »As said by Winston Churchill, never waste a good crisis«, 25. Februar 2016, http://realbusiness.co.uk/hr-andmanagement/2016/02/25/as-said-by-winston-churchill-never-waste-agood-crisis/.

28 Jesse Jackson, »3 Purposeful Ways Churches Can Make Room for Millennials«, *Church Leaders,* 20. Juli 2014, https://churchleaders.com/pastors/pastor-how-to/175369-aspen-group-purposeful-ways-churches-can-makeroom-for-millennials.html.

Kapitel 10

29 Andrew Clark, »Interview with HILLSONG Founder Brian Houston«, *Christianity Today,* August 2004, https://www.christiantoday.com/article/interview.with.hillsong.founder.brian.houston/1257.htm.

30 Carey Nieuwhof, »Most First-Time Visitors Decide if They'll Return in the First 10 Minutes: Don't Lose Them«, *Church Leaders,* 21. April 2017, https://churchleaders.com/outreach-missions/outreach-missionsarticles/302537-first-time-visitors-decide-theyll-return-first-10-minutes-dont-lose-carey-nieuwhof.html.

Kapitel 11

31 Powell, *Dirt Matters,* S. 84.

Kapitel 12

32 Tim Challies, »Where There Is No Vision«, *Challies* (Blog), 9. März 2005, https://www.challies.com/articles/where-there-is-no-visionproverbs-2918/.

33 Keller, »How Strategy Changes with Growth«.

34 Allan R. Bevere, »Do Churches Need to Develop Mission Statements?« *Ministry Matters,* 13. Juli 2011, http://www.ministrymatters.com/all/entry/1457/blog-do-churches-need-to-develop-mission-statements.

Kapitel 13

35 Ed Stetzer, »Strategic Evangelism: The Power of an Invitation«, *The Exchange, Christianity Today,* 21. Juli, 2014, http://www.christianitytoday.com/edstetzer/2014/july/power-of-invitation-our-god-pursues-lost-and-so-should-we.html.

36 Carey Nieuwhof, »9 Things That Worked in the Church a Decade Ago That Don't Today«, *Carey Nieuwhof* (Blog), https://careynieuwhof.com/9-things-worked-church-decade-ago-no-longer-work-today/.

Kapitel 14

37 Daniel Burke, »Millennials Leaving Church in Droves, Study Finds«, CNN, 14. Mai 2015, http://www.cnn.com/2015/05/12/living/pewreligion- study/index.html.

38 »Remember Those Great Volkswagen Ads?« http://www.greatvwads.com/pix/ad24.htm.

Kapitel 16

39 Stephen Ambrose, *D-Day: June 6, 1944: The Climactic Battle of World War II,* S. 44–46. New York: Simon & Schuster, 1995.

40 Ebd.

Für Mitarbeitende in der Gemeinde bei Francke:

Gary Chapman
Gesehen und geliebt
Gott spricht deine Liebessprache
ISBN 978-3-96362-259-5
90 Seiten, Paperback
auch als E-Book erhältlich

Wir alle kennen das: Sorgen, Ängste und Zweifel können so übermächtig werden, dass sie uns den Schlaf rauben.
Der Bestsellerautor Gary Chapman gibt uns in diesem sehr persönlichen Buch Einblick in sein Glaubensleben. Er schreibt: »Nur die Liebe durchbricht unsere zweifelnden Fragen und Sorgen. Sie kann unser Herz zur Ruhe bringen. In den dunklen Augenblicken unseres Lebens dürfen wir wissen, dass Gott bei uns ist und uns liebt.«
Und wie wir diese Liebe in unserem Leben erkennen können, das entfaltet er praxisnah und alltagstauglich. Basierend auf dem Konzept der 5 Sprachen der Liebe sind dabei die folgenden Aussagen, die er aus der Bibel ableitet, sein Kompass:

- Du bist geliebt. Diese Worte verändern alles
- Du wirst wahrgenommen. Du und dein Handeln sind Gott wichtig.
- Du bist wertvoll. Gott nimmt dich an.
- Du gehörst dazu. In Gottes Armen bist du geborgen.
- Du bist willkommen. Erlebe wahre Gemeinschaft mit Gott.

»Wer sich der Liebe Gottes öffnet, der wird selbst zum Liebenden.« (Gary Chapman)

Peter Scazzero
Das Paulus Prinzip
Warum Schwäche ein Gewinn sein kann
ISBN 978-3-86827-537-7
288 Seiten, gebunden
auch als E-Book erhältlich

Als erfolgsverwöhnter Pastor einer New Yorker Gemeinde baut Scazzero über Jahre hinweg die Fassade eines Superhelden auf, die nicht einmal seine Frau durchschauen kann. Erst als er physisch und psychisch am Ende ist und seine Ehe vor dem Aus steht, fängt Gott neu mit ihm an. Und wie!
In diesem Buch packt Scazzero aus, nimmt seine Leser an die Hand und führt sie ehrlich durch den eigenen Zerbruch. Hin zu den unbezahlbaren Erfahrungen, die allen Menschen in Leitungsfunktionen, allen haupt- und ehrenamtlichen Mitarbeitern in der Gemeinde helfen können, ihren Dienst für Gott dynamisch und authentisch zu tun. Gehen auch Sie diese ebenso entscheidenden wie erlösenden sieben Schritte mit ihm!

Peter Scazzero

Das Paulus Prinzip. Der Kleingruppenkurs

Warum Schwäche ein Gewinn sein kann

978-3-86827-536-0

94 Seiten, Paperback

Emotionale Gesundheit und geistliche Reife gehören zusammen. Das ist die Grundlage für Peter Scazzeros preisgekröntes Buch „Das Paulus-Prinzip".

Dieses Begleitbuch bietet Ihnen acht Gesprächseinheiten, die Sie dabei unterstützen, ein Klima emotionaler Gesundheit in Ihrer Gemeinde zu schaffen. Dabei werden Sie durch die Fragen und Gesprächsimpulse dazu ermutigt, Gott einen Einblick in Ihr Leben zu gewähren, damit er Sie verändern kann und Sie ein geistlich reifer Mitarbeiter für Ihre Gemeinde werden. Ergänzende Bibelstellen vertiefen die Thesen des Autors.

Hilfreiche Tipps für das Gruppengespräch, konkrete Schritte zur Umsetzung und Hinweise für Gruppenleiter machen dieses Begleitbuch zu einem wertvollen Instrument für die moderne Gemeindearbeit.

Jörg Berger
Stachliger Glaube
Wie wir Gott auf Abstand halten, ohne es zu merken
ISBN 978-3-86827-686-2
189 Paperback
auch als E-Book erhältlich

Jeder Mensch hat seine Stacheln. Die fährt er aus, wenn er sich in einer Beziehung unwohl fühlt. Doch diese Schutzmechanismen richten sich auch auf Gott. Sie sind Glaubenshindernisse und schränken die Nähe zu Gott ein.

Der Psychotherapeut Jörg Berger öffnet Ihnen einen ungewöhnlichen Blick auf Ihr Glaubensleben und Ihre Gottesbeziehung.

Legen Sie Ihre Stacheln ab und lassen Sie sich tiefer auf die Gegenwart Gottes ein! Bringen Sie Ihre Leidenschaft in Einklang mit dem Leben, in das Sie der Glaube ruft! Finden Sie zu einem geerdeten, gefühlvollen und belastbaren Glaubensleben.

Jörg Berger
Stachliger Glaube – Das Arbeitsheft
Wie wir Gott auf Abstand halten, ohne es zu merken
ISBN 978-3-86827-732-6
64 Seiten, geheftet

Jeder Mensch hat seine Stacheln, die er ausfährt, wenn eine Situation ihn unter Druck setzt oder bedrohlich wird. Was nur wenige ahnen: Diese Stacheln zeigen sich auch in unserer Beziehung zu Gott. Sie limitieren unser Leben mit ihm. Doch das erkennt erst, wer etwas genauer hinschaut. Dieses Arbeitsheft hilft die Stacheln zu identifizieren, die uns selbst in unserer Persönlichkeit und unserem Glauben beschränken. Steckbriefe bieten einen schnellen, kompakten Überblick und Fragebögen erleichtern die Analyse, ob und in welcher Form der jeweilige Stachel für uns bedeutsam ist. Doch dabei bleibt dieses Arbeitsheft nicht stehen. Weitere Steckbriefe bieten wertvolle Hilfestellung, wie wir unsere Stacheln gegenüber Gott ablegen können. Arbeitsblätter laden dazu ein, eine Wirklichkeit des Glaubens zu entdecken, die uns hilft, unsere Stacheln abzulegen.

Auch geeignet für den Austausch in Kleingruppen.

Guido Baltes
Jesus, der Jude, und die Missverständnisse der Christen
ISBN 978-3-86827-414-1
288 Seiten, gebunden
auch als E-Book erhältlich

Dass Jesus ein Jude war, ist heute für jeden Christen selbstverständlich. Aber das war nicht immer so: Unser Bild des Judentums ist oft noch immer durch Unkenntnis oder Vorurteile der Vergangenheit getrübt. Dieses Buch baut eine Brücke, aus der Welt des modernen westlichen Christentums hinein in die Welt des Judentums zur Zeit Jesu. Es hilft, Jesus nicht nur durch die Brille unserer vertrauten christlichen Überzeugungen, sondern auch durch die Brille seiner jüdischen Zeitgenossen zu sehen.

Der Autor Guido Baltes hat in Jerusalem gelebt und gearbeitet. Aus den Erfahrungen seiner zahlreichen Gespräche mit Christen und Juden und aus der Begegnung mit dem Land der Bibel wirft er ein neues Licht auf vertraute Texte des Neuen Testaments. Er möchte dazu beitragen, dass die Begegnung mit Jesus nicht zu einer Abgrenzung vom Judentum führt, sondern zu einer tieferen Verwurzelung im jüdischen Denken und Glauben.